A CONSTITUCIONALIZAÇÃO SIMBÓLICA

A CONSTITUCIONALIZAÇÃO SIMBÓLICA

Marcelo Neves

SÃO PAULO 2018

Copyright © 2007, Livraria Martins Fontes Editora Ltda.,
São Paulo, para a presente edição.

1ª edição 1994
Editora Acadêmica, São Paulo
1ª edição em alemão 1998
Duncker & Humblot, Berlim
3ª edição 2011
4ª tiragem 2018

Acompanhamento editorial
Helena Guimarães Bittencourt
Revisões gráficas
Sandra Garcia Cortés
Marisa Rosa Teixeira
Dinarte Zorzanelli da Silva
Produção gráfica
Geraldo Alves
Paginação
Studio 3 Desenvolvimento Editorial

Dados Internacionais de Catalogação na Publicação (CIP)
(Câmara Brasileira do Livro, SP, Brasil)

Neves, Marcelo
 A constitucionalização simbólica / Marcelo Neves. – 3ª ed.
– São Paulo : Editora WMF Martins Fontes, 2011. – (Biblioteca jurídica WMF)

 Bibliografia
 ISBN 978-85-7827-356-9

 1. Direito constitucional – Aspectos psicológicos 2. Simbolismo no direito I. Título. II. Série.

10-13109 CDU-342:340.146

Índices para catálogo sistemático:
1. Constitucionalização simbólica : Direito 342:340.146

Todos os direitos desta edição reservados à
Editora WMF Martins Fontes Ltda.
Rua Prof. Laerte Ramos de Carvalho, 133 01325-030 São Paulo SP Brasil
Tel. (11) 3293-8150 Fax (11) 3101-1042
e-mail: info@wmfmartinsfontes.com.br http://www.wmfmartinsfontes.com.br

ÍNDICE

Prefácio à nova edição brasileira XI
Prefácio à edição alemã XVII

Introdução 1

CAPÍTULO I Da legislação simbólica: um debate propulsor... 5
1. *Ambigüidade de "símbolo", "simbólico" e "simbolismo"* 5
   1.1. Símbolo como intermediação entre sujeito e objeto. O homem como animal simbólico 6
   1.2. A estrutura social como simbólica 7
   1.3. Simbolismo e simbólico na psicanálise 9
   1.4. Instituição como rede simbólica 13
   1.5. O símbolo na semiótica 15
   1.6. O simbólico na lógica 18
   1.7. O simbólico na sociologia. Um exemplo da teoria dos sistemas 19
2. *Delimitação semântica* 21
3. *Política simbólica versus legislação simbólica* 23
4. *Direito simbólico versus legislação simbólica* 25
5. *Legislação simbólica versus rituais e mitos políticos e jurídicos* 27
6. *Por uma conceituação* 29
7. *Tipos de legislação simbólica* 31
   7.1. Da tipologia 31

7.2. Confirmação de valores sociais 33
7.3. Legislação-álibi 36
7.4. Legislação como fórmula de compromisso dilatório 41
8. Eficácia e efetividade das leis versus efeitos reais da legislação simbólica 42
   8.1. Eficácia como concretização normativa do texto legal 43
   8.2. Efetividade como realização da finalidade da lei... 47
   8.3. Efeitos indiretos e latentes da legislação 48
   8.4. Efeitos da legislação simbólica 51

CAPÍTULO II ... **À constitucionalização simbólica: abertura de um debate** 55
1. Constituição e constitucionalização 55
   1.1. O problema da plurivocidade 55
   1.2. O debate corrente sobre o conceito de Constituição 56
   1.3. A Constitucionalização 64
      A. Constituição como acoplamento estrutural entre política e direito 64
      B. Constituição como "subsistema" do sistema jurídico 67
      C. Constituição como mecanismo de autonomia operacional do direito 69
      D. Função social e prestação política da Constituição 74
         a) Direitos fundamentais (diferenciação da sociedade) e Estado de bem-estar (inclusão) 74
         b) Regulação jurídico-constitucional do procedimento eleitoral 78
         c) "Divisão de poderes" e diferença entre política e administração 80
2. Texto constitucional e realidade constitucional 83
   2.1. A relação entre texto e realidade constitucionais como concretização de normas constitucionais 83

2.2. Concretização constitucional e semiótica 86
3. *Constitucionalização simbólica em sentido negativo: insuficiente concretização normativo-jurídica generalizada do texto constitucional* 90
4. *Constitucionalização simbólica em sentido positivo: função político-ideológica da atividade constituinte e do texto constitucional* 95
5. *Tipos de constitucionalização simbólica. Constituição como álibi* 101
6. *A constitucionalização simbólica e o modelo classificatório de Loewenstein* 105
7. *Constituição simbólica versus "Constituição ritualista"* 110
8. *Constitucionalização simbólica e normas constitucionais programáticas* 113
9. *Constitucionalização-álibi e "agir comunicativo"* 116
10. *Constitucionalização simbólica versus lealdade das massas e "regras do silêncio"* 120

CAPÍTULO III **A constitucionalização simbólica como alopoiese do sistema jurídico** 127
1. *Da autopoiese à alopoiese do direito* 127
   1.1. Da autopoiese biológica à autopoiese social .. 127
   1.2. O direito como sistema autopoiético 135
   1.3. A alopoiese do direito 140
2. *Constitucionalização simbólica como sobreposição do sistema político ao direito* 148
3. *Constitucionalização simbólica versus auto-referência consistente e heterorreferência adequada do sistema jurídico* 152
4. *Implicações semióticas* 162
5. *Constitucionalização simbólica versus juridificação. Realidade constitucional desjuridificante*... ... 165
6. *Constitucionalização simbólica como problema da modernidade periférica* 170
7. *Constitucionalização simbólica na experiência brasileira. Uma referência exemplificativa* 177

Perspectiva: Constitucionalização simbólica da sociedade mundial? Periferização do centro? 191

Bibliografia 201
Índice onomástico 239
Índice remissivo 245

"Verfassungen sind oft hochherzige Dokumente; in der Erdenschwere des Tatsächlichen bewegen sie wenig vom historischen Fleck. Ob die Normtexte der Verfassung zu Verfassungsrecht werden, hängt von der spezifischen Dichte der realen gesellschaftlichen Verfaßtheit ab."

(F. Müller, 1990b: 168)

"As Constituições feitas para não serem cumpridas, as leis existentes para serem violadas..."

(Buarque de Holanda, 1988: 136 s.)

"A raiz é uma só: a criação de um mundo falso mais eficiente que o mundo verdadeiro."

(Faoro, 1976: 175)

PREFÁCIO À NOVA EDIÇÃO BRASILEIRA

A primeira versão deste livro foi apresentada à Faculdade de Direito do Recife da Universidade Federal de Pernambuco no concurso para professor titular da disciplina Teoria Geral do Estado, realizado em dezembro de 1992, com base no qual ocupei a referida posição acadêmica entre 1993 e 2002. Uma primeira edição foi publicada em 1994 pela extinta Editora Acadêmica. Falhas no trabalho editorial e problemas na distribuição prejudicaram a recepção do trabalho naquela publicação original. Posteriormente, elaborei uma versão alemã, amplamente revista e atualizada, que veio a lume em 1998 na Editora Duncker und Humblot, de Berlim. Esta nova edição brasileira corresponde a uma tradução do texto alemão, com o acréscimo de alguns textos e notas, como também de algumas referências bibliográficas a obras que apareceram posteriormente. Não procedi, porém, a uma reavaliação e revisão completa do texto original: por um lado, porque, em face de minhas reflexões e estudos posteriores, isso exigiria a elaboração de um novo livro; por outro, porque, a respeito do argumento central, partilho da mesma idéia condutora apresentada na edição original.

Na tradução de termos alemães, deparei-me novamente com algumas dificuldades[1]. Um dos problemas recorrentes

---

1. Cf. também Neves, 2006, pp. IX-XI.

refere-se à tradução da expressão *"Recht/Unrecht"*, que se refere ao código binário do direito na teoria dos sistemas de Niklas Luhmann. É absurdo traduzi-la como "direito/não-direito", pois se trata de uma diferença interna ao sistema jurídico. Também a tradução por "legal/ilegal" é inadequada, porque é muito estrita na terminologia jurídica da língua portuguesa. (A expressão *"legal/illegal"* pode ser adequada na tradução inglesa, pois se refere a uma distinção abrangente de todo o sistema jurídico.) Muito menos apropriada é a fórmula "justo/injusto", não só porque na língua alemã expressa-se por *"gerecht/ungerecht"* o que pretendemos dizer com "justo/injusto" no português, mas principalmente porque na teoria dos sistemas de Niklas Luhmann a justiça não é tratada no plano do código binário, mas sim como fórmula de contingência do sistema jurídico, que tanto se relaciona à consistência quanto à adequação social das decisões jurídicas[2]. Adoto a tradução "lícito/ilícito", pois esta expressa de maneira clara e abrangente o conceito de código binário do direito. Evidentemente, o ilícito nesse sentido não se restringe ao "ilícito absoluto", mas também à amplíssima categoria dos "ilícitos relativos"[3]. No sentido da teoria dos sistemas, dizer que o direito reproduz-se primariamente de acordo com o código "lícito/ilícito" significa afirmar que, em última instância, nos tribunais, que constituem o centro do sistema jurídico[4], a decisão refere-se a determinar se um ato ou situação está em conformidade (licitude, isto é, valência ou valor jurídico positivo) ou desconformidade (ilicitude, isto é, valência ou valor jurídico negativo)[5].

---

2. Cf. Luhmann, 1993, pp. 214 ss., esp. pp. 225 s.
3. A respeito do ilícito relativo, ver Pontes de Miranda, 1974, vol. II, pp. 206 s., 213 s. e 218 ss. No plano dos critérios ou programas normativos do sistema jurídico, a diferença básica "licitude/ilicitude" converte-se na distinção "validade/invalidade".
4. Luhmann, 1993, pp. 312 ss.
5. Segundo Pontes de Miranda, "o conceito de contrariedade a direito somente não é totalmente coextensivo a ilicitude, porque os sistemas jurídicos deixam que fiquem sem conseqüências contra o agente certos atos contrários a direito" (1974, vol. I, p. 89). Mas, do ponto de vista da teoria dos sistemas, a ir-

Um outro exemplo diz respeito à tradução do termo *"Wahrhaftigkeit"* enquanto pretensão de validade [*Geltungsanspruch*] na filosofia habermasiana. Não me parece precisa a expressão "pretensão de veracidade", pois o termo "veracidade" no nosso vernáculo é ambíguo, podendo também referir-se à verdade como pretensão de validade referente ao mundo objetivo. Mais preciso e correto é verter *"Wahrhaftigkeitsanspruch"* em "pretensão de sinceridade" – como o fez exemplarmente Guido A. de Almeida ao traduzir obra de Habermas[6] –, tendo em vista que essa expressão, na Teoria da Ação Comunicativa e na Teoria do Discurso, refere-se à validade dos atos de fala em relação ao mundo subjetivo, diferentemente da pretensão de validade relativa ao mundo objetivo (pretensão de verdade) e da pretensão de validade referente ao mundo social (pretensão de correção ou retidão [*Richtigkeitsanspruch*])[7].

Também cabe fazer referência à tradução de *"Mitteilung"* como um dos três componentes da comunicação, ao lado da "informação" e da "compreensão", conforme a teoria sistêmica de Luhmann[8]. Não me parece correto traduzir o termo por "emissão", pois isso levaria ao modelo conceitual dicotômico ou bidimensional da comunicação, no qual o outro lado seria constituído pela "recepção", exatamente o que Luhmann pretende afastar ao propor o modelo tricotômico ou tridimensional do processo unitário de comunicação[9]. Prefiro verter *"Mitteilung"* em "mensagem", que se diferencia da "informação", diferença esta que se manifesta ("transforma-se") na distinção entre aceitação e rejeição da mensa-

---

relevância jurídica de tal "contrariedade" exclui esta do âmbito da diferença intra-sistêmica *"Recht/Unrecht"* ("lícito/ilícito"), mantendo-a, enquanto "contrariedade", no ambiente do sistema jurídico.

6. Habermas, 1983, esp. pp. 147 s. [trad. bras. 1989, pp. 167 s.].

7. Cf., p. ex., Habermas, 1982b, vol. I, pp. 427 ss.; 1983, pp. 147 ss. [trad. bras. 1989, pp. 147 ss.]; 1986b [1972], pp. 137 ss.; 1986a [1976], pp. 426 s.

8. Cf. Luhmann, 1987a [1984], pp. 193 ss., esp. p. 203.

9. Pelo mesmo motivo, não traduzo *"Mitteilung"* por "ato de comunicar", como sugere a versão italiana de Luhmann, 1987a [1984], esp. p. 203 [trad. ital. 1990, p. 262].

gem (pois o "aceitar *ou* rejeitar" a mensagem implica uma in-formação)[10], pressuposta a "compreensão" (mesmo como mal-entendido).

Na edição original brasileira, traduzi "*strukturelle Kopplung*" por "vínculo estrutural", evitando uma tradução literal, a saber, "acoplamento estrutural". À época, ainda muito limitada e precária a recepção da segunda fase da obra de Luhmann no Brasil, receava que a tradução literal no campo das ciências sociais pudesse levar a reações equivocadas no âmbito de um debate muito carregado ideologicamente. Fui cauteloso. Mais tarde, observei que a tradução literal foi adotada, nos termos da origem teórica da expressão no modelo biológico de Maturana e Varela. A cautela tornou-se dispensável e também passei a verter a expressão em "acoplamento estrutural".

Na bibliografia, quando me foram disponíveis e avaliei-as minimamente razoáveis, fiz menção a traduções das obras para o português ou para línguas mais acessíveis ao leitor. Em algumas das referências, citei também nas notas de rodapé as páginas correspondentes na tradução de que dispus. Em ambos os casos, isso não significa que tenha adotado a solução contida nas versões citadas, pois muito freqüentemente me afastei delas. A idéia foi apenas de facilitar ao leitor que não tem acesso ao original o eventual controle de citações no respectivo contexto da obra referida e as suas pesquisas posteriores sobre os temas abordados.

Em muitos casos, fiz referência à data da publicação original, entre colchetes, após a citação do ano da edição utilizada. Pretendi, com isso, oferecer ao leitor informações sobre o contexto histórico de surgimento da teoria ou do argumento a que se remete ou sobre a cronologia do desenvolvimento teórico do autor citado e do respectivo paradigma.

Na elaboração do presente livro, contei mais uma vez com a inestimável contribuição de Regis Dudena na revisão do vernáculo, especialmente no que concerne a evitar a per-

---

10. Cf. Luhmann, 1987a [1984], p. 205.

manência de formas e estilos que se desviem de certas peculiaridades de nossa língua. Agradeço a Regis essa valiosa contribuição. Também sou grato a Pedro Souza pelo seu auxílio no trabalho de revisão editorial.

São Paulo, outubro de 2006
MARCELO NEVES

PREFÁCIO À EDIÇÃO ALEMÃ

O presente livro é a versão alemã de meu estudo sobre a "constitucionalização simbólica", publicado na cidade de São Paulo (Brasil) em 1994. Não se trata simplesmente de uma tradução, mas sim, antes, de uma revisão atualizada, em língua alemã, da primeira edição. No contexto de novas observações para o esclarecimento conceitual, também considerei a literatura mais recente relacionada ao tema da pesquisa. Além disso, acrescentei no final uma breve exposição sobre a recente perspectiva de um novo desenvolvimento da sociedade mundial, no âmbito do qual se esboça a possibilidade de extensão da constitucionalização simbólica aos "países centrais".

As citações de textos em outras línguas foram predominantemente traduzidas para o alemão (sempre, nos casos do português, espanhol e italiano; na maioria das vezes, na hipótese do francês), mesmo quando não se fez referência a nenhuma tradução alemã. As obras em língua inglesa, quando não me referi a versões alemãs, citei-as prevalentemente no original.

A elaboração dessa versão alemã tornou-se possível mediante uma bolsa de pesquisa da Fundação Alexander von Humboldt para a realização de pesquisas no Departamento de Ciência Jurídica da Universidade Johann Wolfgang Goethe, em Frankfurt sobre o Meno (1996-1998) e também, em parte, no Departamento de Direito da London School of Economics and Political Science (outubro e novembro de 1997). Por esse apoio institucional agradeço à Fundação Alexander von Humboldt e ao Prof. Günter Frankenberg. Na London School of Economics, o Prof. Gunther Teubner acolheu-me gentilmente no âmbito de uma Bolsa de Pesquisa "Europa" da Fundação Alexander von Humboldt. Durante essa estada, tive a oportunidade de travar consigo diálogos elucidativos. Sou especialmente grato ao Prof. Teubner pela cuidadosa leitura do manuscrito e pelos comentários para a sua revisão.

Nesta ocasião, gostaria de expressar mais uma vez minha cordial gratidão ao Prof. Karl-Heinz Ladeur e ao Prof. Niklas Luhmann pelos produtivos e enriquecedores anos de ensino e pelos incentivos institucionais que me proporcionaram. Nestes anos, a assimetria de posições e de conhecimentos científicos não desempenhou nenhum papel significativo; ao contrário, diálogos e discussões teóricos, que marcaram e ainda marcam o meu desenvolvimento acadêmico, sempre foram travados no nível da igualdade de direitos. Também por isso gostaria de agradecer-lhes com muito apreço.

Ao Prof. Friedrich Müller, com quem mantive amiúde diálogos frutíferos na Alemanha e no Brasil, sou muito grato pelo apoio institucional e acadêmico. À Prof.ª Ingeborg Maus gostaria de agradecer o gentil acolhimento no seu Colóquio de Teoria da Sociedade. Neste, tive a oportunidade de pôr em discussão o meu trabalho. Tendo em vista a sua abertura em face da minha orientação teórica, devo-lhe especial gratidão também por importantes incentivos institucionais.

A Frank Laudenklos, colaborador científico do Departamento de Ciência Jurídica da Universidade de Frankfurt sobre o Meno, agradeço particularmente a paciente e cuidadosa revisão lingüística do presente texto, a qual muito contribuiu para a sua clareza.

A repetir, cabe-me especialmente manifestar o agradecimento à minha esposa, Andressa, pelo apoio freqüente.

Frankfurt sobre o Meno, setembro de 1998
MARCELO NEVES

INTRODUÇÃO

No presente trabalho, pretende-se abordar o significado social e político de textos constitucionais, exatamente na relação inversa da sua concretização normativo-jurídica. Em outras palavras, a questão refere-se à discrepância entre a função hipertroficamente simbólica e a insuficiente concretização jurídica de diplomas constitucionais. O problema não se reduz, portanto, à discussão tradicional sobre ineficácia das normas constitucionais. Por um lado, pressupõe-se a distinção entre texto e norma constitucionais; por outro, procura-se analisar os efeitos sociais da legislação constitucional normativamente ineficaz. Nesse contexto, discute-se a função simbólica de textos constitucionais carentes de concretização normativo-jurídica.

No *primeiro capítulo*, confronto-me com o debate sobre legislação simbólica, que se desenvolveu na teoria do direito e ciência política alemã nas duas últimas décadas do século XX e foi propulsor do presente estudo. Em vista da confusão semântica em torno do termo "simbólico", proponho-me inicialmente a determinar o seu sentido dentro da expressão "legislação simbólica". É relevante aqui a distinção entre as concepções mais recentes de legislação simbólica e as noções de política simbólica e direito como simbolismo, consagradas nos anos sessenta e setenta. Apresento, por fim, uma breve reflexão sobre o conceito, os tipos e os efeitos da legislação simbólica.

No *segundo capítulo*, propõe-se a abertura de um debate sobre constitucionalização simbólica. Para isso, é delimitado inicialmente um conceito sistêmico-teórico de Constituição como acoplamento estrutural entre os sistemas político e jurídico, mas principalmente enquanto mecanismo de autonomia operacional do direito na sociedade moderna. Trata-se de uma estratégia: parte-se estritamente desse modelo conceitual de Constituição, para questionar-se a sua adequação empírica em casos de constitucionalização simbólica. Correspondentemente, analiso o problema da concretização normativa do texto constitucional. Com esses pressupostos teóricos, pretendo esclarecer diversos aspectos da relação entre ineficácia normativo-jurídica e função político-simbólica da Constituição.

Tendo em vista que o presente trabalho está vinculado a um estudo anterior sobre a positividade do direito e a Constituição, no qual abordei criticamente a concepção luhmanniana da diferenciação e da autonomia operacional do sistema jurídico em sociedades complexas (Neves, 1992), proponho no *terceiro capítulo* uma discussão sobre a constitucionalização simbólica como alopoiese do direito. Isso implica o questionamento da noção de direito como sistema autopoiético da sociedade moderna (supercomplexa). Após serem considerados com pretensão teórica mais abrangente alguns aspectos determinados, a constitucionalização simbólica é caracterizada como um problema típico da modernidade periférica: a convivência de supercomplexidade social com falta de autonomia operacional do sistema jurídico, analisada de forma mais genérica na supramencionada investigação, vincularei agora de maneira mais específica à hipertrofia da função político-simbólica do texto constitucional em detrimento de sua eficácia normativo-jurídica. Encerro o terceiro capítulo com uma breve referência exemplificativa à constitucionalização simbólica na experiência brasileira.

As observações finais do presente trabalho residem – conforme já foi adiantado no prefácio – na discussão sobre a *perspectiva* de uma paradoxal "periferização do centro" e, com isso, de uma extensão da constitucionalização simbólica aos Estados democráticos e sociais de direito que persistem na ainda existente "modernidade central", o que se tornou possível em virtude das tendências de expansão do código econômico no âmbito dos recentes desenvolvimentos da sociedade mundial ("globalização econômica").

Do presente livro não resultam conclusões teoricamente fechadas sobre o problema da constitucionalização simbólica. Ele não deve ser interpretado como resultado final de reflexões teóricas. Ao contrário, seu objetivo é abrir novos caminhos e horizontes para a teoria da Constituição. Tanto a dogmática jurídica quanto a sociologia do direito dominantes, orientadas pela experiência constitucional dos Estados democráticos europeus e norte-americanos, partem do seguinte pressuposto: há uma forte contradição entre *direito* e *realidade* constitucionais nos países "subdesenvolvidos". A rigor, assim entendo, a questão diz respeito à falta de *normatividade* jurídica do *texto* constitucional como fórmula democrática: a partir deste não se desenvolve suficientemente um processo concretizador de construção do direito constitucional; mas, ao mesmo tempo, a linguagem constitucional desempenha relevante papel político-simbólico, também com amplas implicações na esfera jurídica.

Capítulo I
Da legislação simbólica: um debate propulsor...

1. AMBIGUIDADE DE "SÍMBOLO", "SIMBÓLICO" E "SIMBOLISMO"

Os termos "simbólico", "símbolo", "simbolismo" etc. são utilizados nas diversas áreas da produção cultural, freqüentemente sem que haja uma predefinição. A isso está subjacente a suposição de que se trata de expressões de significado evidente, unívoco, partilhado "universalmente" pelos seus utentes[1], quando, em verdade, nem sempre se está usando a mesma categoria[2]. Ao contrário, estamos diante de um dos mais ambíguos termos da semântica social e cultural[3], cuja utilização consistente pressupõe, portanto, uma prévia delimitação do seu significado, principalmente para que não se caia em falácias de ambigüidade[4]. Assim sendo, parece oportuno apontar alguns dos usos mais importantes

---

1. Cf. Eco, 1984, p. 202 [trad. bras. 1991a, p. 198].
2. Firth, 1973, p. 54.
3. Eco (1984, pp. 199 s. [trad. bras. 1991a, p. 196]) reporta-se à ocasião em que os redatores do dicionário filosófico de Lalande reuniram-se para discutir publicamente a respeito da definição de "símbolo" como "um dos momentos mais patéticos da lexicografia filosófica", enfatizando que o dicionário "*não conclui*: a conclusão indireta a que Lalande convida é que o símbolo são muitas coisas, e nenhuma. Em síntese, não se sabe o que é". Cf. Lalande (org.), 1992 [1902-1923], pp. 1079-81.
4. Sobre falácias de ambigüidade, ver Copi, 1961, pp. 73 ss. [trad. bras. 1978, pp. 91 ss.].

de "símbolo" e "simbólico" na tradição filosófica e científica ocidental, procurando relevar as convergências e divergências de significados[5], antes de precisar o sentido de "legislação simbólica" no presente trabalho.

1.1. Símbolo como intermediação entre sujeito e objeto. O homem como animal simbólico

Em um sentido filosófico muito abrangente, o termo "simbólico" é utilizado para indicar todos os mecanismos de *intermediação* entre sujeito e realidade. Nessa perspectiva, Cassirer define o homem como *animal symbolicum*, distinguindo o comportamento e o pensamento simbólico como diferenças específicas do humano em relação ao gênero animal[6]. A rede simbólica constituiria o "meio artificial" da relação entre homem e realidade[7]. Ao contrário das reações orgânicas aos estímulos exteriores, diretas e imediatas, as respostas humanas seriam diferidas[8]. Daí se distinguirem os "sinais" dos "símbolos": os primeiros estariam relacionados de forma fixa e única com a coisa a que se referem e pertenceriam ao "mundo físico do ser", vinculando-se especialmente aos fenômenos de reflexos condicionados; os símbolos seriam "universais" e "extremamente variáveis", caracterizando-se pela versatilidade[9]. O próprio pensamento relacional encontrar-se-ia na dependência do pensamento simbólico, na medida em que só através deste seria possível isolar as relações para considerá-las abstratamente[10]. Observa-se aqui a

---

    5. A respeito da diversidade de definições e usos do termo "símbolo", ver Firth, 1973, pp. 54 ss.; Eco, 1984, pp. 199 ss. [trad. bras. 1991a, pp. 195 ss.].

    6. Cassirer, 1944, pp. 26 s. [trad. bras. 1972, p. 51]. A esse propósito, ver Habermas, 1997, esp. p. 17.

    7. Cf. Cassirer, 1944, p. 25 [trad. bras. 1972, p. 50]. Especificamente sobre o conceito de formas simbólicas, ver também Cassirer, 1988, esp. pp. 1 ss.

    8. Cassirer, 1944, p. 24 [trad. bras. 1972, p. 49].

    9. Cassirer, 1944, pp. 32 e 36 s. [trad. bras. 1972, pp. 59-61 e 66 s.].

    10. Cassirer, 1944, pp. 38 ss. [trad. bras. 1972, pp. 69 s.].

influência da noção kantiana de sujeito transcendental, construtor da realidade cognoscível, sobre a concepção do simbólico de Cassirer. Mas ele aponta para a rede simbólica como uma "aquisição" que "transforma toda a vida humana"[11], uma conquista historicamente condicionada, não lhe atribuindo caráter transcendental[12].

1.2. A estrutura social como simbólica

Dessa concepção abrangente do simbólico, de natureza filosófica, em que a esfera do simbólico compreende a religião, a arte, a filosofia, a ciência[13], aproxima-se a antropologia estruturalista de Lévi-Strauss: "Toda cultura pode ser considerada como um conjunto de sistemas simbólicos em cuja linha de frente colocam-se a linguagem, as regras matrimoniais, as relações econômicas, a arte, a ciência, a religião."[14] A estrutura social seria um sistema simbólico, não se confundindo com a própria realidade das relações sociais[15]. Entre significante e significado haveria uma descontinuidade, sendo relevada a noção da superabundância dos significantes[16]. Essa relativa autonomia do sistema simbólico, como estrutura de significantes[17], em face das relações sociais (objetos

---

11. Cassirer, 1944, p. 24 [trad. bras. 1972, p. 49].
12. Nesse sentido, Eco, 1984, p. 208 [trad. bras. 1991a, p. 203]; Bourdieu, 1971, pp. 295 s. [trad. bras. 1974b, p. 28]. A respeito, cf. sobretudo Cassirer, 1988, pp. 9 ss.
13. Cassirer, 1944, p. 41 [trad. bras. 1972, p. 74].
14. Lévi-Strauss, 1973 [1950], p. XIX [trad. bras. 1974, p. 9].
15. Cf. Lévi-Strauss, 1958, pp. 305 s. [trad. bras. 1967, pp. 315 s.].
16. Lévi-Strauss, 1973 [1950], p. XLIX [trad. bras. 1974, p. 33].
17. Cabe observar aqui a influência da noção de "solidariedades sintagmáticas" de Saussure (1922, pp. 176 s. [trad. bras. s.d., pp. 148 s.]) sobre a concepção de estrutura de Lévi-Strauss (1958, p. 306 [trad. bras. 1967, p. 316]): "Ela consiste em elementos tais que uma modificação qualquer de um deles acarreta uma modificação de todos os outros." Em um sentido mais abrangente, pode-se afirmar que o princípio da interdependência dos elementos estruturais (significantes) de Lévi-Strauss é influenciado pelo modelo lingüístico-estrutural das relações sintagmáticas e associativas entre os signos, pro-

simbolizados), possibilita, segundo o modelo de Lévi-Strauss, a "eficácia simbólica"[18]. Inclusive no caso dos "significantes flutuantes" ou do "valor simbólico zero", a sua função ou eficácia simbólica é "a de opor-se à ausência de significação sem comportar por si mesma qualquer significação particular"[19].

Inegavelmente sob influência da antropologia estruturalista de Lévi-Strauss, Bourdieu e Passeron desenvolvem a concepção de "poder", "eficácia" ou "violência simbólica"[20]. Mas aqui o sistema simbólico – também apresentado como estrutura de significantes em relações de oposição, conforme o modelo da lingüística estrutural de Saussure[21] – é posto mais intimamente em conexão com a questão do poder, apresentando-se como veículo ideológico-legitimador do sistema político[22]. Nessa perspectiva, não haveria uma distinção entre o simbólico e o ideológico. Porém, por outro lado, o sistema simbólico não serviria apenas à manutenção e reprodução da ordem política, advertindo-se que a revolução simbólica, apesar de supor a revolução política, serviria para dar a essa "uma linguagem adequada" como "condição de uma plena realização"[23].

---

posto por Saussure (1922, pp. 170-5 [trad. bras. s.d., pp. 142-7]). Cf. também Barthes, 1964, pp. 114-30 [trad. bras. s.d., pp. 63-91], empregando os termos "sintagma" e "sistema"; Lyons, 1968, pp. 70-81 [trad. bras. 1979, pp. 72-83]; Greimas e Courtés, 1979, pp. 266 s. e 376 s. [trad. bras. s.d., pp. 324 s. e 428 s.].

18. Sobre a "eficácia simbólica", ver, p. ex., Lévi-Strauss, 1958, pp. 205-26 [trad. bras. 1967, pp. 215-36]. Referindo-se ao seu significado na obra de Lévi-Strauss, cf. também Bourdieu, 1971, p. 299, nota 10 [trad. bras. 1974b, p. 32, nota 10].

19. Lévi-Strauss, 1973 [1950], p. L, nota 1 [trad. bras. 1974, p. 35, nota 37].

20. Cf. Bourdieu e Passeron, 1970, pp. 13-84 [trad. bras. 1975, pp. 15-76]; Bourdieu, 1971, pp. 298 ss. e *passim* [trad. bras. 1974b, pp. 30 ss.]; 1982, esp. pp. 97-161; 1989, esp. pp. 48 ss. e 552 ss. No seu estilo eclético, Faria (1988, pp. 103-11 e 124-61, esp. p. 146) adota a noção de violência simbólica de Bourdieu e Passeron. Cf. também Ferraz Jr., 1988, p. 251.

21. Cf. Bourdieu, 1966, esp. p. 215 [trad. bras. 1974a, esp. p. 17].

22. Cf. Bourdieu e Passeron, 1970, pp. 18 ss. [trad. bras. 1975, pp. 19 ss.]; Bourdieu, 1971, pp. 298 ss., 310, 315 ss. e 328 ss. [trad. bras. 1974b, pp. 30 ss., 46, 52 ss. e 69 ss.]; 1989, esp. pp. 548 ss.

23. Bourdieu, 1971, p. 334 [trad. bras. 1974b, p. 77.].

1.3. Simbolismo e simbólico na psicanálise

No âmbito da psicanálise a noção de simbólico toma posição de destaque. Isso não implica, porém, univocidade significativa em torno do conceito psicanalítico de simbólico. De Freud, passando por Jung, a Lacan, observa-se uma variação semântica relevante dos termos "simbólico" e "simbolismo"[24].

Na teoria freudiana, a relação simbólica pode ser vista, em sentido lato, como uma forma de intermediação entre o pensamento manifesto consciente e o pensamento latente inconsciente, ou seja, o termo "simbolismo" está "relacionado com o emprego de símbolos para representar na mente consciente conteúdos mentais inconscientes"[25]. Num sentido estrito, o simbolismo consiste em uma relação constante entre o símbolo e o simbolizado inconsciente[26]. Desenvolvida principalmente no âmbito da interpretação do sonho[27] e definindo este como "a realização (disfarçada) de um desejo (reprimido, recalcado)"[28], a concepção de simbolismo freudiana refere-se ao sentido indireto e figurado dos signos[29],

---

24. A rigor, não cabe, portanto, atribuir aos conceitos psicanalíticos de "simbolismo inconsciente" e de "pensamento simbólico" um sentido unívoco, como o faz Piaget ao invocá-los com vistas à abordagem do "jogo simbólico" na criança (1959, p. 7 [trad. bras. 1975, p. 11]).
25. Nagera (org.), 1981, p. 102. Cf. Freud, 1969 [1916-1917], pp. 159-77 [trad. bras. s.d., pp. 133-51]; 1972, pp. 345-94.
26. Freud, 1969 [1916-1917], p. 160 [trad. bras. s.d., p. 134]. Cf. Laplanche e Pontalis, 1967, pp. 476 ss. [trad. bras. 1985, pp. 626-31].
27. Mas Freud advertia em sua célebre preleção [*Vorlesung*] sobre o "simbolismo no sonho" (1969 [1916-1917], pp. 159-77 [trad. bras. s.d., pp. 133-51]): "[...] estas relações simbólicas não pertencem exclusivamente ao sonhador e não caracterizam unicamente o trabalho que se realiza no correr do sonho. Já sabemos que os mitos e os contos, o povo em seus provérbios e canções, a linguagem corrente e a imaginação poética utilizam o mesmo simbolismo. O domínio do simbolismo é extraordinariamente vasto; o simbolismo dos sonhos não é mais que uma pequena província do mesmo" (1969 [1916-1917], p. 174 [trad. bras. s.d., pp. 148 s.]).
28. Freud, 1972 [1900], p. 175.
29. Nesse sentido, cf. Eco, 1984, pp. 217-9 [trad. bras. 1991a, pp. 211-3].

significado em regra de caráter sexual[30]. Embora consista em uma comparação, a relação simbólica não é suscetível de ser descoberta pela associação, constituindo uma comparação desconhecida pelo próprio sonhador, que, embora dela se sirva, não está disposto a reconhecê-la, "quando ela é posta diante de seus olhos"[31].

Jung afasta-se da teoria do simbolismo freudiana, sustentando que são "*sinais* para processos instintivos elementares" aquilo que Freud chamara de símbolo, ou seja, o "simbólico" de Freud é denominado de "semiótico" por Jung[32]. Enquanto na relação semiótica o sinal representa algo de conhecido, havendo uma determinação do conteúdo da significação, o símbolo pressuporia que "a expressão escolhida seja a melhor designação ou fórmula possível de um fato relativamente desconhecido, mas cuja existência é conhecida ou postulada"[33]. O símbolo considera-se vivo na medida em que é encarado como a expressão de um conteúdo incompreensível e desconhecido. No momento em que surgem traduções unívocas e conscientes do seu sentido, o símbolo

---

30. Freud, 1969 [1916-1917], p. 163 [trad. bras. s.d., p. 137], aponta nessa passagem para a desproporção quantitativa entre símbolos e conteúdos a designar. Em outro trecho, ele diferencia: enquanto "nos sonhos os símbolos servem quase exclusivamente para a expressão de objetos e relações sexuais", em todos os outros domínios o simbolismo não é "necessariamente e unicamente sexual" (Freud, 1969 [1916-1917], p. 175 [trad. bras. s.d., p. 149]).

31. Freud, 1969 [1916-1917], p. 162 [trad. bras. s.d., p. 136].

32. Jung, 1960, p. 65, nota 38; cf. *ibidem*, pp. 502 s. e 515 [trad. bras. 1991, pp. 73, nota 38, 437 s. e 443 s.].

33. Jung, 1960, p. 515 [trad. bras. 1991, p. 444]. "Uma expressão usada para designar coisa conhecida continua sendo apenas um sinal e nunca será símbolo. É totalmente impossível, pois, criar um símbolo vivo, isto é, cheio de significado, a partir de relações conhecidas" (1960, p. 516 [trad. bras. 1991, p. 445]). Seria talvez possível traçar um paralelo entre a noção junguiana de símbolo e a concepção freudiana do simbolismo dos sonhos, no sentido de que para a interpretação dos sonhos os símbolos são mortos, tornando-se meros sinais, mas para o sonhador, enquanto desconhece o seu significado latente, apresentam-se como símbolos vivos. Cf. Freud, 1969 [1916-1917], pp. 161 s. [trad. bras. s.d., pp. 135 s.]; Jung, 1960, p. 516 [trad. bras. 1991, p. 444], referindo-se, respectivamente, ao esclarecimento esotérico e ao ponto de vista exotérico [há falha na tradução brasileira, não se distinguindo os termos "esotérico" e "exotérico"].

está morto³⁴. O símbolo vivo é apresentado como "a melhor expressão possível e insuperável do que ainda é desconhecido em determinada época"³⁵. Assim sendo, o símbolo ganha a sua significação exatamente do fato de não ter um significado determinado, de ser apenas pressentido, não consciente³⁶. Aqui se pode observar uma aproximação entre a noção de "valor simbólico zero" ou "significante flutuante" de Lévi-Strauss, a que me referi acima, com o conceito junguiano de simbólico.

Embora Jung reconheça a existência do símbolo individual ao lado do símbolo social³⁷, sua concepção vai singularizar-se por apontar a relação do símbolo com o inconsciente coletivo, desenvolvendo-se então a teoria dos "arquétipos" como "imagens primordiais" comuns "a todos os povos e tempos"³⁸. Daí por que se trata de posição que pressupõe "uma metafísica do Sagrado, do Divino", implicando "infinitude de interpretação"³⁹.

Na perspectiva lacaniana, o simbólico apresenta-se como uma forma de mediação entre o sujeito e o outro⁴⁰, de tal ma-

---

34. Jung, 1960, pp. 515-18 [trad. bras. 1991, pp. 444-6]. Cf. a respeito Eco, 1984, pp. 225 ss. [trad. bras. 1991a, pp. 219 ss.].
35. Jung, 1960, p. 518 [trad. bras. 1991, p. 446].
36. "Um símbolo é vivo só quando é para o observador a expressão melhor e mais plena possível do pressentido e ainda não consciente. Nestas condições operacionaliza a participação do inconsciente. Tem efeito gerador e promotor de vida" (Jung, 1960, p. 518 [trad. bras. 1991, p. 446]).
37. Cf. Jung, 1960, p. 519 [trad. bras. 1991, pp. 446 s.].
38. Jung, 1960, p. 453 [trad. bras. 1991, p. 419].
39. Eco, 1984, p. 226 [trad. bras. 1991a, p. 220]. Embora Freud se preocupe "em efetuar a construção de um código do simbolismo onírico", aproximando-se da "hipótese de um inconsciente coletivo", não se trata de um código "universal e coletivo", mas sim "histórico, semiótico" e que "depende da enciclopédia da pessoa que sonha" (Eco, 1984, p. 218 [trad. bras. 1991a, pp. 212 s.]). Cf. Freud, 1972 [1900], pp. 345-94; 1969 [1916-1917], pp. 162 ss. [trad. bras. s.d., pp. 136 ss.]. Laplanche e Pontalis (1967, p. 479 [trad. bras. 1985, p. 630]) apontam, por sua vez, para "a hipótese de uma herança filogenética" do símbolo em Freud.
40. Para Lacan, "a ordem simbólica, de maneira geral, instaura relações mediatas entre os seres, isto é, a relação do homem ao homem, do si ao outro, é mediatizada por um símbolo" (Lemaire, 1977, p. 37 [trad. bras. 1989, p. 46]).

neira que "a ordem humana se caracteriza pelo seguinte – a função simbólica intervém em todos os momentos e em todos os níveis de sua existência"[41]. Enquanto um dos registros psicanalíticos (os outros seriam o imaginário e o real)[42], o simbólico é condição de singularidade, possibilitando a construção da subjetividade[43], mas ao mesmo tempo distancia o sujeito do real vivido[44], subordinando a sua "identidade" às estruturas dos significantes[45], os quais, quanto mais nada significam, mais indestrutíveis são[46]. Influenciado lingüisticamente pelo modelo estruturalista de Saussure[47], Lacan, na mesma linha de Lévi-Strauss, aponta para a "discordância entre o significado e o significante"[48], o caráter fechado da ordem/cadeia significante e sua autonomia em relação ao significado[49], retirando daí a relevância dos símbolos lingüísticos e socioculturais para a determinação (conflituosa) da "identidade" do sujeito[50]. Através da entrada na ordem

---

41. Lacan, 1978, p. 41 [trad. bras. 1985, p. 44]. "A ação humana está fundada originariamente na existência do mundo do símbolo, a saber, nas leis e nos contratos" (Lacan, 1975, p. 255 [trad. bras. 1979, p. 262]).
42. Cf. Laplanche e Pontalis, 1967, pp. 195 s. e 474-6 [trad. bras. 1985, pp. 304 s. e 645 s.]. Mas o simbólico tem prevalência sobre o imaginário e o real na teoria lacaniana; cf., p. ex., Lacan, 1966, pp. 11 s., 50 ss. e 276.
43. "[...] é a ordem simbólica que é, para o sujeito, constituinte" (Lacan, 1966, p. 12). "O homem fala, pois, mas é porque o símbolo o faz homem" (*ibidem*, p. 276).
44. Lemaire, 1977, pp. 36 ss., 109 e 119 ss. [trad. bras. 1989, pp. 45 ss., 103 e 111 ss.].
45. Cf. Ladeur, 1984, p. 145. Afirma-se, então, "uma dominância [...] do significante sobre o sujeito" (Lacan, 1966, p. 61).
46. Lacan, 1981, p. 210 [trad. bras. 1988, p. 212].
47. A respeito, ver Lemaire, 1977, pp. 43 ss. [trad. bras., 1989, pp. 49 ss.].
48. Lacan, 1966, p. 372.
49. Lacan, 1966, pp. 501 s.; Lemaire, 1977, p. 91 [trad. bras. 1989, p. 87].
50. Nesse sentido, escreve Lacan: "O homem é efetivamente possuído pelo discurso da lei, e é com esse discurso que ele se castiga, em nome dessa dívida simbólica que ele não cessa de pagar sempre mais em sua neurose. [...] A psicanálise devia ser a ciência da linguagem habitada pelo sujeito. Na perspectiva freudiana, o homem é o sujeito preso e torturado pela linguagem" (1981, pp. 275 s. [trad. bras. 1988, p. 276]). Lemaire adverte, porém, que "o simbolismo social é inseparável do discurso", ou seja, ela aponta para a conexão de linguagem e simbolismo social na concepção lacaniana de ordem simbólica (1977, p. 106 [trad. bras. 1989, pp. 100 s.]).

simbólica o sujeito perde algo essencial de si mesmo, podendo ser apenas mediatizado, traduzido através dos significantes (*Spaltung* – divisão do sujeito)[51]. Nessa perspectiva, pode-se afirmar que "é aquele a quem chamamos de são de espírito que se aliena, pois consente em existir num mundo definível somente pela relação entre mim e o outro"[52]. De outro lado, porém, a cura importaria a passagem do imaginário não simbolizado, "alienante", conforme uma relação imediata e dual com o "semelhante", para o imaginário simbolizado[53], implicando a análise da rede de significantes como estrutura de mediação entre consciente e inconsciente[54].

1.4. Instituição como rede simbólica

Na filosofia social, é, parece-me, sob a influência lacaniana que Castoriadis distingue o simbólico do funcional e do imaginário[55]. O simbólico encontra-se aqui, como também em Lacan, tanto na linguagem quanto nas instituições[56]. Embora as instituições não se reduzam ao simbólico, elas são inconcebíveis sem o simbólico[57]. Castoriadis critica a visão funcionalista, argumentando que esta explica a instituição pela *função* que ela desempenha na sociedade e reduz, portanto, o simbólico ao funcional[58]. Se bem que a alienação possa ser concebida "como autonomização das instituições

---

51. O que implica a seguinte definição de significante: "um significante é o que representa o sujeito para um outro significante" (Lacan, 1966, p. 819). Cf. Lemaire, 1977, pp. 122 s. [trad. bras. 1989, p. 112].

52. Lévi-Strauss, 1973 [1950], p. XX [trad. bras. 1974, p. 10], a partir de Lacan, 1966, pp. 101-4.

53. Lemaire, 1977, p. 130 [trad. bras. 1989, p. 119].

54. Cf. Lemaire, 1977, p. 37 [trad. bras. 1989, p. 45]. Especificamente com relação a um caso de psicose, Lacan enfatiza que "só pela porta de entrada do simbólico é que se consegue penetrá-lo" (1981, p. 20 [trad. bras. 1988, p. 20]).

55. Cf. Castoriadis, 1975, pp. 159 ss. [trad. bras. 1991, pp. 139 ss.].

56. Cf. Castoriadis, 1975, pp. 162 ss. [trad. bras. 1991, pp. 142 ss.].

57. Castoriadis, 1975, p. 162 [trad. bras. 1991, p. 142].

58. Castoriadis, 1975, pp. 159 s. [trad. bras. 1991, p. 140].

com relação à sociedade"[59], adverte-se que os símbolos como significantes "não são totalmente subjugados pelo 'conteúdo' que supostamente têm que veicular", seja quando se trata da linguagem ou, "infinitamente mais ainda", das instituições[60]. Essa relativa autonomia da esfera do simbólico, cujas fronteiras "nada permite determinar"[61], não significa, porém, que a autonomização do simbolismo seja um fato último, muito menos que o simbolismo institucional determine a vida social[62]. "Nada do que pertence propriamente ao simbólico" – enfatiza Castoriadis – "impõe fatalmente o domínio de um simbolismo autonomizado das instituições sobre a vida social; nada, no próprio simbolismo institucional, exclui seu uso lúcido pela sociedade."[63]

O problema da utilização do simbólico pelo sujeito leva à questão da relação do simbólico com o imaginário[64]. Castoriadis sustenta que o imaginário, concebido como algo "inventado", deve utilizar o simbólico para "existir"[65]. O imaginário social "deve-se entrecruzar com o simbólico, do contrário a sociedade não teria podido 'reunir-se', e com o econômico-funcional, do contrário ela não teria podido sobreviver"[66]. Embora a alienação seja definida como "dominância do momento imaginário na instituição", propiciadora da autonomização da instituição (rede simbólica) relativamente à sociedade[67], só através do imaginário há produção de novos simbolismos, ou seja, criação de novas significações[68].

---

59. Castoriadis, 1975, p. 159 [trad. bras. 1991, pp. 139 s.].
60. Castoriadis, 1975, p. 169 [trad. bras. 1991, p. 148].
61. Castoriadis, 1975, p. 172 [trad. bras. 1991, p. 150].
62. Castoriadis, 1975, p. 175 [trad. bras. 1991, p. 152].
63. Castoriadis, 1975, p. 176 [trad. bras. 1991, p. 153].
64. Cf. Castoriadis, 1975, pp. 177 ss. [trad. bras. 1991, pp. 154 ss.].
65. Castoriadis, 1975, p. 177 [trad. bras. 1991, p. 154].
66. Castoriadis, 1975, p. 183 [trad. bras. 1991, p. 159].
67. Castoriadis, 1975, p. 184 [trad. bras. 1991, p. 159].
68. Cf. Castoriadis, 1975, pp. 186 s. [trad. bras. 1991, pp. 161 s.].

1.5. O símbolo na semiótica

Na semiótica, a teoria dos signos em geral[69], acentua-se ainda mais o problema da falta de univocidade do termo "símbolo". Dentro da categoria genérica dos signos, Peirce distingue, conforme a relação com o referente, os ícones, os índices e os símbolos[70]. Os ícones caracterizar-se-iam por sua similaridade com o objeto a que se referem[71]. Um índice, por sua vez, é apresentado como "um signo que se refere ao Objeto que denota em virtude de ser realmente afetado por esse Objeto"[72]. O símbolo seria um signo que se refere ao objeto que denota em face de uma regra ("lei") geral que "opera no sentido de fazer com que o Símbolo seja interpretado como se referindo àquele Objeto"[73]. Ou seja, no mesmo sentido da tradição aristotélico-tomista[74], Peirce define o símbolo como um signo *convencional* e *arbitrário*[75].

Em Morris, assim como em Peirce, "signo" é utilizado como termo genérico, distinguindo-se, porém, dicotomicamente, os símbolos e os sinais. Os sinais são apresentados como signos que criam a expectativa ou a exigência de determinada ação. O símbolo seria produzido pelo próprio intérprete, atuando como substituto para alguns outros signos, em relação aos quais funcionaria como sinônimo[76].

Na sua abordagem antropológica do sentido do termo "símbolo", Firth recorre à posição semiótica de Peirce e Morris[77]. Dentro desta orientação, distinguem-se, na categoria

---

69. Ou, na formulação de Carnap, "a teoria geral dos signos e linguagens" (1948, p. 8).
70. Cf. Peirce, 1955, pp. 102 ss., ou 1977, pp. 52 s. e 63-76. Crítico com relação à "presença do referente como parâmetro discriminante", cf. Eco, 1991b [1975], pp. 239 s. [trad. bras. 1980, pp. 157 s.].
71. Peirce, 1955, pp. 102 e 104 ss., ou 1977, pp. 52 e 64 ss.
72. Peirce, 1955, p. 102, ou 1977, p. 52.
73. *Ibidem*.
74. Cf. Eco, 1984, esp. p. 24 [trad. bras. 1991a, p. 34].
75. Cf. Peirce, 1955, pp. 112 ss., ou 1977, pp. 71 ss.; Eco, 1984, pp. 210 s. [trad. bras. 1991a, pp. 205 s.].
76. Cf. Firth, 1973, pp. 65 s., interpretando Morris, 1938.
77. Firth, 1973, pp. 60 ss. e 65 ss.

geral do "signo", o "índice", o "sinal", o "ícone" e o "símbolo". Encontra-se um índice "onde uma relação seqüencial é inferida", como, p. ex., da parte ao todo, do precedente ao conseqüente, ou do particular ao geral[78]. O sinal implica uma "ação conseqüencial", é um signo que atua como estímulo para as mais complexas respostas[79]. O ícone importa "uma relação sensorial de semelhança"[80]. Por fim, o símbolo caracteriza-se por envolver "uma série complexa de associações", podendo ser descrito apenas em termos de representação parcial; além do mais, o sentido de um símbolo resulta da "construção pessoal e social", de tal maneira que a relação entre o signo e o objeto denotado apresenta-se ao observador como arbitrariamente imputada[81].

Interpretando Peirce e Morris, Firth enfatiza que na determinação do sentido dos sinais o produtor e o intérprete usam o mesmo código, enquanto na consideração do sentido dos símbolos o intérprete toma uma posição de destaque, dispondo de um espaço bem mais amplo "para exercitar o seu próprio juízo"[82]. Em virtude desse traço pragmático diferenciador, os símbolos distinguem-se pela imprecisão, a variabilidade de interpretação sobretudo pela inexauribilidade do seu sentido, "sua característica mais essencial"[83]. Nessa concepção pragmática, o símbolo é abordado por Firth como instrumento de expressão, comunicação, conhecimento e controle[84].

Em posição totalmente contrária à de Peirce e também à de Morris, Saussure distingue "signo" e "símbolo". O signo é caracterizado pelo "princípio da arbitrariedade"[85], en-

---

78. Firth, 1973, p. 74.
79. Firth, 1973, p. 75.
80. *Ibidem*.
81. *Ibidem*.
82. Firth, 1973, pp. 66 s.
83. Firth, 1973, pp. 66 e 72 s.
84. Firth, 1973, pp. 76 ss.
85. Saussure, 1922, pp. 100-2 [trad. bras. s.d., pp. 81-4]. Como variante, cf. Barthes, 1964, pp. 110 s. [trad. bras. s.d., pp. 52-4]. Em postura crítica com relação à tese saussuriana da arbitrariedade do signo, ver Derrida, 1967, pp.

quanto "o símbolo tem como característica não ser jamais completamente arbitrário; ele não está vazio, existe um rudimento de vínculo natural entre o significante e o significado"[86]. Assim sendo, pode-se afirmar que o conceito de símbolo em Saussure corresponde à noção de ícone em Peirce, implicando uma semelhança do significante com o objeto por ele denotado[87]. Igualmente, cabe verificar que, por força de sua arbitrariedade, o signo em Saussure corresponde aproximadamente ao símbolo em Peirce[88].

Também nos quadros da discussão semiológica, Eco, após considerar criticamente diversos sentidos discrepantes de "símbolo", define o modo simbólico como "uma modalidade de produção ou interpretação textual", na qual um elemento é visto como a projeção "de uma porção suficientemente imprecisa de conteúdo"[89]. A "nebulosa de conteúdo", a incerteza e a intraduzibilidade dos símbolos aproximam a concepção de Eco do modelo junguiano, como também a colocam em direta relação com o "modo simbólico teologal"[90]. Mas Eco aponta basicamente para o modo simbólico como estratégia poética[91], fazendo abstração de toda metafísica ou teologia subjacente, que confere uma verdade particular aos símbolos[92]. O modo simbólico é apresentado como um procedimento de *"uso* de texto", que pode ser aplicado a qualquer tipo de signo, "mediante uma decisão pragmática" que produz no plano semântico a associação de "novas por-

---

65 ss., partindo do argumento de que a idéia da instituição arbitrária do signo "é impensável antes da possibilidade da escrita" (p. 65).

86. Saussure, 1922, p. 101 [trad. bras. s.d., p. 82].

87. Nesse sentido, cf. Eco, 1984, p. 211 [trad. bras. 1991a, p. 206]; Derrida, 1967, p. 66.

88. A propósito, Derrida recusa, "em nome do arbitrário do signo, a definição saussuriana da escrita como 'imagem' – portanto, como símbolo natural – da língua" (1967, p. 66).

89. Eco, 1984, p. 252 [trad. bras. 1991a, p. 245].

90. Cf. Eco, 1984, pp. 225 ss. e 234 ss. [trad. bras. 1991a, pp. 219 ss. e 228 ss.].

91. Eco, 1984, p. 242 [trad. bras. 1991a, p. 235].

92. Eco, 1984, p. 252 [trad. bras. 1991a, p. 245].

ções de conteúdo" ao signo, "o mais possível indeterminadas e decididas pelo destinatário"[93]. Dessa maneira, o modo simbólico, além de implicar a "nebulosa de conteúdo" no nível semântico, depende de uma postura pragmática determinada do utente do texto, sendo assim radicalmente contextualizado.

1.6. O simbólico na lógica

Na perspectiva da lógica simbólica, o conceito de símbolo está vinculado basicamente à distinção entre linguagem artificial e linguagem ordinária, tomando um sentido bem diferente daquele que é veiculado na discussão antropológica, filosófica, psicanalítica e semiológica.

A linguagem simbólica é construída e empregada com o fim de evitar a imprecisão e a flexibilidade da linguagem ordinária, bloqueadoras do raciocínio lógico, matemático e científico[94]. Segundo Carnap, a linguagem simbólica possibilita a "pureza de uma dedução", na medida em que só os elementos relevantes para a respectiva inferência são empregados; a linguagem ordinária, ao contrário, permite a introdução despercebida de elementos estranhos à operação lógica, desvirtuando os seus resultados[95]. Além do mais, acentua-se que a brevidade e a clareza da linguagem simbólica, nunca presentes na linguagem natural, facilitam "extraordinariamente" as operações, comparações e inferências[96]. Carnap também se refere à importância da lógica simbólica para a solução de certas contradições não eliminadas pela lógica clássica[97], como

---

93. Eco, 1984, pp. 253 s. [trad. bras. 1991a, p. 246].
94. Carnap, 1954, pp. 1 s. Cf. Wittgenstein, 1963 [1921], pp. 30 s. (§ 3.344) e 32 (§ 4.002); Firth, 1973, p. 55.
95. Carnap, 1954, p. 2. Nesse sentido, enfatizava Wittgenstein que "é humanamente impossível retirar imediatamente dela [da linguagem corrente] a lógica da linguagem" (1963 [1921], p. 32, § 4.002).
96. Carnap, 1954, p. 2.
97. Carnap, 1954, p. 3.

também à possibilidade de traduzir proposições teóricas sobre qualquer que seja o objeto na linguagem lógico-simbólica, que se apresenta, portanto, como o sistema de signos mais formalizado ("esqueleto de uma linguagem")[98].

1.7. O simbólico na sociologia. Um exemplo da teoria dos sistemas

Na sociologia, a conceituação de "simbólico" varia de autor para autor, não se excluindo a variação de sentido na obra de um mesmo autor. Farei apenas referência exemplificativa ao modelo da teoria dos sistemas.

Em Luhmann, verdade, amor, propriedade/dinheiro, poder/direito, arte, crença religiosa e "valores fundamentais" constituem exemplos de "meios de comunicação *simbolicamente* generalizados"[99]. "O conceito de símbolo/simbólico deve nesse caso designar o meio da formação de unidade"[100]; a simbolização torna manifesto "que na diferença reside uma unidade"[101]. Assim sendo, dentro de situações sociais altamente complexas e contingentes, os meios simbolicamente generalizados de comunicação possibilitam a continuidade da comunicação, servindo ao prosseguimento da conexão entre seletividade e motivação[102]. Na medida em que os meios simbolicamente generalizados de comunicação são diferenciados conforme códigos binários de preferência, que só têm relevância, respectivamente, para um deles (trata-se, pois, de códigos-meios), eles distinguem-se da lin-

---

98. Carnap, 1954, p. 1.
99. Cf. Luhmann, 1975a; 1987a [1984], pp. 135 ss. e 222 ss.; 1997, pp. 316 ss.; Luhmann e De Giorgi, 1992, pp. 105 ss. Nesse particular, Luhmann recorre à concepção de Parsons a respeito dos meios generalizados de comunicação (cf., p. ex., Parsons, 1964, pp. 5 s. e 115 ss.).
100. Luhmann, 1987a [1984], p. 135.
101. Luhmann, 1997, p. 319. Com relação à arte simbólica, Luhmann define semelhantemente: "O simbólico tem sempre a ver com a unidade de uma diferença [...]" (1996a, p. 273).
102. Luhmann, 1975a, p. 174; 1987a [1984], p. 222; 1997, pp. 320 s.

guagem natural não especializada, surgindo então a linguagem especializada da ciência, do direito, da economia, da arte etc.[103] Nessa perspectiva, a diferenciação de cada sistema social está associada à sua representação simbólica como unidade.

Entretanto, na obra de Luhmann encontra-se também o conceito de agir simbólico-expressivo em contraposição à noção de agir instrumental[104]. O agir instrumental implica uma relação de meio-fim, de tal maneira que as necessidades nele envolvidas extraem seu sentido da realização dos fins em um momento posterior, sendo, em face disso, variáveis; o agir simbólico-expressivo satisfaz imediatamente as necessidades a que se dirige, "de tal forma que uma alteração do agir pressupõe uma alteração da necessidade"[105]. Luhmann enfatiza que o modelo instrumental, ou seja, o agir orientado pela relação meio-fim, é apenas um dos aspectos da funcionalidade dos sistemas sociais, que, portanto, para reduzirem a complexidade do seu ambiente, precisam articular variáveis simbólico-expressivas. No processo de redução da complexidade, os modelos finalístico-instrumentais somente "são empregados quando os problemas já ganharam estruturas mais específicas, quando, pois, a complexidade já está amplamente absorvida"[106]. A própria legitimação não é alcançada com base na escolha de meios adequados para a realização de um fim no futuro, mas sim através do agir simbólico-expressivo, mediante o qual o procedimento ganha sentido para participantes e não-participantes, motivando-os no presente a integrarem-se no processo de redução da com-

---

103. Cf. Luhmann, 1974, p. 62; 1975a, pp. 175 s.; 1997, pp. 332 ss. Sobre códigos binários em geral, ver Luhmann, 1986a, pp. 75 ss.
104. Cf. Luhmann, 1983a [1969], pp. 223-32 [trad. bras. 1980, pp. 181-7]; 1987b [1972], pp. 315 ss.
105. Luhmann, 1983a [1969], pp. 224 s. [trad. bras. 1980, p. 182].
106. Luhmann, 1973a, p. 156. Cf. também 1983a [1969], p. 223 [trad. bras. 1980, p. 181]; 1971, p. 294. Portanto, não me parece fundamental a interpretação crítica da teoria luhmanniana por Habermas (1982a [1976], p. 261), no sentido de que "a *racionalidade sistêmica* é a racionalidade-com-respeito-a-fins transportada para sistemas auto-regulados".

plexidade[107]. Mas, inegavelmente, não pode haver legitimação, caso as variáveis instrumentais percam sentido, sendo a relação meio-fim constantemente bloqueada e hipertrofiando-se as variáveis simbólico-expressivas. Esse é um dos aspectos que vai possibilitar que no presente trabalho o termo "simbólico" seja usado de maneira distinta do uso que dele faz Luhmann[108]. Além disso, há na concepção luhmanniana uma confusão entre o expressivo e o simbólico, aspectos da ação que devem ser analiticamente diferenciados.

2. DELIMITAÇÃO SEMÂNTICA

O panorama acima apresentado sobre a ambigüidade de "símbolo", "simbólico" e "simbolismo" exige que, no uso da expressão "legislação simbólica", determine-se precisamente em que sentido se está empregando o termo adjetivador.

Em primeiro lugar, deve-se observar que a confusão do simbólico com o semiótico, que se encontra nas concepções de Cassirer, Lévi-Strauss e Lacan[109], é incompatível com o uso da expressão "legislação simbólica", uma vez que toda produção humana de sentido – portanto, também a legislação – seria simbólica. Estaríamos, então, no caso de uma tautologia.

Também não me parece que se possa vincular o sentido de simbólico em Jung, expressão de significado desconhecido e incompreensível, com o problema da legislação simbólica. Talvez possa vislumbrar-se uma analogia com a concepção de simbolismo freudiana, na medida em que nela se distingue entre significado latente e significado manifesto.

---

107. Luhmann, 1983a [1969], p. 224 [trad. bras. 1980, p. 181].
108. No entanto, Luhmann não exclui o uso de "simbólico" no sentido empregado neste livro (cf. Luhmann, 1990a, p. 214; 1993a, p. 478).
109. Cf. Eco, 1984, pp. 206-10 [trad. bras. 1991a, pp. 201-5]. Essa confusão também se manifesta na abordagem de Castoriadis ("instituição como rede simbólica" – ver *supra* subitem 1.4. deste capítulo) e no emprego da expressão "função simbólica da língua" por Ferraz Jr. (1988, pp. 233-6).

Poder-se-ia, então, afirmar que na legislação simbólica o significado latente prevalece sobre o seu significado manifesto[110].

Entretanto, como já adiantei acima, a questão da legislação simbólica está usualmente relacionada com a distinção entre variáveis instrumentais, expressivas e simbólicas. As funções instrumentais implicariam uma relação de meio-fim, a tentativa consciente de alcançar resultados objetivos mediante a ação. Na atitude expressiva, há uma confusão entre o agir e a satisfação da respectiva necessidade. Enquanto a ação instrumental constitui-se em "veículo de conflito", o agir expressivo é "veículo de catarse"[111]. Afastando-se de outros autores que abordaram o problema da política simbólica, Gusfield distinguiu o simbólico não apenas do instrumental, mas também do expressivo[112]. Em contraposição à atitude expressiva e semelhantemente à ação instrumental, a postura simbólica não é caracterizada pela imediatidade da satisfação das respectivas necessidades e se relaciona com o problema da solução de conflito de interesses[113]. Diferentemente das variáveis instrumentais, a atitude simbólica não é orientada conforme uma relação linear de meio-fim e, por outro lado, não se caracteriza por uma conexão direta e manifesta entre significante e significado, distinguindo-se por seu sentido mediato e latente[114]. Como bem observou Gusfield, "a distinção entre ação instrumental e simbólica é, em muitos aspectos, similar à diferença entre discurso denotativo e conotativo"[115]. Na denotação há uma

---

110. Retornarei a esse ponto quando tratar dos efeitos da legislação simbólica (item 8 deste capítulo).
111. Gusfield, 1986 [1963], p. 179.
112. Gusfield, 1986 [1963], pp. 77 ss.
113. Gusfield, 1986 [1963], p. 183.
114. Gusfield, 1967, pp. 176 s.
115. Gusfield, 1986 [1963], p. 170. Os termos "conotativo" e "denotativo" são empregados aqui em sentido lingüístico ou semiológico. Nessa acepção, cf. Barthes, 1964, pp. 130-2 [trad. bras. s.d., pp. 95-9]; Eco, 1991b [1975], pp. 82-5 [trad. bras. 1980, pp. 45-8]; Greimas e Landowski, 1976, pp. 85 s. [trad. bras. 1981, p. 75]; Greimas e Courtés, 1979, pp. 62-4 e 89 [trad. bras. s.d., pp. 77 s. e 106 s.]. Já no sentido lógico, a conotação corresponde à dimen-

conexão relativamente clara entre expressão e conteúdo; na ação instrumental, similarmente, um direcionamento da conduta para fins fixos. Na conotação a linguagem é mais ambígua; o agir simbólico é conotativo na medida em que ele adquire um sentido mediato e impreciso que se acrescenta ao seu significado imediato e manifesto[116], e prevalece em relação a esse.

Evidentemente, a distinção entre função instrumental, expressiva e simbólica só é possível analiticamente: na prática dos sistemas sociais estão sempre presentes essas três variáveis. Porém, quando se afirma que um plexo de ação tem função simbólica, instrumental ou expressiva, quer-se referir à predominância de uma dessas variáveis, nunca de sua exclusividade. Assim, "legislação simbólica" aponta para o predomínio, ou mesmo hipertrofia, no que se refere ao sistema jurídico, da função simbólica da atividade legiferante e do seu produto, a lei, sobretudo em detrimento da função jurídico-instrumental.

3. POLÍTICA SIMBÓLICA *VERSUS* LEGISLAÇÃO SIMBÓLICA

Dentro desta perspectiva, a noção de legislação simbólica deve ser diferenciada preliminarmente do conceito mais abrangente e também mais impreciso de política simbólica. Edelman distinguiu política instrumental e simbólica ("expressiva") com base na diferença entre símbolos referenciais e símbolos-condensação: os primeiros seriam interpretados da "mesma maneira por diferentes pessoas", ajudando "no pensamento lógico sobre a situação e na manipulação dela"; os símbolos-condensação evocariam "as emoções associa-

---

são semântica de sentido (significado), a denotação concerne à dimensão semântica de referência (cf. Von Wright, 1963, pp. 93 s. [trad. esp. 1970, p. 109]; Copi, 1961, pp. 107 ss. [trad. bras. 1978, pp. 119-23]). Sobre essa variação de sentidos, cf. Neves, 1988, pp. 21 (nota 19) e 132 s. (nota 17).

116. Gusfield, 1986 [1963], p. 170; 1967, p. 177.

das com a situação"[117]. A política instrumental, orientada por símbolos referenciais, seria privilégio de grupos minoritários organizados para obtenção de benefícios concretos e satisfação de interesses específicos. A política simbólica, orientada por símbolos-condensação seria um cenário, "uma série de quadros" apresentados abstratamente à maioria dos homens, os espectadores; consistiria em uma "parada de símbolos abstratos"[118]. Assim sendo, para a massa da população a política constituiria antes de tudo uma esfera de ações e vivências simbólicas.

De acordo com Edelman, os atos políticos simbolizam para a massa dos espectadores tanto tranqüilização quanto ameaça[119], mas a política simbólica serve antes à harmonia social[120], reduzindo as tensões[121] e, portanto, desempenhando primariamente uma função aquietadora do público ("*political quiescence*")[122].

Desde que, conforme Edelman, toda atividade política é predominantemente simbólica, não tem sentido, nessa perspectiva, falar-se de legislação simbólica como um problema específico da relação entre sistemas político e jurídico: toda legislação já seria simbólica. Por isso que não cabe uma vinculação estreita da abordagem abrangente de Edelman ao debate específico sobre legislação simbólica[123], embora, como veremos, algumas de suas posições sejam aplicáveis a essa

---

117. Edelman, 1967, p. 6.
118. Edelman, 1967, p. 5.
119. Cf. Edelman, 1967, pp. 7, 13 s. e 188.
120. Edelman, 1967, p. 8.
121. Edelman, 1967, p. 38.
122. Cf. Edelman, 1967, pp. 22-43, 163-5, 170 s., 188-94 e *passim*; 1977, pp. 141-55.
123. Nesse sentido, Kindermann, 1988, p. 229. No entanto, sob a rubrica "política simbólica", faz-se referência também a uma forma específica de política, que se manifesta de maneiras muito diferentes, mas bem determinadas (cf., p. ex., Voigt [org.], 1989a; Abélès/Rossade [orgs.], 1993; Mänicke-Gyöngyösi [org.], 1996); nesse sentido diferenciado poder-se-ia, então, compreender a legislação simbólica como uma expressão de política simbólica (assim, p. ex., Kindermann, 1989).

discussão. Além do mais, a posição de Edelman é passível de crítica no que se refere à separação dualista entre *agentes* (da ação instrumental) como minoria e *espectadores* (do agir simbólico) como maioria, visto que a política instrumental pode trazer benefícios para amplos setores da população mobilizados em torno dela, como também a política simbólica pode levar a uma mobilização (ativa) do público[124]. Por último deve-se observar que a política simbólica não conduz apenas à "tranqüilização psicológica" dos grupos a que se dirige, mas põe igualmente certos interesses em perigo[125].

4. DIREITO SIMBÓLICO *VERSUS* LEGISLAÇÃO SIMBÓLICA

No âmbito da noção abrangente de política simbólica, desenvolveu-se especificamente a concepção de "direito como simbolismo". Arnold foi inegavelmente o pioneiro no enfrentamento dessa questão, tendo atribuído a todo o direito uma função primariamente simbólica[126]. O "direito" é concebido como uma maneira de referir-se às instituições governamentais "em termos ideais", em vez de concebê-las realístico-objetivamente[127]. Nesse sentido, ressalta-se que "é

---

124. Cf. Sarcinelli, 1987, p. 61.
125. Gusfield, 1986 [1963], p. 182, em crítica a Edelman.
126. Arnold, 1935, esp. pp. 33 ss., ou 1971. Em um outro contexto, analisando a sociologia do direito de Niklas Luhmann, Zielke (1979) refere-se abrangentemente à "natureza simbólica do direito", mas, nessa acepção, o conceito de simbólico é muito amplo e vago, seja porque a intermediação simbólica é equiparada à intermediação por signos em geral e, portanto, o simbólico é identificado com o semiótico, seja porque o simbólico envolve todo o âmbito das expectativas, de tal maneira que, nesse sentido, todos os fenômenos socioestruturais são simbólicos (cf. *ibidem*, esp. pp. 41 e 129 ss.). Por outro lado, Voß (1989, p. 38) critica com razão a unilateralidade da análise da sociologia jurídica luhmanniana por Zielke, considerando que este reduz a função do direito à garantia ou asseguração das expectativas [*Erwatungssicherung*], enquanto, segundo Luhmann, "além de assegurar as manutenções de expectativas, o direito também pode provocar alterações reais do comportamento". A respeito, cf. Luhmann, 1981d.
127. Arnold, 1935, p. 33, ou 1971, p. 47.

parte da função do 'direito' reconhecer ideais que representam o oposto exato da conduta estabelecida", desenvolvendo-se, assim, um complicado "mundo onírico"[128]. Essa função simbólica do direito seria predominante, sobrepondo-se à sua função instrumental: "o observador deve sempre ter presente que a função do direito não reside tanto em guiar a sociedade como em confortá-la"[129]. Embora possa levar tanto à obediência quanto à revolta ou à revolução, a crença no "reino do direito" teria comumente a função de "produzir a aceitação do *status quo*"[130]. Inclusive a ciência do direito estaria incluída nesse mundo onírico, servindo para encobrir-lhe as contradições e a irracionalidade, apresentando-lhe retoricamente como um mundo governado pela razão, sem contradições[131].

Inegavelmente, a contribuição de Arnold é relevante e, em parte, ainda insuperável para uma crítica da ideologia jurídica[132]. Entretanto, da mesma maneira que me referi à concepção abrangente de política simbólica, a noção de direito como simbolismo é incompatível com o conceito de legislação simbólica: partindo-se de que toda atividade jurídica, tanto prática quanto teórica, seja primariamente simbólica, perde sentido o tratamento da legislação simbólica como um problema específico do sistema jurídico. Estaríamos novamente diante de uma tautologia. Mas, como veremos, nem sempre o direito e a legislação exercem hipertroficamente uma função simbólica, sobressaindo-se em muitos casos a sua dimensão instrumental. Assim como superestimar a função instrumental do direito é fator e produto de uma ilusão sobre a capacidade de dirigir-se normativo-juridicamente o comportamento[133], a supervalorização do caráter simbólico do direito é simplificadora, impossibilitando

---

128. Arnold, 1935, p. 34, ou 1971, p. 48.
129. *Ibidem*.
130. Arnold, 1935, pp. 34 s., ou 1971, p. 48.
131. Arnold, 1935, pp. 56 ss., ou 1971, pp. 51 s.
132. Lenk, 1976, p. 143, nota 12.
133. Cf. Lenk, 1976, p. 147.

que se façam distinções ou análises diferenciadas em relação ao material jurídico[134].

5. LEGISLAÇÃO SIMBÓLICA *VERSUS* RITUAIS E MITOS POLÍTICOS E JURÍDICOS

Na concepção abrangente de política e direito simbólicos, há não apenas uma confusão entre o simbólico e o expressivo[135], já criticada acima com apoio em Gusfield, mas também uma tendência à confusão entre variáveis simbólicas e elementos ritualísticos e míticos das atividades políticas e jurídicas.

Para Edelman rituais e mitos são formas simbólicas que permeiam as instituições políticas[136]. Haveria, assim, uma relação de gênero e espécies. O ritual é concebido como "atividade motora que envolve seus participantes simbolicamente numa empresa comum", sugerindo-lhes que se encontram vinculados por interesses comuns[137]. Define-se, portanto, como uma atividade coletiva que tranqüiliza os seus participantes da inexistência de dissenso entre eles[138]. Os mitos, por sua vez, podem ser concebidos como crenças "socialmente comunicadas" e "inquestionadas"[139]. Rituais como atividades motoras e mitos como crenças inquestionáveis reforçam-se reciprocamente, tendo significados latentes, níveis

---

134. Em sentido análogo, embora a partir de outros pressupostos teóricos e com outras pretensões metodológicas, Dworkin manifesta-se criticamente a respeito daqueles que ele denomina juristas "nominalistas" (1991 [1977], pp. 15 s. [trad. bras. 2002, pp. 25-7]).

135. Cf., p. ex., Edelman, 1967, pp. 19 ss.; em outro contexto, Luhmann, 1983a [1969], pp. 224 ss. [trad. bras. 1980, pp. 181 ss.].

136. Edelman, 1967, p. 16.

137. *Ibidem*. Na perspectiva da teoria do agir comunicativo, sustenta Habermas (1982b, vol. II, p. 88): "... as ações rituais perderam suas funções adaptativas; elas servem à produção e manutenção de uma identidade coletiva, devido à qual a condução da interação por um programa genético, ancorado no organismo individual, pode ser ajustada a um programa cultural intersubjetivamente compartilhado".

138. Edelman, 1967, p. 17.

139. Edelman, 1967, p. 18.

de conotação, que não se apresentam aos agentes e crentes, "presos" a seus significados manifestos, a suas referências denotativas. Porém, a esfera do simbólico não se reduziria aos rituais e mitos, sendo bem mais abrangente.

Voigt, ao abordar o problema da política simbólica, distinguiu mitos, rituais e símbolos, advertindo, porém, que, com freqüência, eles ocorrem simultaneamente[140]. "Mitos determinam nossa compreensão do mundo, amiúde sem que nós tenhamos a consciência disso."[141] Eles impregnam o pensamento de tal maneira, que um comportamento desviante se apresenta como impossível na prática[142]. Por meio dos rituais, a vinculação mítica ao passado "é corroborada através de contínua e invariável repetição"[143]. O principal resultado seria, então, "a abolição do tempo": através dos rituais o passado seria revivificado[144]. Por último, Voigt define os símbolos como "sinais codificados cujo sentido é entendido apenas por quem pode decifrar o código"[145]. Os símbolos contidos nos rituais serviriam à adaptação dos novos dados reais aos modelos de interpretação de sentido existentes[146]. Os símbolos podem ser interpretados, nessa perspectiva, como instrumentos eventuais das atividades ritualísticas e das crenças míticas.

A distinção entre mitos, rituais e formas simbólicas interessa especificamente para caracterizar diferenciadamente a legislação simbólica. Parece-me que, quando se fala da função hipertroficamente simbólica de atividades legiferantes, de leis e de discursos em torno delas, ou seja, quando se trata de "legislação simbólica", não se está, em princípio, referindo a formas ritualísticas e míticas[147]. Só eventualmente crenças

---

140. Voigt, 1989b, p. 9.
141. Voigt, 1989b, p. 10.
142. *Ibidem*.
143. Voigt, 1989b, p. 12.
144. *Ibidem*.
145. Voigt, 1989b, p. 14.
146. *Ibidem*.
147. Cf., de maneira diversa, no sentido de uma relação mais estreita entre mitos e símbolos políticos, Dörner, 1895, esp. pp. 76 ss.; García-Pelayo, 1991, pp. 1005 ss.

inquestionáveis (mitos) e atividades motoras contínua e invariavelmente repetidas (rituais) estão relacionadas com a legislação simbólica. Entretanto, também a legislação instrumental (a força normativa das leis) está muito freqüentemente fundamentada em rituais (que são primariamente ações expressivas) e mitos. Portanto, o que vai distinguir a legislação simbólica não é o ritualístico ou o mítico, mas sim a prevalência do seu significado "político-ideológico" latente em detrimento do seu sentido normativo-jurídico aparente.

6. POR UMA CONCEITUAÇÃO

A concepção instrumental do Direito Positivo, no sentido de que as leis constituem *meios* insuperáveis para se alcançar determinados *fins* "desejados" pelo legislador, especialmente a mudança social, implica um modelo funcional simplista e ilusório, como têm demonstrado os seus críticos. Por um lado, observa-se que há um grande número de leis que servem apenas para codificar juridicamente "normas sociais" reconhecidas[148]. Por outro, a complexidade do ambiente social dos sistemas jurídico e político é muito acentuada, para que a atuação do Estado através de legislação possa ser apresentada como instrumento seguro de controle social[149]. Desde as duas últimas décadas do século XX, tem-se discutido cada vez mais a situação paradoxal do aumento dos encargos do Estado em conexão com a redução da capacidade do direito de dirigir a conduta social[150].

Mas a questão dos limites de uma concepção instrumental da legislação interessa, aqui, em outra perspectiva:

---

148. Lenk, 1976, p. 146.
149. Nesse sentido, enfatiza Luhmann: "A sociedade mesma não pode ser conceituada tão-só a partir de sua constituição jurídica. O direito" – assim como a política – "é apenas um momento estrutural entre outros" (1987b [1972], p. 299). Cf. também Teubner, 1982; 1989, pp. 81 ss. [trad. port. 1993, pp. 127 ss.]; Teubner e Willke, 1984; Ladeur, 1983, pp. 466 ss.; 1984, pp. 170 ss.; 1990.
150. Grimm (org.), 1990.

o fracasso da função instrumental da lei é apenas um problema de ineficácia das normas jurídicas? A resposta negativa a essa questão põe-nos diante do debate em torno da função simbólica de determinadas leis. Como bem formulou sinteticamente Gusfield, "many laws are honored as much in the breach as in performance"[151]. Em sentido mais abrangente, pode-se dizer que uma quantidade considerável de leis desempenha funções sociais latentes em contradição com sua eficácia normativo-jurídica, ou seja, em oposição ao seu sentido jurídico manifesto. Não se trata, portanto, de uma simples negação da legislação instrumental. Nesse sentido, observa Kindermann que a "legislação simbólica não pode ser vista meramente como contraponto para a legislação instrumental de proveniência contemporânea, mas sim deve ser conceituada como alternativa para a direção normativo-geral da conduta"[152]. Considerando-se que a atividade legiferante constitui um momento de confluência concentrada entre sistemas político e jurídico, pode-se definir a legislação simbólica como produção de textos cuja referência manifesta à realidade é normativo-jurídica, mas que serve, primária e hipertroficamente, a finalidades políticas de caráter não especificamente normativo-jurídico.

Não me parece que tenha sentido sustentar que simbólicos são os atos legiferantes, não as leis[153]. É verdade que de determinada atividade legislativa com função primariamente simbólica pode resultar lei que, posteriormente, venha a ter uma intensa "força normativa"; como também, ao contrário, leis resultantes de atos de legislação instrumental podem com o passar do tempo adquirir caráter predominantemente simbólico[154]. Porém, o conceito de legislação simbólica deve referir-se abrangentemente ao significado específico do ato de produção e do texto produzido, revelan-

---

151. Gusfield, 1967, p. 177. Isto é, muitas leis, pelo seu conteúdo, são dignificadas tanto em caso de violação generalizada quanto na hipótese de cumprimento sistemático.
152. Kindermann, 1989, p. 258.
153. Em sentido contrário, cf. Noll, 1981, p. 356.
154. Nesse sentido, cf. Kindermann, 1988, p. 225.

do que o sentido político de ambos prevalece hipertroficamente sobre o aparente sentido normativo-jurídico. A referência deôntico-jurídica de ação e texto à realidade torna-se secundária, passando a ser relevante a referência político-valorativa ou "político-ideológica".

Embora retorne a esse problema mais à frente, cabe adiantar que não concebo a legislação simbólica em termos do modelo simplificador que a explica ou a define a partir das intenções do legislador[155]. Evidentemente, quando o legislador se restringe a formular uma pretensão de produzir normas, sem tomar nenhuma providência no sentido de criar os pressupostos para a eficácia, apesar de estar em condições de criá-los, há indício de legislação simbólica[156]. Porém, o problema da legislação simbólica é condicionado estruturalmente, sendo antes de se falar em interesses sociais que a possibilitam[157] do que de vontade ou intenção do legislador. Por outro lado, não cabe, no sentido oposto, distinguir a legislação simbólica da legislação instrumental com base na diferença entre, respectivamente, efeitos não-tencionados e tencionados[158], pois nada impede que haja legislação intencionalmente orientada para funcionar simbolicamente. Parece-me sim adequada a contraposição dos efeitos latentes da legislação simbólica aos efeitos manifestos da legislação instrumental (ver item 8 deste capítulo).

7. TIPOS DE LEGISLAÇÃO SIMBÓLICA

7.1. Da tipologia

Tendo em vista que os casos enquadrados no campo conceitual da legislação simbólica são muito heterogêneos,

---

155. Diversamente, Noll, 1981, pp. 355 s. Cf. também Kindermann, 1989, p. 266.
156. Kindermann, 1988, p. 227. Analogamente, mas em uma posição ainda voluntarista, cf. Blankenburg, 1977, p. 43.
157. Cf. Schild, 1986, p. 199.
158. Cf. König, 1982, p. 308.

tem-se procurado classificá-los. Em algumas tentativas de tipificação, porém, são incluídos atos normativos que não constituem legislação simbólica no sentido estrito e diferenciado que estou utilizando. Assim, por exemplo, Noll inclui as declarações, tal como se apresentam principalmente nas Constituições e nos seus preâmbulos, na vasta categoria da legislação simbólica[159]. Entretanto, apesar da função simbólica das declarações contidas nos textos constitucionais e seus preâmbulos, elas podem servir também à interpretação e, portanto, à concretização normativa do texto constitucional. Assim sendo, elas não devem, em princípio, ser enquadradas na categoria da legislação simbólica, caracterizada por uma hipertrofia da sua função simbólica em detrimento da concretização normativa do respectivo texto legal. Isso só se justifica quando as declarações estejam em desconformidade com o próprio sistema constitucional em vigor ou em descompasso com a realidade constitucional. Da mesma maneira deve-se argumentar com relação a normas que se referem a símbolos do poder "soberano" estatal, como brasões das forças armadas, bandeiras, hinos, as quais, além de uma função informativa, possuem força normativa para os seus destinatários, até mesmo conseqüências penais, não implicando, em princípio, legislação simbólica[160].

Inapropriado parece-me também classificar como simbólica a legislação que vem para regular matéria já suficientemente tratada em outro(s) diploma(s) normativo(s), como no caso da cominação de pena a fato já punível[161]. Evidentemente, uma nova regulação legislativa de conteúdo idêntico ou semelhante a leis mais antigas, mesmo que se reconheça a sua função simbólica, pode servir para fortificar determinada posição do Estado-Legislador, contribuindo para maior efetivação do respectivo conteúdo normativo. Em princípio, portanto, pode ter uma função relevantemente ins-

---

159. Noll, 1981, pp. 356 s. A respeito, cf. Voß, 1989, pp. 35 s.
160. Kindermann, 1989, p. 265; Noll, 1981, pp. 359 s.
161. Em sentido contrário, cf. Schild, 1986, p. 197.

trumental. Quando, porém, a nova legislação constitui apenas mais uma tentativa de apresentar o Estado como identificado com os valores ou fins por ela formalmente protegidos, sem qualquer novo resultado quanto à concretização normativa, evidentemente estaremos diante de um caso de legislação simbólica. Mas não simplesmente por se tratar de legislação destinada a regular situações já suficientemente previstas em leis mais antigas, mas antes independentemente disso.

Kindermann propôs um modelo tricotômico para a tipologia da legislação simbólica, cuja sistematicidade o torna teoricamente frutífero: "Conteúdo de legislação simbólica pode ser: a) confirmar valores sociais, b) demonstrar a capacidade de ação do Estado e c) adiar a solução de conflitos sociais através de compromissos dilatórios."[162]

7.2. Confirmação de valores sociais

Exige-se primariamente do legislador, com muita freqüência, uma posição a respeito de conflitos sociais em torno de valores. Nesses casos, os grupos que se encontram envolvidos nos debates ou lutas pela prevalência de determinados valores vêem a "vitória legislativa" como uma forma de reconhecimento da "superioridade" ou predominância social de sua concepção valorativa, sendo-lhes secundária a eficácia normativa da respectiva lei. Dessa maneira, procuram influenciar a atividade legiferante, no sentido de que sejam formalmente proibidas aquelas condutas que não se coadunam com os seus valores, assim como permitidos ou obrigatórios os comportamentos que se conformam aos seus padrões valorativos, satisfazendo-se as suas expectativas basicamente com a expedição do ato legislativo.

Um clássico exemplo no estudo da legislação simbólica é o caso da "lei seca" nos Estados Unidos, abordado porme-

---

162. Kindermann, 1988, p. 230; cf. também 1989, p. 267.

norizadamente por Gusfield[163]. A sua tese central afirma que os defensores da proibição de consumo de bebidas alcoólicas não estavam interessados na sua eficácia instrumental, mas sobretudo em adquirir maior respeito social, constituindo-se a respectiva legislação como símbolo de *status*. Nos conflitos entre protestantes/nativos defensores da lei proibitiva e católicos/imigrantes contrários à proibição, a "vitória legislativa" teria funcionado simbolicamente a um só tempo como "ato de deferência para os vitoriosos e de degradação para os perdedores", sendo irrelevantes os seus efeitos instrumentais[164]. Embora contestada quanto à sua base empírica[165], é de reconhecer que a contribuição de Gusfield possibilitou uma nova e produtiva leitura da atividade legislativa[166].

Outro caso consiste na discussão que se desenvolve sobre o aborto na Alemanha, especialmente a partir dos anos setenta. Blankenburg enfatiza que os participantes da discussão em torno da legalização do aborto estão informados de que as violações do § 218 do Código Penal Alemão (StGB) "são muito freqüentes e que punições ocorrem apenas em casos excepcionais"[167]. Conclui, então, com base inclusive em decisões do Tribunal Constitucional Federal, que no conflito sobre a legalização do aborto trata-se da "confirmação simbólica de pretensões normativas", e não da "imposição efetiva" dessas[168].

Um outro exemplo, muito significativo para a experiência social européia mais recente, é a legislação sobre estrangeiros. O debate a respeito de uma legislação mais rigorosa ou mais flexível em relação aos estrangeiros seria predominantemente simbólico: nesse caso, a legislação teria uma força simbólica muito importante, na medida em que influencia-

---

163. Gusfield, 1986 [1963], esp. pp. 166 ss.; 1967, pp. 176 ss.
164. Gusfield, 1986 [1963], p. 23.
165. Friedman, 1972, p. 210; Noll, 1981, p. 350. Cf. Kindermann, 1988, pp. 224 s.; 1989, p. 266.
166. Kindermann, 1989, p. 266. Cf. também Voß, 1989, pp. 85 ss.
167. Blankenburg, 1977, p. 42.
168. *Ibidem*. Cf. também Kindermann, 1988, pp. 231 s.; Hegenbarth, 1981, p. 202; Noll, 1981, p. 353.

ria a visão que os nacionais têm dos imigrantes – como estranhos e invasores, ou como vizinhos, colegas de trabalho, de estudo, de associação e, portanto, "parte da sociedade"[169]. Primariamente, a legislação funcionaria então como "etiqueta" em relação à figura do imigrante estrangeiro[170].

Analisando os problemas do direito e da administração na África da pós-independência (1960-1985), Bryde sustentou que a ênfase legislativa em princípios como "negritude" e "autenticidade" teria desempenhado uma função simbólica para a delimitação do "caráter" nacional perante o poder colonial. A mesma função exerceria, por outro lado, a codificação modernizadora, como no caso da Etiópia em 1960, onde ela teria servido como fórmula de confirmação da modernidade[171]. Kindermann interpretou esses casos de legislação simbólica como "confirmação de valores sociais"[172]. Embora quanto à primeira hipótese, ênfase na "negritude" e na "autenticidade", pareça adequado o enquadramento do caso nessa classe de legislação simbólica, tendo em vista que há pretensamente a corroboração de valores sociais, a codificação modernizadora parece adequar-se melhor na categoria da legislação-álibi, de que tratarei no próximo subitem.

A legislação simbólica destinada primariamente à confirmação de valores sociais tem sido tratada basicamente como meio de diferenciar grupos e os respectivos valores ou interesses. Constituiria um caso de política simbólica por "gestos de diferenciação", os quais "apontam para a glorificação ou degradação de um grupo em oposição a outros dentro da sociedade"[173]. Mas a legislação afirmativa de valores sociais pode também implicar "gestos de coesão"[174], na medida

---

169. Kindermann, 1989, p. 267, com base em conclusões de Groenendijk, 1987, p. 25, a respeito do direito eleitoral dos estrangeiros, no plano municipal, na Holanda.
170. Kindermann, 1989, p. 267. Sobre a legislação simbólica na perspectiva da "teoria da etiquetação", cf. Voß, 1989, pp. 79 ss.
171. Bryde, 1987, p. 37.
172. Kindermann, 1989, p. 267.
173. Gusfield, 1986 [1963], p. 172.
174. Cf. Gusfield, 1986 [1963], p. 171.

em que haja uma aparente identificação da "sociedade nacional" com os valores legislativamente corroborados, como no caso de princípios de "autenticidade"[175]. Além do mais, a distinção entre "gestos de coesão" e "gestos de diferenciação" é relativa. Mesmo quando se fala de "gestos de coesão" com referência à "sociedade nacional" como um todo, deve-se observar que eles podem funcionar como fortes "gestos de diferenciação" relativamente ao "inimigo externo", ao "poder colonial" etc. Em contrapartida, atos legislativos considerados como "gestos de diferenciação" – é o caso da "lei seca" nos Estados Unidos, conforme a interpretação de Gusfield – podem servir relevantemente para a coesão dos respectivos grupos, tanto dos "glorificados" quanto dos "degradados".

7.3. Legislação-álibi

Objetivo da legislação simbólica pode ser também fortificar "a confiança dos cidadãos no respectivo governo ou, de um modo geral, no Estado"[176]. Nesse caso, não se trata de confirmar valores de determinados grupos, mas sim de produzir confiança nos sistemas político e jurídico[177]. O legislador, muitas vezes sob pressão direta do público, elabora diplomas normativos para satisfazer as expectativas dos cidadãos, sem que com isso haja o mínimo de condições de efetivação das respectivas normas. A essa atitude referiu-se Kindermann com a expressão "legislação-álibi"[178]. Através

---

175. Aqui pode caracterizar-se um dos casos dos *"miranda"*, conforme os define Lasswell (1949, pp. 10 s. [trad. bras. 1982, pp. 13 s.]): "Os *miranda* são os símbolos de sentimento e identificação no mito político, cuja função consiste em despertar admiração e entusiasmo, criando e fortalecendo crenças e lealdades" (p. 11 [trad. bras. 1982, p. 14]).
176. Kindermann, 1988, p. 234; com formulação análoga, Hegenbarth, 1981, p. 201.
177. Kindermann, 1988, p. 234.
178. Kindermann, 1988, pp. 234-8; 1989, pp. 267 ss. Analogamente, Noll (1981, pp. 360-2) fala de "reações substitutivas" como espécie de legislação simbólica. Cf. também Voß, 1989, pp. 31 s.

dela o legislador procura descarregar-se de pressões políticas ou apresentar o Estado como sensível às exigências e expectativas dos cidadãos.

Nos períodos eleitorais, por exemplo, os políticos prestam conta do seu desempenho, muito comumente, com referências à iniciativa e à participação no processo de elaboração de leis que correspondem às expectativas do eleitorado. É secundário, então, se a lei surtiu os efeitos socialmente "desejados", principalmente porque o período da legislatura é muito curto para que se comprove o sucesso das leis então aprovadas[179]. Importante é que os membros do parlamento e do governo apresentem-se como atuantes e, portanto, que o Estado-Legislador mantenha-se merecedor da confiança do cidadão.

Mas não só dessa forma genérica evidencia-se a legislação-álibi. Em face da insatisfação popular perante determinados acontecimentos ou da emergência de problemas sociais, exige-se do Estado muito freqüentemente uma reação solucionadora imediata. Embora, nesses casos, em regra, seja improvável que a regulamentação normativa possa contribuir para a solução dos respectivos problemas, a atitude legiferante serve como um álibi do legislador perante a população que exigia uma reação do Estado.

Kindermann refere-se ao caso de peixes acometidos por nematódeos que, conforme uma reportagem da TV alemã (1987), estariam sendo comercializados, provocando doenças intestinais nos consumidores. Os problemas econômico-sociais resultantes da redução do consumo provocado pela reportagem levaram o Governo Federal da Alemanha a expedir um Decreto muito abrangente e detalhado, que deveria garantir o não-acesso ao comércio de todo e qualquer peixe acometido, tendo sido recebido com satisfação pelo público e servido para mostrar que o Estado "tinha os problemas sob controle"[180]. Com isso, obtinham-se efeitos posi-

---

179. Kindermann, 1988, p. 234; 1989, p. 269.
180. Kindermann, 1989, p. 268.

tivos para a regularização do comércio de pescados, embora, sob o ponto de vista instrumental, o problema ou risco da comercialização e consumo de peixes contaminados permanecesse fora do controle estatal, dependendo antes das medidas dos comerciantes de pescados[181].

No Direito Penal, as reformas legislativas surgem muitas vezes como reações simbólicas à pressão pública por uma atitude estatal mais drástica contra determinados crimes[182]. A onda anti-semítica que se propagou na Alemanha em 1959-60, com freqüentes violações de cemitérios judeus e sinagogas, levou, por exemplo, a uma reforma juridicamente desnecessária do § 130 do Código Penal Alemão (StGB), a qual, porém, demonstrava simbolicamente a prontidão do Estado de responder à "indignação" pública pelas desordens anti-semíticas[183]. Também em relação à escalada da criminalidade no Brasil a partir das duas últimas décadas do século XX, a discussão em torno de uma legislação penal mais rigorosa apresenta-se como um álibi, uma vez que o problema não decorre da falta de legislação tipificadora, mas sim, fundamentalmente, da inexistência dos pressupostos socioeconômicos e políticos para a efetivação da legislação penal em vigor[184].

Além dos casos em que se apresenta como "reação substitutiva" a pressões sociais ou como referência na prestação de contas ao eleitorado, a legislação-álibi serve como mecanismo de exposição simbólica das instituições. Um exemplo interessante é a legislação sobre os meios de comunicação nos Estados Unidos[185]. As normas sobre controle da radio-

---

181. *Ibidem*.
182. Cf. Schild, 1986, p. 198.
183. Kindermann, 1988, p. 237.
184. Aqui se enquadra evidentemente o debate sobre a legalização da pena de morte, que, por último, implica o problema da inconstitucionalidade da respectiva Emenda Constitucional (cf. art. 5º, inciso XLVII, *a*, c/c art. 60, § 4º, inciso IV, da Constituição Federal).
185. A respeito, ver Hoffmann-Riem, 1981; 1985. Cf. também Kindermann, 1988, pp. 235-7.

difusão e da televisão teriam permanecido "sem efeitos regulativos reais", mas teriam servido para dar "a aparência das precauções estatais por um mínimo de responsabilidade da mídia", como também para "dissipar dúvidas sobre a racionalidade do sistema de mídia americano", evitando possíveis reações de descontentamento dos cidadãos[186]. Em casos como esse, a legislação-álibi não estaria vinculada a relações mais concretas entre políticos e eleitores ou entre governo/parlamento e pressões específicas do público, mas sim, de forma mais genérica, à exposição abstrata do Estado como instituição merecedora da confiança pública.

A legislação-álibi decorre da tentativa de dar a aparência de uma solução dos respectivos problemas sociais ou, no mínimo, da pretensão de convencer o público das boas intenções do legislador[187]. Como se tem observado, ela não apenas deixa os problemas sem solução, mas além disso obstrui o caminho para que eles sejam resolvidos[188]. A essa formulação do problema subjaz uma crença instrumentalista nos efeitos das leis, conforme a qual se atribui à legislação a função de solucionar os problemas da sociedade[189]. Entretanto, é evidente que as leis não são instrumentos capazes de modificar a realidade de forma direta, pois as variáveis normativo-jurídicas defrontam-se com outras variáveis orientadas por outros códigos e critérios sistêmicos (ver *infra* Cap. III.1.). A resolução dos problemas da sociedade depende da interferência de variáveis não normativo-jurídicas. Parece, portanto, mais adequado afirmar que a legislação-álibi destina-se a criar a imagem de um Estado que responde normativamente aos problemas reais da sociedade, embora as respectivas relações sociais não sejam realmente normatizadas de maneira conseqüente conforme o respectivo texto legal.

Nesse sentido, pode-se afirmar que a legislação-álibi constitui uma forma de manipulação ou de ilusão que imu-

---

186. Hoffmann-Riem, 1981, pp. 81 s.; Kindermann, 1988, p. 236.
187. Kindermann, 1988, p. 234.
188. Noll, 1981, p. 364; Kindermann, 1988, p. 235; 1989; p. 270.
189. Assim, Kindermann fala de "solução de problemas sociais" através de leis (1988, p. 264).

niza o sistema político contra outras alternativas[190], desempenhando uma função "ideológica". Mas parece muito limitada e simplista a concepção que considera, no caso da legislação-álibi, o legislador como quem ilude e o cidadão como o iludido[191]. Em primeiro lugar, deve-se observar que, em face da "perda de realidade da legislação" em um mundo que se transforma aceleradamente, confundem-se o real e a encenação, "desaparecem também os contornos entre desejo e realidade, ilusão e auto-ilusão tornam-se indiferenciáveis", de tal maneira que "líderes políticos não são apenas produtores, mas também vítimas de interpretações simbólicas"[192]. A legislação-álibi implica uma tomada de papéis sociais tanto pelas elites que encenam, quanto por parte do público-espectador, não podendo ser restringida a atividades conscientes das elites para alcançar seus fins, uma vez que tentativas de manipulação desse tipo "tornam-se usualmente conhecidas" e tendem ao fracasso[193]. Entretanto, embora sejam relativizáveis os conceitos de manipulação e de ilusão[194], é evidente que a legislação-álibi pode induzir "um sentimento de bem-estar", com isso levar à "resolução de tensão"[195] e, portanto, servir à lealdade das massas[196].

Por fim, é importante salientar que a legislação-álibi nem sempre obtém êxito em sua função simbólica. "Quanto mais ela for empregada, tanto mais freqüentemente fracassará."[197] Isso porque o emprego abusivo da legislação-álibi leva à "descrença" no próprio sistema jurídico, "transtorna persistentemente a consciência jurídica"[198]. Tornando-se aberta-

---

190. Cf. Noll, 1981, p. 362; Kindermann, 1988, p. 235, Hegenbarth, 1981, pp. 202 s.
191. Kindermann, 1989, p. 270.
192. Hegenbarth, 1981, p. 204.
193. Edelman, 1967, p. 20. Cf. também Kindermann, 1988, p. 238; Offe, 1976, pp. IX s.
194. Kindermann, 1988, p. 238.
195. Edelman, 1967, p. 38.
196. Cf. Kindermann, 1989, p. 269; Hegenbarth, 1981, p. 201.
197. Kindermann, 1989, p. 270.
198. Kindermann, 1989, p. 270; 1988, p. 235.

mente reconhecível que a legislação não contribui para a positivação de normas jurídicas, o direito como sistema garantidor de expectativas normativas e regulador de condutas cai em descrédito; disso resulta que o público se sente enganado, os atores políticos tornam-se cínicos[199]. A esse ponto retornarei quando tratar especificamente da constitucionalização simbólica.

7.4. Legislação como fórmula de compromisso dilatório

A legislação simbólica também pode servir para adiar a solução de conflitos sociais através de compromissos dilatórios[200]. Nesse caso, as divergências entre grupos políticos não são resolvidas por meio do ato legislativo, que, porém, será aprovado consensualmente pelas partes envolvidas, exatamente porque está presente a perspectiva da ineficácia da respectiva lei. O acordo não se funda então no conteúdo do diploma normativo, mas sim na transferência da solução do conflito para um futuro indeterminado.

Como "compromisso-fórmula dilatório", expressão utilizada por Schmitt em relação à constituição de Weimar[201], enquadra-se perfeitamente o caso da Lei norueguesa sobre empregados domésticos (1948), investigado muito habilidosamente por Aubert[202]. A função manifesta dessa Lei teria sido a regulamentação de relações de trabalho; instrumentalmente o seu fim haveria sido a melhora das condições de trabalho dos empregados domésticos e a proteção dos seus interesses[203]. A suavidade das normas sancionadoras a serem aplicadas às donas de casa nas hipóteses de violação

---

199. Kindermann, 1989, p. 270.
200. Kindermann, 1988, p. 239. Analogamente, Hegenbarth (1981, p. 202) refere-se a leis que se dirigem simultaneamente a fins antitéticos.
201. Cf. Schmitt, 1970 [1928], pp. 31 ss. [trad. esp. 1970, pp. 36 ss.].
202. Aubert, 1967. Cf. também Lenk, 1976, pp. 148 s.; Kindermann, 1988, pp. 228, 230 e 239; Voß, 1989, pp. 33 s.
203. Aubert, 1967, p. 285; Kindermann, 1988, p. 228.

do diploma legal, dispositivos punitivos cujas dificuldades de aplicação decorriam da própria Lei, constituía um fator importante para garantir a sua ineficácia. Também a forte dependência pessoal dos empregados domésticos em relação às donas de casa atuava como condição negativa de efetivação do texto legal. Foi exatamente essa previsível falta de concretização normativa que possibilitou o acordo entre grupos "progressistas" e tendências "conservadoras" em torno do conteúdo da Lei. Os primeiros ficaram satisfeitos porque a Lei, com os seus dispositivos sancionatórios, documentava a sua posição favorável a reformas sociais. Aqueles que eram contrários à nova ordem legal contentaram-se com a falta de perspectiva de sua efetivação, com a sua "evidente impraticabilidade"[204]. Dessa maneira, abrandava-se um conflito político interno através de uma "lei aparentemente progressista", "que satisfazia ambos partidos"[205], transferindo-se para um futuro indeterminado a solução do conflito social subjacente.

8. EFICÁCIA E EFETIVIDADE DAS LEIS *VERSUS* EFEITOS REAIS DA LEGISLAÇÃO SIMBÓLICA

As considerações apresentadas no item anterior implicam a rejeição da concepção simplista da inexistência ou irrelevância social da legislação ou dos textos legais carentes de eficácia normativa. Nesse sentido é que Aubert, em seu já mencionado estudo, fez a distinção entre funções sociais manifestas e latentes da legislação[206]. A legislação simbólica teria, então, efeitos sociais latentes, em muitos casos bem mais relevantes do que os "efeitos manifestos" que lhe faltaram. Entretanto, a utilização indiscriminada dos termos

---

204. Aubert, 1967, p. 302; Lenk, 1976, p. 149.
205. Lenk, 1976, p. 149. Cf. Aubert, 1967, pp. 296 ss.
206. Aubert, 1967. A distinção entre funções latentes e manifestas remonta a Merton, 1968 [1949], pp. 105 e 114 ss. A respeito, cf. também Treves, 1977, pp. 178 s.; Voß, 1989, pp. 60 ss.

"eficácia" e "efetividade" em relação à legislação simbólica pode embaraçar a compreensão de quais os seus efeitos específicos. Além do mais, há efeitos latentes que não importam função simbólica da lei. Por isso pretendo, a seguir, apresentar um quadro tipológico dos efeitos da legislação.

8.1. Eficácia como concretização normativa do texto legal

Distingue-se tradicionalmente a eficácia no sentido jurídico-dogmático da eficácia em sentido "sociológico"[207]. A primeira refere-se à possibilidade jurídica de aplicação da norma, ou melhor, à sua aplicabilidade, exigibilidade ou executoriedade. A pergunta que se põe é, nesse caso, se a norma preencheu as condições intra-sistêmicas para produzir os seus efeitos jurídicos específicos[208]. No sentido "empírico", "real" ou "sociológico" – acolhido, no entanto, na "Teoria Pura do Direito"[209] –, a eficácia diz respeito à conformidade das condutas dos destinatários à norma. A pergunta que se coloca é, então, se a norma foi realmente "observada", "aplicada", "executada" (imposta) ou "usada". É essa questão que interessa aqui, ou seja, o problema da eficácia em sentido "empírico".

Inicialmente deve-se distinguir entre observância e imposição (ou execução em sentido estrito) das leis: a observância significa que se agiu conforme a norma legal, sem que essa conduta esteja vinculada a uma atitude sancionatória impositiva; a execução (ou imposição) surge exatamente como reação concreta a comportamentos que contrariam os preceitos legais, destinando-se à manutenção do direito ou ao restabelecimento da ordem violada[210]. Assim sendo, a

---

207. Cf. Neves, 1988, pp. 51 s.
208. Cf. Rottleuthner, 1981, p. 92; Silva, 1982, pp. 55 s.; Borges, 1975, pp. 42-4.
209. Cf. Kelsen, 1960, pp. 10 s. e 215 ss. [trad. bras. 2006, pp. 11-3 e 235 ss.]; 1946, pp. 39 s. [trad. bras. 2005, pp. 55 s.].
210. Luhmann, 1987b [1972], p. 267. Cf. também Garrn, 1969, pp. 168 s.; Noll, 1972, p. 259.

observância diz respeito à "norma primária" e a execução em sentido estrito ou imposição refere-se à "norma secundária", partes da norma que atribuem conseqüências deônticas, respectivamente, à conduta lícita (ou também a fatos jurídicos em sentido estrito) e ao ato ilícito[211]. A eficácia pode decorrer, conseqüentemente, seja da observância da lei ou de sua imposição[212]. Em uma acepção estritamente jurídica (não do ponto de vista da aceitação moralmente fundamentada) seria possível, então, distinguir-se entre eficácia autônoma (por observância) e eficácia heterônoma (por imposição de terceiro) de um preceito normativo. Aqui não se admite, portanto, que o conceito de eficácia se reduza à observância "autônoma", ou seja, que a questão se restrinja especificamente ao tratamento da possível justeza da norma jurídica[213]. Também cabe rejeitar a superestimação da observância[214] ou

---

211. Sobre a distinção entre norma primária e norma secundária, ver Geiger, 1970, pp. 144 ss. Cossio empregava, respectivamente, os termos "endonorma" e "perinorma", para acentuar que se trata de dois componentes disjuntivamente vinculados de uma única norma (cf. Cossio, 1964, esp. pp. 661 s.). Kelsen utilizava, inversamente, as expressões "norma secundária" (observância) e "norma primária" (norma sancionadora), em face de sua superestimação do momento sancionatório para a identificação do fenômeno jurídico (cf. Kelsen, 1925, pp. 51 s.; 1946, pp. 60 s. [trad. bras. 2005, pp. 86 s.]; 1980, pp. 52 e 124-7). Em perspectiva lógica, Vilanova (1977, pp. 64 s. e 90) rejeita a inversão conceitual em Kelsen e mantém os adjetivos "primário" e "secundário" no sentido usual, enfatizando designarem uma relação de antecedente e conseqüente lógicos no âmbito da norma.

212. Cf. Geiger, 1970, p. 70.

213. Assim Ryffel, 1972, p. 228; ver também 1974, pp. 251-8. A respeito, criticamente, Blankenburg, 1977, pp. 33 ss.

214. Cf. Garrn, 1969, p. 169. Equívoca é, porém, a posição de Garrn, o qual, em contradição com sua afirmação de que "uma norma é eficaz quando é observada ou executada" (p. 168), escreve: "Ela só pode mostrar-se como eficaz por ser observada" (p. 169), de tal maneira que sua execução (imposição) implica exclusivamente a eficácia (observância) da respectiva "norma secundária" (norma de execução) (pp. 169 s.). É verdade que "observância" e "execução" ("imposição") constituem conceitos relativos, tendo em vista que a imposição (execução) de uma "norma primária" através de sua correspondente "norma de execução" importa a observância desta última; deve-se, porém, acrescentar-se: na perspectiva de sua observância/inobservância, a última não constitui mais "norma de execução" ("norma secundária"), mas sim uma "norma primária", à qual, por sua vez, corresponde uma outra "norma secundária".

a ênfase na "eficácia regulativa"[215], na medida em que assim se desconhece o significado da eficácia através de imposição (execução). A ineficácia só se configura, por conseguinte, na hipótese de não ocorrer nenhuma das duas alternativas de concreção da norma legal, ou seja, no caso de tanto "norma primária" quanto "norma secundária" fracassarem[216].

Como os conceitos de execução (imposição) e observância adquirem aqui um sentido estrito, podem-se introduzir nesse ponto duas outras noções: "aplicação do direito" e "uso do direito". Da mesma maneira que a execução, a aplicação do direito exige, em ordens jurídicas positivas, o agir de um terceiro, o órgão competente, em face dos destinatários da norma. No entanto, a execução em sentido estrito consiste numa atividade impositiva de fato, enquanto a aplicação normativa pode ser conceituada como a criação de uma norma concreta a partir da fixação do significado de um texto normativo abstrato em relação a um caso determinado, incluindo, na concepção de Müller, não só a produção da "norma de decisão" (individual) do caso[217], mas também a produção da "norma jurídica" (geral) aplicável ao caso[218]. Embora aplicação e execução normativa estejam vinculadas, existem, porém, atividades de aplicação que não estão relacionadas com execução do direito em sentido estrito, como, por exemplo, no caso da jurisdição voluntária. A diferenciação entre execução e aplicação (polícia e outros órgãos de exe-

---

215. Cf. Kramer, 1972, pp. 254 ss.
216. Com isso não se desconhece o seguinte: "uma norma que relativamente aos destinatários normativos primários não é mais regulativamente eficaz, mas sim apenas repressivamente, a longo prazo cairá de todo – também repressivamente – em *desuetudo*" (Kramer, 1972, p. 256).
217. Cf. Garrn, 1969, pp. 166 s. Em Kelsen a "aplicação" inclui a atividade executória da sanção. Cf. Kelsen, 1960, pp. 11 e 240 [trad. bras. 2006, pp. 12 e 261]; a respeito, criticamente, Garrn, 1969, p. 169.
218. Cf. Müller, 1994, pp. 263 ss. Aqui é de observar que a "Teoria Pura do Direito" já acentuava a relatividade dos conceitos de aplicação e criação do direito. Cf., p. ex., Kelsen, 1960, pp. 240 s. [trad. bras. 2006, pp. 260-2]; 1946, pp. 132 s. [trad. bras. 2005, pp. 193 s.]; 1925, pp. 233 s.; a respeito, ver Kramer, 1972, pp. 247 ss.

cução *versus* juízes e tribunais) implica que surjam discrepâncias entre esses dois momentos da concretização do direito. Na medida em que a "norma individual" (do órgão aplicador da lei) constitui "uma mera possibilidade", estará sempre presente a hipótese de nem a parte condenada nem os funcionários competentes para a execução conduzirem-se de acordo com o seu conteúdo[219]. A consonância entre produção e aplicação de normas gerais não é suficiente, portanto, para que se caracterize a eficácia do direito: a falta de observância ou de execução (em sentido estrito) poderá, também nesse caso, quebrar a cadeia de concretização normativa.

Uma outra distinção relevante para o problema da eficácia das leis é a que se estabelece entre observância e uso do direito. A observância refere-se às "regras de conduta", isto é, às obrigações e proibições; o uso, às "ofertas de regulamentação"[220]. Não estando presentes as condições ("infra-estrutura") para o uso das ofertas de regulamentação legalmente postas, pode-se falar, então, de ineficácia normativa. Porém, nesse caso, não se trata de respeito, violação ou burla de preceito legal, mas sim de uso, desuso ou abuso de textos legais que contêm oferta de auto-regulamentação de relações intersubjetivas[221].

A eficácia da lei, abrangendo situações as mais variadas – observância, execução, aplicação e uso do direito –, pode ser compreendida genericamente como concretização normativa do texto legal. Este conceito de concretização é mais amplo do que o formulado por Müller, conforme o qual o "processo de concretização" restringe-se à produção da

---

219. Kramer, 1972, p. 255. Nesse sentido, não cabe reduzir o conceito de eficácia à "disposição para a aplicação", como pretende Bulygin, 1965, pp. 53 ss.

220. Blankenburg, 1977, pp. 36 s. Bulygin (1965, pp. 45 ss.) propõe uma distinção inteiramente diversa entre "observância e uso de normas", segundo a qual a "aplicação" constitui um caso típico de "uso", a saber, "é definida como uso das normas para a fundamentação de decisões jurídicas" (p. 40).

221. Cf. Friedman, 1972, pp. 207 s.; Blankenburg, 1977, p. 37.

"norma jurídica" (geral) e da "norma de decisão" (individual) na resolução de um caso determinado[222]. No sentido em que o concebo no presente trabalho, o processo de concretização normativa sofre bloqueios em toda e qualquer situação na qual o conteúdo do texto legal abstratamente positivado é rejeitado, desconhecido ou desconsiderado nas interações concretas dos cidadãos, grupos, órgãos estatais, organizações etc.; inclusive, portanto, nas hipóteses de inobservância ou inexecução da "norma jurídica" (geral) e da "norma de decisão" (individual) produzidas em um caso jurídico determinado, como também quando ocorrer desuso ou abuso de "ofertas de regulamentação" (cf. *infra* nota 150 do Cap. II). Entretanto, o processo concretizador não deve suscitar, de maneira nenhuma, "a ilusão da plena correspondência do abstrato e do concreto", mas sim, como problema, "ser resolvido através de uma forma de não-identidade integrada do abstrato e do concreto"[223]. Retornarei a esse tema ao abordar especificamente a relação entre texto constitucional e realidade constitucional (Cap. II.2.).

8.2. Efetividade como realização da finalidade da lei

Da eficácia, compreendida como conformidade dos comportamentos ao conteúdo (alternativo) da norma, tem-se procurado distinguir a efetividade, sugerindo-se uma referência aos fins do legislador ou da lei[224]. Formulando com outras palavras, pode-se afirmar que a eficácia diz respeito à realização do "programa condicional", ou seja, à concreção do vínculo "se-então" abstrata e hipoteticamente previsto na

---

222. Cf., p. ex., Müller, 1994, p. 263. De acordo com Müller, também a norma jurídica só vem a ser produzida em cada caso (1994, p. 269).
223. Luhmann, 1974, p. 52.
224. Cf. Glasyrin *et al.*, 1982. Noll (1972, p. 261) denomina-a "eficácia social". Capella (1968, p. 105) e Jeammaud (1983, pp. 53 s.) utilizam os termos "efetividade" e "eficácia" em sentido inverso ao que utilizo no presente trabalho, mas tratam do mesmo problema.

norma legal[225], enquanto a efetividade se refere à implementação do "programa finalístico" que orientou a atividade legislativa, isto é, à concretização do vínculo "meio-fim" que decorre abstratamente do texto legal[226].

Especificamente quanto aos fins das normas jurídicas, distinguem-se, então, efetividade, inefetividade e antiefetividade de sua atuação[227]. Uma lei destinada a combater a inflação, por exemplo, será *efetiva* quando a inflação for reduzida relevantemente por força de sua *eficácia* (observância, aplicação, execução, uso). Entretanto, o vínculo "se-então" previsto abstratamente em uma lei antiinflacionária pode estar sendo regularmente concretizado nas relações sociais, sem que haja nenhuma modificação significativa no aumento dos preços; tem-se, portanto, eficácia sem efetividade. Há também a possibilidade de a legislação antiinflacionária (para permanecer no exemplo) ser intensamente eficaz, mas provocar uma relevante alta de preços, implicando, portanto, antiefetividade.

Para finalizar, quero advertir que tanto "eficácia" quanto "efetividade" são conceitos relativos, graduais. Nos casos, porém, em que a ineficácia e a inefetividade atingem um grau muito elevado, implicando que as expectativas normativas das pessoas e dos órgãos estatais, de uma forma generalizada, não se orientem pelos dispositivos legais, encontramo-nos diante de falta de vigência social da lei ou de carência de normatividade do texto legal (cf. subitem 8.4. deste capítulo).

8.3. Efeitos indiretos e latentes da legislação

A eficácia e a efetividade não esgotam o problema dos efeitos da legislação. As normas legais produzem efeitos in-

---

225. Sobre programação condicional como particularidade do sistema jurídico, ver Luhmann, 1987b [1972], pp. 227-34; 1981b [1970], pp. 140-3; 1981c [1969], pp. 275 ss.; 1973a, pp. 88 ss. (esp. p. 99).
226. Quanto à relação recíproca entre programa condicional e programa finalístico para a legitimação do direito positivo, ver Luhmann, 1983a [1969], pp. 130 ss. [trad. bras. 1980, pp. 110 ss.]; 1973a, pp. 101 ss.
227. Cf. Glasyrin *et al.*, 1982, pp. 49-52.

diretos ou latentes que poderão estar vinculados ou não à sua efetividade e eficácia.

Em primeiro lugar cabe distinguir as conseqüências da legislação na sua conexão com outros fenômenos sociais[228]. A propósito, discute-se sobre a utilidade e o significado econômico de normas jurídicas[229]. Uma lei tributária, por exemplo, pode ser intensamente eficaz e efetiva, mas produzir recessão, desemprego ou inflação. Também no concernente à arte, ao amor, às relações familiares, os efeitos indiretos de uma lei podem ser bastante significativos. Uma lei que amplie os casos de permissão de aborto certamente terá forte influência sobre as relações amorosas e familiares. Uma legislação que imponha censura aos meios de comunicação terá conseqüências sobre a criação artística. Também as leis referentes ao sistema educacional têm freqüentemente ressonância na ciência e vice-versa. Enfim, as conseqüências indiretas ou, em outras palavras, os "efeitos colaterais" da legislação desempenham um papel relevante em todas as relações intersistêmicas.

No plano do direito penal, fala-se da função ou efeito criminógeno da própria lei penal[230]. Poder-se-ia objetar que se trata aqui de um caso de antiefetividade. Mas a hipótese é mais abrangente. A pesquisa criminológica aponta situações em que a atuação coercitiva do aparelho estatal contra a criminalidade juvenil leva a estreitar os laços entre os respectivos jovens, que, em reação, passam a praticar atos puníveis mais graves[231]. Em muitos casos, à promulgação de uma nova lei penal seguem-se contra-reações, atos de resistência e de ajuda aos autores, implicando outras condutas puníveis[232]. Por fim, entre os penalistas considera-se como incontroverso que a criminalização de uma conduta tem freqüentemente por conseqüência a prática de novos atos pu-

---

228. Cf. Blankenburg, 1977, p. 41.
229. A respeito, ver Glasyrin *et al.*, 1982, pp. 52-60.
230. Cf. Schild, 1986, pp. 200 s.
231. Schild, 1986, p. 201.
232. *Ibidem*.

níveis para sua execução e encobrimento, incluindo-se também a extorsão[233].

Do ponto de vista psicanalítico, sustenta-se que a legislação pode constituir um processo de estabilização do ego, mesclando-se aí variáveis instrumentais e simbólicas[234]. No campo do direito penal, tem-se salientado que a legislação serviria para satisfazer, de forma sublimada, a "necessidade de vingança" do povo, evitando-se, então, a justiça por linchamento[235]. Analogamente, satisfaz-se por leis punitivas ou restritivas de direitos à necessidade de "bodes expiatórios", estigmatizando-se determinados membros da sociedade e descarregando outros de responsabilidade ou sentimento de culpa[236]. Porém, nessa hipótese, em não havendo eficácia dos preceitos legais, estaremos num típico caso de legislação simbólica.

Um relevante efeito indireto da legislação é aquele exercido com relação a quem elabora o respectivo projeto de lei[237]. Para um jurista, a participação na elaboração de um anteprojeto de código civil, código penal, código tributário etc. pode implicar a sua consagração no meio acadêmico e profissional. Um burocrata que elabora um importante projeto de lei terá maiores chances de promoção na estrutura administrativa. Também muito relevante é a atividade legislativa para a carreira política. Em todas essas hipóteses, a aprovação da respectiva lei importa igualmente a satisfação pessoal do seu "elaborador"[238]. Evidentemente, nesses casos, a

---

233. *Ibidem*.
234. Cf. Schild, 1986, p. 200.
235. Schild, 1986, p. 200. Através de pesquisa sociológico-jurídica, C. Souto e T. Souto (1995) procuram demonstrar que a falta de eficácia da legislação penal em áreas do interior do Nordeste do Brasil está vinculada à prevalência da vingança (privada) sobre os modelos punitivos do direito penal positivo. Em uma perspectiva psicanalítica, poder-se-ia afirmar que a lei penal não responde, de forma "sublimada", "civilizada", à "necessidade de vingança" do povo.
236. Schild, 1986, p. 200.
237. Cf. Schild, 1986, pp. 201 s.
238. Schild, 1986, p. 202.

legislação pode ser simplesmente simbólica. Mas os efeitos positivos da legislação para o elaborador da lei, especialmente para juristas e burocratas, tendem a ser tanto mais intensos quanto maior for a sua força normativa.

8.4. Efeitos da legislação simbólica

A legislação simbólica é caracterizada por ser normativamente ineficaz, significando isso que a relação hipotético-abstrata "se-então" da "norma primária" e da "norma secundária" (programa condicional) não se concretiza regularmente[239]. Não é suficiente a não-realização do vínculo instrumental "meio-fim" que resulta abstratamente do texto legal (programa finalístico) para que venha a discutir-se sobre a função hipertroficamente simbólica de uma lei. Sendo eficaz, ou seja, regularmente observada, aplicada, executada ou usada (concretização normativa do texto legal), embora inefetiva (não-realização dos fins), não cabe falar de legislação simbólica.

Entretanto, como têm salientado os sociólogos do direito, "eficácia" é um conceito gradual, mensurável (quota de observância e de execução)[240]. Qual o grau de ineficácia normativa então necessário, para que se atribuam a uma lei efeitos hipertroficamente simbólicos (legislação simbólica)? Parece-me que a resposta se encontra, porém, não em uma quota de ineficácia mensurável, mas sim no problema da falta de vigência social da norma. Explico a seguir.

---

239. Particularmente em relação à legislação penal, cf., em sentido diverso, Voß, 1989, pp. 35 e 42. Deve-se, no entanto, diferençar: embora a legislação penal ou as leis penais tenham em regra um significado simbólico relevante e os limites de sua "instrumentalização" sejam sempre – em grau maior ou menor – marcantes (Kerchove, 1991), empregamos, no âmbito da discussão enfrentada no presente livro, a expressão "legislação simbólica" em um sentido estrito, que se refere a situações problemáticas para a autonomia e o funcionamento do sistema jurídico, aludindo, portanto – como já foi enfatizado acima –, à hipertrofia do significado simbólico da legislação a custo de sua função instrumental, isto é, em detrimento de sua força normativa e eficácia.

240. Cf. Carbonnier, 1976, pp. 99-111; Geiger, 1970, pp. 228 ss.

Considerando-se que constituem funções do sistema jurídico tanto a "regulação (ou direção) da conduta" quanto a "asseguração das expectativas"[241], a eficácia diz respeito à primeira, enquanto a vigência (social) se refere à segunda. Embora a eficácia seja mensurável, a vigência não pode ser medida através de um "cálculo de vinculatoriedade" baseado na "quota de eficácia"[242]; apesar de sua relatividade no sentido sociológico[243], a "vigência do direito" é um problema que se encontra no plano do "vivenciar", ao contrário da questão da eficácia, que emerge no plano do "agir"[244]. O fato de que a vigência (social) não pode ser reduzida a uma função da "quota de eficácia" não exclui que essa quota condicione a vigência das normas jurídicas e vice-versa, pois "nenhum vivenciar é acessível sem o agir, nenhum agir é compreensível sem consideração do vivenciar do agente"[245]. A capacidade do sistema jurídico de regular condutas e sua capacidade de assegurar expectativas normativas encontram-se em relação recíproca. O problema de como estão comportando-se as pessoas e a questão da orientação das expectativas de comportamento pressupõem-se e complementam-se mutuamente[246].

Um grau muito acentuado de ineficácia pode significar que não há orientação generalizada das expectativas normativas de acordo com a lei, seja isso por parte dos cidadãos, organizações, grupos, ou por iniciativa dos órgãos estatais (falta de vigência social). Se partimos de que a função primária do direito "não reside na realização de determinado comportamento, mas sim no fortalecimento de determina-

---

241. Luhmann, 1981d, tratando especialmente da tensão entre essas duas funções.
242. Cf., em sentido contrário, Geiger, 1970, pp. 71 s. e 209 s.; acompanhando-o, Teubner, 1989, p. 112 [trad. port. 1993, p. 182].
243. Cf. Weber, 1985 [1922], p. 17 [trad. bras. 2004, vol. I, p. 20].
244. Para a distinção entre "vivenciar" e "agir", ver Luhmann, 1981e; Kiss, 1986, pp. 12-5.
245. Luhmann, 1981f, p. 85.
246. Cf. Blankenburg, 1977, p. 35.

das expectativas"[247], pode-se afirmar que a legislação simbólica só tem lugar quando a vigência social da norma legal, ou seja, a sua função de "congruente generalização de expectativas normativas"[248], é prejudicada. Nessa hipótese, o texto legal não é apenas incapaz de dirigir normativamente a conduta, caracterizando-se principalmente por não servir para orientar ou assegurar, de forma generalizada, as expectativas normativas. Falta-lhe, portanto, normatividade.

A legislação simbólica não se delineia, quanto aos efeitos, tão-somente em um sentido negativo: falta de eficácia normativa e vigência social. Há atos de legislação e textos normativos que têm essas características, sem que desempenhem nenhuma função simbólica. Basta lembrar o fenômeno do desuso, o qual atinge a própria "validade" (pertinência) da norma em sentido técnico-jurídico[249]. A legislação simbólica define-se também num sentido positivo: ela produz efeitos relevantes para o sistema político, de natureza não especificamente jurídica. Não se distingue da legislação instrumental por não exercer influência sobre a conduta humana, mas sim pela forma como a exerce e pelo modelo de comportamento que influencia[250]. Conforme o tipo de legislação simbólica, variarão, porém, os seus efeitos.

No que concerne à legislação destinada à confirmação de valores sociais, podem-se distinguir três efeitos socialmente relevantes. Em primeiro lugar, trata-se de atos que servem para convencer as pessoas e os grupos da consistência

---

247. Luhmann, 1981b [1970], p. 118.
248. Conforme a definição de direito formulada por Luhmann: "[...] estrutura de um sistema social baseada na generalização congruente de expectativas normativas de comportamento" (1987b [1972], p. 105). Ou simplesmente: "expectativas normativas de comportamento congruentemente generalizadas" (1987b [1972], p. 99). Formulando de maneira diferente, afirma-se que "o direito preenche amplas funções de generalização e estabilização de expectativas normativas" (1974, p. 24). Cf. também 1993a, pp. 131 ss.
249. Cf. Kelsen, 1960, p. 220 [trad. bras. 2006, pp. 237 s.]. A respeito da relação da eficácia com a pertinência e a validade em sentido técnico-jurídico, ver Neves, 1988, pp. 49-52.
250. Cf. Kindermann, 1989, p. 257.

do comportamento e norma valorados positivamente, confortando-as e tranqüilizando-as de que os respectivos sentimentos e interesses estão incorporados no direito e por ele garantidos[251]. Em segundo lugar, a afirmação pública de uma norma moral pelo legislador conduz as principais instituições da sociedade a servirem-lhe de sustentação, mesmo que faltem ao respectivo texto legal a força normativo-jurídica e a eficácia que lhe seriam específicas. Daí resulta que a conduta considerada ilegal tem mais dificuldade de impor-se do que um comportamento lícito; supõe-se aqui função instrumental para o direito, mesmo em havendo "evasão padronizada"[252]. Por fim, a legislação simbólica confirmadora de valores sociais distingue, com relevância institucional, "quais as culturas têm legitimação e dominação pública" (dignas de respeito público) das que são consideradas "desviantes" ("degradadas publicamente"), sendo, portanto, geradora de profundos conflitos entre os respectivos grupos[253].

A legislação-álibi é um mecanismo com amplos efeitos político-ideológicos. Como já enfatizei acima, descarrega o sistema político de pressões sociais concretas, constitui respaldo eleitoral para os respectivos políticos-legisladores, ou serve à exposição simbólica das instituições estatais como merecedoras da confiança pública.

O efeito básico da legislação como fórmula de compromisso dilatório é o de adiar conflitos políticos sem resolver realmente os problemas sociais subjacentes. A "conciliação" implica a manutenção do *status quo* e, perante o público-espectador, uma "representação"/"encenação" coerente dos grupos políticos divergentes.

---

251. Gusfield, 1967, p. 177.
252. Gusfield, 1967, pp. 177 s.
253. Gusfield, 1967, p. 178.

Capítulo II
... À constitucionalização simbólica: abertura de um debate

1. CONSTITUIÇÃO E CONSTITUCIONALIZAÇÃO

1.1. O problema da plurivocidade

Quando se fala em constitucionalização admite-se, implicitamente, a existência de ordens jurídicas ou de Estados sem Constituição. Ao definir-se "Constituição", partilha-se correntemente a idéia de que todo Estado tem uma Constituição real ou normativa. Mesmo quando se nega caráter constitucional a certos Estados, a discussão é reduzida ao problema axiológico ou moral da fundamentação do Estado ou do direito, tratado nos termos do constitucionalismo.

Assim como muitas outras expressões da semântica social e política, o termo "Constituição" caracteriza-se sincronicamente pela plurivocidade e diacronicamente pela mutação significativa. Em trabalho anterior, já abordei essa questão da pluralidade de sentidos[1]. Os manuais, cursos e "tratados" de Direito Constitucional e Teoria do Estado, muitas vezes sem a devida clareza na distinção conceitual, propõem-se freqüentemente a uma exposição abrangente da variação do sentido ou da diversidade de conceitos de Constituição[2]. Não é este o lugar para mais uma abundante

---

1. Cf. Neves, 1988, pp. 53 ss.
2. Cf., p. ex., Canotilho, 1991, pp. 59-73; Biscaretti di Ruffia, 1973, pp. 148-53; 1974, pp. 433-40; Pinto Ferreira, 1962, pp. 27-40; 1975, pp. 408-15; García-

explanação do inumerável acervo de definições. Porém, tanto em virtude da variação de sentido do conceito de Constituição no tempo, ou seja, da sua semântica histórico-política[3], particularmente na transição para o Estado Moderno[4], como também em face da persistência de conceituações relevantes no presente, é importante uma abordagem preliminar a respeito da discussão tradicional sobre os conceitos de Constituição e suas variações históricas[5].

1.2. O debate corrente sobre o conceito de Constituição

A discussão sobre o conceito de Constituição remonta a Aristóteles. Nele, a Constituição (*politeía*) era concebida, em um sentido muito abrangente, como a ordem da *pólis*: "... Constituição é a ordem (*táxis*) dos Estados em relação aos cargos governamentais (*arkhé*), como eles são de distribuir-se, e à determinação do poder governamental supremo no Estado, como também do fim (*télos*) da respectiva comunidade (*koinonía*)".[6] Conforme esse conceito de organização da *pólis*, o qual incluía elementos estruturais e teleológi-

---

Pelayo, 1950, pp. 29-48; 1988; Silva, 1982, pp. 9-29; ver também referências da nota 14 deste capítulo.

3. A respeito, cf. Maddox, 1989; McIlwain, 1940; Mohnhaupt e Grimm, 1995; Böckenförde, 1983; Melo Franco, 1958, pp. 43-61; Stourzh, 1975 ou 1989.

4. Cf. Luhmann, 1990a, pp. 176 s. Emprego aqui a expressão "semântica histórico-política" para referir-me à conexão entre mudança de sentido dos conceitos e transformação da estrutura social (cf. Luhmann, 1980, p. 19, nota 13).

5. A respeito, ver Neves, 1992, pp. 45 ss., de onde retiro, em linhas gerais, os elementos da exposição que se segue.

6. Aristóteles, 1968, pp. 124 s. (IV, 1, 1289 a); cf. também pp. 80 (III, 1, 1274 b) e 91 s. (III, 6, 1278 b). Na edição bilíngüe greco-espanhola organizada por J. Marias e M. Araújo (Aristóteles, 1951), o termo "*politeia*" é traduzido, na passagem citada, por "*régimen político*" (pp. 167 s.). Mas nos dois outros trechos aos quais fiz referência traduz-se a mesma palavra por "*constitución*" (pp. 67 e 78). Daí poderia deduzir-se que falta unidade terminológica a essa versão espanhola. Mas, como observa Bordes (1967, p. 436) – no âmbito de uma análise abrangente da variação do significado de "*politeia*" no pensamento grego –, não só no conjunto da obra de Aristóteles, mas no interior da própria "Política", aparecem "contradições mesmo, que o autor não procurou eliminar".

cos[7], Constituição e Estado podiam ser equiparados[8]. Sem desconhecer que somente a partir dos fins do século XVIII tornou-se corrente, nas traduções de Aristóteles, verter "*politeía*" em "Constituição", tendo prevalecido anteriormente a tradução pela palavra inglesa "*government*"[9], cabe assinalar que o conceito aristotélico desempenha um importante papel até o início dos tempos modernos[10]. Porém, na transição para a sociedade moderna, abre-se uma nova constelação semântica, no âmbito da qual a Constituição é conceituada como carta de liberdade ou pacto de poder[11]. Em contraposição ao caráter apenas "modificador do poder", "casuístico" e "particular" dos pactos de poder, surge, no quadro das revoluções burguesas dos fins do século XVIII, o constitucionalismo moderno, cuja semântica aponta tanto para o sentido normativo quanto para a função "constituinte de poder", "abrangente" e "universal" da Constituição[12].

A esse uso lingüístico inovador, vinculado às transformações revolucionárias[13], não se seguiu, contudo, de maneira alguma, univocidade em relação ao conceito de Constituição. Ao contrário, fortificou-se desde o surgimento do Estado moderno liberal o problema da plurivocidade da palavra "Constituição". Isso se manifestou sobretudo na "clássica" teoria alemã do Estado e da Constituição; mas, apesar da pluralidade de conceitos que foram formulados

---

7. Portanto, embora se refira à comunidade política tal "como ela realmente é", isto é, seja um termo descritivo (McIlwain, 1940, p. 28; Maddox, 1989, p. 51), "*politeia*" tem implicações axiológicas (a esse respeito, cf. Mohnhaupt, 1995, p. 9).
8. Smend, 1968 [1928], p. 196. Cf. Aristóteles, 1968, p. 85 (III, 3, 1276b).
9. Stourzh, 1975, pp. 101 ss., ou 1989, pp. 5 ss.; Mohnhaupt, 1995, p. 8.
10. Cf. Stourzh, 1975, pp. 99 ss., ou 1989, pp. 3 ss.
11. A respeito, cf. Böckenförde, 1983, pp. 7 ss.
12. Grimm, 1987a, esp. pp. 48 ss. Cf. também *idem*, 1989, pp. 633 s.; 1995, pp. 100 ss.
13. "Concentrando-se nas questões da política relativa a conceitos e da inovação semântica, então é fácil reconhecer que transformações revolucionárias motivam um uso lingüístico inovador" (Luhmann, 1990a, p. 177). A respeito, cf. Skinner, 1989.

então[14], eles são suscetíveis de ser classificados em quatro tendências fundamentais, que podem designar-se respectivamente através das palavras-chave "sociológica", "jurídico-normativa", "ideal" e "cultural-dialética", e até hoje ainda desempenham um papel importante nos estudos em torno de Estado, direito e Constituição.

A definição "sociológica" clássica de Constituição, formulou-a Lassalle em sua célebre conferência de 1862: "as relações de poder realmente existentes em um país"[15]. Por um lado – embora se tenha destacado pela simplicidade e clareza, o que lhe possibilitou ampla divulgação –, não se tratava de uma conceituação pioneira, como o demonstra a análise anteriormente (1844) apresentada por Engels sobre a Constituição inglesa[16]. Por outro, não se manteve isolada nos limites do movimento socialista, como o comprova o fato de ter sido adotada expressamente por Weber[17]. Denominaram-na "histórico-universal"[18], no sentido de que "todos os países possuem ou possuíram sempre, e em todos os momentos de sua história, uma constituição real"[19].

Mas Lassalle não se limitou a formular um conceito sociológico de Constituição. Além disso, conceituou esta em sua dimensão simplesmente socioeconômica e sociopolítica, ao considerar as normas jurídicas constitucionais como mera expressão da Constituição "real", da qual seriam ab-

---

14. Cf. Schmitt, 1970 [1928], pp. 3 ss.; Heller, 1934, pp. 249 ss., esp. pp. 274-6 [trad. bras. 1968, pp. 295 ss., esp. pp. 322-4]. Conforme Vilanova (1953, esp. pp. 19 e 98 s.), essa pluralidade de conceitos de Constituição seria de atribuir-se, sob o prisma kantiano, à complexidade do dado. Segundo Luhmann (1990a, p. 212), em contrapartida, as diferentes definições de Constituição formuladas no âmbito da Teoria do Estado alemã teriam servido simplesmente para encobrir o déficit em relação à capacidade de compreender claramente ou esclarecer "a função própria e, daí, também o conceito de Constituição".
15. Lassalle, 1987 [1962], p. 30 [trad. bras. 1980, p. 35].
16. Cf. Engels, 1988 [1844], esp. pp. 572 ss.
17. Weber, 1985 [1922], p. 27 [trad. bras. 2004, vol. I, p. 32].
18. Canotilho, 1991, p. 59.
19. Lassalle, 1987 [1862], p. 136 [trad. bras. 1980, p. 49]; ver também 1987 [1862], p. 134 [trad. bras. 1980, p. 47].

solutamente dependentes, sem nenhuma reação condicionadora[20]. Essa postura "sociologista" e "mecanicista" de Lassalle desconhece que o ordenamento (normativo-jurídico) constitucional tem uma relativa autonomia em face do processo real de poder, condicionando-o em certa medida. Não observa que os fatores "materiais" de poder e a ordem "jurídica" constitucional encontram-se em relações permanentes de implicação recíproca, principalmente através da delimitação de fronteiras[21]. Lassalle sugeria uma equiparação entre texto e norma constitucional[22], e partia do pressuposto de que as normas constitucionais não formariam parte da realidade. Dessa maneira, a atividade constituinte não é compreendida como um processo de filtragem de expectativas normativas de comportamento e, portanto, a Constituição não é concebida como expectativas normativas vigentes (ver *infra* subitem 1.3. deste capítulo).

Em oposição à concepção "sociológica" clássica de Constituição, apresentam-se os conceitos exclusivamente jurídico-normativos de Constituição, nos termos da Teoria Pura do Direito: "o escalão de direito positivo mais elevado" (Constituição em sentido material) ou as normas jurídicas que, em comparação com as leis ordinárias, só podem ser revogadas ou alteradas através de um procedimento especial submetido a exigências mais severas (Constituição em sentido formal)[23]. Nessa perspectiva, pressupõe-se uma identi-

---

20. Cf. Lassalle, 1987 [1862], esp. pp. 125 e 147 [trad. bras. 1980, pp. 19 e 73].

21. Inclusive no âmbito do marxismo não se deixou de enfatizar essa implicação (cf., p. ex., Poulantzas, 1967, p. 160; Nersesiants, 1982, pp. 177 s.).

22. Em posição depreciativa, Lassalle designa a Constituição escrita moderna como "folha de papel" (1987 [1862], pp. 134 e 136 [trad. bras. 1980, pp. 46 e 50]).

23. Kelsen, 1960, pp. 228-30 [trad. bras. 2006, pp. 247-9]; 1946, pp. 124 s. [trad. bras. 2005, pp. 182 s.]; 1925, pp. 251-3 (com variações, nessas três obras, em relação ao conteúdo da "Constituição em sentido material" – cf. Neves, 1988, pp. 56 s.). Partindo de que "é um problema contingente de classificação estabelecer que normas se vão considerar Constituição material de um Estado" (Vernengo, 1976, p. 310), muitos autores foram levados, na tradicional discussão da Teoria do Estado, a atribuir apenas ao conceito de "Constituição

ficação entre ordenamento jurídico e Estado[24], como também a norma é concebida como objeto *ideal*, mais precisamente, sentido *objetivo-ideal* de um ato de vontade[25]. Embora não se proponha com isso uma identidade de norma e texto normativo[26], desconhece-se a realidade das expectativas normativas constitucionais como elementos estruturais da Constituição jurídica, o que torna o modelo teórico kelseniano inapropriado para uma abordagem referente à funcionalidade do direito constitucional, ou seja, à força normativa do texto constitucional. Porém, na medida em que a Teoria Pura do Direito, em contraposição a outros enfoques jurídico-dogmáticos, reconhece que um certo grau de "eficácia" do ordenamento jurídico e de uma norma singular é condição de sua "vigência" ou "validade" ("existência jurídica")[27], ela já deixa um espaço aberto – sem que essa seja a sua vertente – para uma interpretação sociológico-jurídica da relação entre "validade" e "eficácia" da Constituição.

Em uma terceira perspectiva, a Constituição é definida nos termos do chamado "constitucionalismo", que se impôs principalmente com as revoluções burguesas dos séculos XVIII e XIX, correspondendo, portanto, ao ideal constitucional do Estado burguês de direito[28]. Nesse contexto, o con-

---

em sentido formal" significação normativo-jurídica (cf., p. ex., Jellinek, 1966, p. 534; Carré de Malberg, 1922, pp. 572 ss.; Heller, 1934, p. 274 [trad. bras. 1968, p. 322]; Pinto Ferreira, 1975, pp. 433 s.). Em sentido contrário, ver Kelsen, 1946, pp. 258 s. [trad. bras. 2005, p. 369].

24. Cf. Kelsen, 1925, pp. 13-21; 1946, pp. 181-92 [trad. bras. 2005, pp. 261-77]; 1960, pp. 289-320 [trad. bras. 2006, pp. 316-53].

25. Cf. Kelsen, 1960, pp. 3-9 [trad. bras. 2006, pp. 4-10]; 1979, p. 2 [trad. bras. 1986, pp. 2 s.]. Em sentido contrário, ver Luhmann, 1987b [1972], pp. 43 s.

26. Cf. Kelsen, 1979, p. 120 [trad. bras. 1986, pp. 189 s.]. Müller (1984, pp. 148 e 268) interpreta diferentemente, sustentando a confusão de norma e texto normativo na Teoria Pura do Direito. Em controvérsia com Müller, cf. Walter, 1975, p. 444.

27. Cf. Kelsen, 1960, esp. pp. 215 s. [trad. bras. 2006, pp. 235 s.]; 1979, pp. 112 s. [trad. bras. 1986, pp. 178 s.]; 1946, pp. 41 s. e 118-20 [trad. bras. 2005, pp. 58 e 173-5].

28. Cf. Schmitt, 1970 [1928], pp. 36-41 [trad. esp. 1970, pp. 41-7]; Canotilho, 1991, pp. 64-6.

ceito de Constituição está relacionado com o de Estado constitucional[29]. Em conformidade com essa concepção, contrapõem-se os Estados constitucionais aos não-constitucionais e fala-se até mesmo de uma "Constituição constitucional do Estado"[30]. O problema da Constituição é limitado, então, à sua dimensão axiológica ou moral: nessa orientação seria Constituição "verdadeira" apenas aquela que correspondesse a um determinado padrão valorativo ou a princípios ideais. Uma expressão clássica do idealismo constitucional encontra-se no art. 16 da Declaração dos Direitos do Homem e do Cidadão de 1789: "Qualquer sociedade em que não esteja assegurada a garantia dos direitos, nem estabelecida a separação dos poderes, não tem Constituição."[31] De acordo com esse modelo, a Constituição implica um sistema de garantia da liberdade burguesa, a "divisão de poderes" e uma forma escrita[32]. Mesmo que se rejeite essa visão liberal do constitucionalismo em favor de uma concepção democrática – inclusive social-democrática – do Estado constitucional, ainda assim permanecem como núcleo do conceito a "garantia" dos chamados direitos fundamentais e a limitação jurídica do poder estatal. Nesse sentido, os Estados autoritários e totalitários, na medida em que não realizam os *princí-*

---

29. Hollerbach, 1969, p. 47.
30. Schmitt, 1970 [1928], p. 36 [trad. esp. 1970, p. 41].
31. Entre outros, *in*: Duverger (org.), 1966, p. 4; Miranda (org.), 1980, p. 59. A respeito dessa postura liberal no início do século passado, cf. Melo Franco, 1960, pp. 10 ss. Para uma fundamentação mais recente do constitucionalismo liberal, ver Hayek, 1960, esp. pp. 176-92 [trad. bras. 1983, esp. pp. 205-29]. Cf. também, em outra orientação, Rawls, 1990 [1972], pp. 221 ss. [trad. bras. 2002, pp. 241 ss.], definindo a justiça da Constituição como igual liberdade-participação. Crítico em relação ao conceito ("ideologia") liberal de Constituição, ver Müller, 1990b, pp. 163 ss., enfatizando: "Uma Constituição não é 'organização da liberdade'. [...] Em uma Constituição e seu Estado, coação e liberdade não são grandezas da mesma ordem, como tais levadas a uma síntese. [...] Liberdade como antítese equivalente é uma ilusão. [...] Uma Constituição é organização da violência" (pp. 163 e 168). Mas Müller visa aqui criticamente à concepção hegeliana do Estado como "a realidade da liberdade concreta" (Hegel, 1986 [1821], p. 406, § 260). A respeito, ver também, em perspectiva marxista, a crítica de Miaille, 1980, pp. 165-7.
32. Schmitt, 1970 [1928], pp. 38-40 [trad. esp. 1970, pp. 43-6].

pios constitucionais, não possuem Constituição[33]. Esse conceito de Constituição relaciona-se de forma indireta com a noção de constitucionalização utilizada neste trabalho: considerando-se que a Constituição em sentido moderno surge apenas através da positivação do direito[34], pode-se também afirmar que os Estados pré-modernos e também os Estados autoritários e totalitários contemporâneos não possuem Constituição. Entretanto, os modelos de interpretação distinguem-se. Um supõe a "declaração" de valores fundamentais essencialmente jurídicos ou a evolução da consciência moral[35], o outro enfatiza o problema da autonomia do sistema jurídico.

Aos conceitos "unilaterais" opõem-se as chamadas concepções "dialético-culturais" de Constituição, conforme as quais ela é definida como síntese abrangente das três dimensões básicas referidas. A Constituição do Estado resultaria da relação recíproca entre dever-ser constitucional ("ideal") e ser constitucional ("real"). Em Heller, essa fórmula expressa-se através da dialética "normatividade/normalidade"[36], que leva a um conceito muito amplo: "A Constituição estatal, assim nascida, forma um todo em que aparecem completando-se reciprocamente a normalidade e a normatividade, assim como a normatividade jurídica e a extrajurídica."[37] De acordo com essa conceituação, na qual se aponta para a síntese de ser e dever-ser – em oposição tanto aos unilateralismos de Kelsen e Schmitt[38] como ao dualismo de

---

33. Nessa orientação, cf., p. ex., Loewenstein, 1975, pp. 128 s.

34. Como será esclarecido adiante (ver subitem 1.3.C deste capítulo), adoto, estrategicamente, o modelo de positivação e positividade do direito de Luhmann, no sentido de um direito posto por decisão e permanentemente alterável, como também autodeterminado.

35. Sobre a tese do desenvolvimento da consciência moral de um nível pré-convencional, passando pelo convencional, a uma moral pós-convencional ou universal (moderna), fundada em "princípios", ver Habermas, 1983, pp. 127 ss. [trad. bras. 1989, pp. 143 ss.]; Eder, 1980. Cf. também Habermas, 1982b, vol. I, pp. 350 ss.; 1982b, vol. II, pp. 260 ss.; 1982a [1976], pp. 13 ss. e 69 ss.

36. Cf. Heller, 1934, pp. 249 ss. [trad. bras. 1968, pp. 295 ss.].

37. Heller, 1934, p. 254 [trad. bras. 1968, pp. 300 s.].

38. Heller, 1934, pp. 259 e 276 s. [trad. bras. 1968, pp. 307 e 325 s.]. Sobre o conceito schmittiano (decisionista) de Constituição como "decisão de

Jellinek[39] –, as análises parciais da Constituição pressupõem sua concepção integral. Portanto, a Constituição estatal normatizada juridicamente é compreendida como expressão parcial de um todo[40]. Embora dever-ser ideal, apresenta-se também como "expressão das relações de poder tanto físicas como psíquicas"[41].

Uma variante da concepção cultural-dialética de Constituição encontra-se em Smend. De acordo com esse modelo, o Estado é concebido como processo de integração[42], sendo a Constituição conceituada como a sua ordem jurídica, isto é, "a normatização legal de aspectos particulares desse processo"[43]. Mas, nessa perspectiva, a Constituição em sentido estritamente jurídico consiste – diferentemente das construções de Jellinek, Kelsen, Schmitt e Heller – não apenas em uma estrutura de sentido normativa (ideal): "Como Direito positivo a Constituição não é somente norma, mas também realidade."[44] Disso resulta uma concepção dinâmica, conforme a qual o sistema constitucional "completa-se e transforma-se por si mesmo"[45], na medida em que a Constituição se converte em vida política[46] e, com isso, exige "interpretações" divergentes das "normas" constitucionais[47].

---

conjunto sobre modo e forma da unidade política", isto é, decisão política fundamental, ver Schmitt, 1970 [1928], pp. 20 ss. [trad. esp. 1970, pp. 23 ss.]. Crítico em relação ao "voluntarismo jurídico" subjacente a essa concepção, cf. Pontes de Miranda, 1932, pp. 26 s.

39. Heller, 1934, p. 259 [trad. bras. 1968, pp. 306 s.]. A respeito, cf. Jellinek, 1966, pp. 10-2 e 20.

40. "Por essa razão, o preceito jurídico particular só pode ser fundamentalmente concebido, de modo pleno, partindo da totalidade da Constituição política" (Heller, 1934, p. 255 [trad. bras. 1968, p. 302]).

41. Heller, 1934, pp. 259 s. [trad. bras. 1968, p. 307].

42. Cf. Smend, 1968 [1928], pp. 136 ss. Quanto à influência da concepção de Smend sobre a mudança do significado de Constituição na República Federal da Alemanha, cf. Böckenförde, 1983, pp. 17 ss.

43. Smend, 1968 [1928], p. 189.

44. Smend, 1968 [1928], p. 192.

45. Smend, 1968 [1928], p. 191.

46. Smend, 1968 [1928], p. 189. Stern (1984, p. 73) enfatiza que em Smend dá-se "uma inclusão mais intensa do *processo político* no direito constitucional".

47. Smend, 1968 [1928], p. 190.

Nas perspectivas dialético-culturais de Heller e Smend, o dever-ser constitucional é conceituado como conexão (ideal) de sentido, que, porém, é condicionada pelo ser (real) ou dele recebe o seu significado social. Uma diferença encontra-se, entre outras, no fato de que para Heller a Constituição no sentido estritamente jurídico constitui uma estrutura normativa (ideal), para Smend, ao contrário, a realidade política pertence ao direito Constitucional. Em ambas as concepções, não se observa que o próprio dever-ser constitucional é suscetível de ser compreendido como parte da realidade, não se percebe ser possível e frutífero enfocar as normas constitucionais como expectativas estabilizadas de comportamento. De acordo com a orientação assumida no presente trabalho, os procedimentos decisórios, tanto constituintes como de concretização constitucional, filtram as expectativas jurídico-normativas de comportamento, transformando-as em normas constitucionais vigentes. Não se trata de uma estrutura ideal de sentido em relação recíproca com a realidade social, mas sim de um subsistema normativo-jurídico, o qual, de um lado, tem uma relativa autonomia, de outro, encontra-se em permanente e variado inter-relacionamento com os sistemas sociais primariamente cognitivos, os outros sistemas ou formas de comunicação primariamente normativas e, especialmente, com as outras dimensões do sistema jurídico.

1.3. A constitucionalização

A. Constituição como acoplamento estrutural entre política e direito

Ao emprego do termo "constitucionalização" subjaz a idéia de que nem toda ordem jurídico-política estatalmente organizada possui uma Constituição ou, mais precisamente, desenvolveu satisfatoriamente um sistema constitucional. O conceito de Constituição assume, então, um significado bem delimitado. Refere-se à Constituição em sentido moderno. Disso não resulta, porém, necessariamente, uma fundamentação axiológica ou moral nos termos do constitucionalismo clássico. Ou seja, embora na acepção estritamente moderna a Constituição possa ser apreendida como "uma limitação jurídica ao governo", "a antítese do regime arbitrário" (constitucionalismo)[48], daí não decorre forçosamente que seja concebida como uma "declaração" de valores político-jurídicos preexistentes, inerentes à pessoa humana, ou como produto da evolução da consciência moral no sentido de uma moral pós-convencional ou universal (cf. nota 35 deste capítulo). É possível também uma leitura no sentido de que a Constituição na acepção moderna é fator e produto da diferenciação funcional entre direito e política como subsistemas da sociedade. Nessa perspectiva, a constitucionalização apresenta-se como o processo através do qual se realiza essa diferenciação.

De acordo com esse modelo, Luhmann define a Constituição como "acoplamento estrutural" entre política e direito[49]. Nessa perspectiva, a Constituição em sentido especificamente moderno apresenta-se como uma via de "prestações" recíprocas e, sobretudo, como mecanismo de interpenetração (ou mesmo de interferência)[50] entre dois sistemas sociais

---

48. McIlwain, 1940, p. 24.
49. Luhmann, 1990a, pp. 193 ss.; 1993a, esp. pp. 440 ss.; 1997, pp. 782 s.; 2000a, pp. 389-92. O conceito de "acoplamento estrutural" ocupa um lugar central na teoria biológica dos sistemas autopoiéticos de Maturana e Varela (cf. Maturana, 1982, pp. 143 ss., 150 ss., 251 ss. e 287 ss.; Maturana e Varela, 1980, pp. XX s.; 2001 [1984], pp. 87 ss.), à qual Luhmann explicitamente recorre, ao aplicar tal conceito aos sistemas sociais (cf. Luhmann, 2000a, p. 373, nota 3; 2002, pp. 119 s.; 1997, p. 100; 1993a, pp. 440 s.; 1990a, p. 204, nota 72; Luhmann/De Giorgi, 1992, p. 33). Sobre a teoria dos sistemas autopoiéticos, ver *infra* Cap. III.1.
50. A respeito do conceito de interpenetração, ver Luhmann, 1987a [1984], pp. 289 ss., que a distingue das relações de prestação ("*input/output*-relações" – 1987a [1984], pp. 275 ss.). A interpenetração significa que cada um dos sistemas, reciprocamente, põe sua própria complexidade (e, dessa maneira, a sua incerteza, contingência e pressão seletiva) à disposição do processo de autoconstrução do outro sistema (Luhmann, 1987a [1984], p. 290). Dela se distin-

autônomos, a política e o direito, na medida em que ela "possibilita uma solução jurídica do problema de auto-referência do sistema político e, ao mesmo tempo, uma solução política do problema de auto-referência do sistema jurídico"[51].

Não se trata de um relacionamento qualquer entre o direito e o poder, o que implicaria um conceito "histórico-universal" de Constituição. Nas sociedades pré-modernas e também nos Estados autocráticos contemporâneos, a relação entre poder e direito é hierárquica, caracterizando-se pela subordinação do jurídico ao político[52]. Em linguagem da teoria dos sistemas, isso significa a subordinação explícita do código-diferença "lícito/ilícito" ao código-diferença "poder/não-poder"; o código binário de preferência do direito não atua como segundo código do sistema político[53].

Através da Constituição como acoplamento estrutural, as ingerências da política no direito não mediatizadas por mecanismos especificamente jurídicos são excluídas e vice-versa. A autonomia operacional de ambos sistemas é condição e resultado da existência desse "acoplamento estrutural". Entretanto, por meio dela, cresce imensamente a possibilidade de influência recíproca[54] e condensam-se as "chances de aprendizado" (capacidade cognitiva) para os sistemas participantes[55]. Assim sendo, a Constituição serve à interpene-

---

gue a "interferência" no sentido de Teubner (1989, esp. p. 110 [trad. port. 1993, pp. 178 s.]; 1988, pp. 55 ss.), pois, enquanto nesse caso (interferência) cada um dos sistemas põe à disposição do outro uma complexidade preordenada, na interpenetração o sistema receptor tem à sua disposição uma "complexidade incompreensível, portanto, desordem" (Luhmann, 1987a [1984], p. 291).

51. Luhmann, 1990a, p. 202.
52. Cf. Luhmann, 1981g, pp. 159 s.; 1987b [1972], pp. 168 ss.
53. Sobre código binário de preferência em geral, ver Luhmann, 1986a, pp. 75 ss.; especificamente quanto ao sistema jurídico, 1986b; 1993a, pp. 165 ss. Embora o poder desenvolva-se primariamente com base no código "poder superior/inferior", observa-se que, no "Estado de direito", a diferença entre lícito e ilícito atua, na perspectiva de observação do sistema político, como segundo código do poder (Luhmann, 1986b, p. 199; 1988a, pp. 34, 48 ss. e 56).
54. Luhmann, 1990a, p. 205.
55. Luhmann, 1990a, p. 206.

tração e interferência de dois sistemas auto-referenciais, o que implica, simultaneamente, relações recíprocas de dependência e independência, que, por sua vez, só se tornam possíveis com base na formação auto-referencial de cada um dos sistemas[56].

B. *Constituição como "subsistema" do sistema jurídico*

Não só como acoplamento estrutural entre política e direito pode ser conceituada a Constituição em uma perspectiva da teoria dos sistemas. É possível concebê-la, sob o ponto de vista político-sociológico, como um instituto específico do próprio sistema político[57]. Mas, para os fins a que me proponho, a análise do significado da constitucionalização simbólica[58], apresenta-se estrategicamente oportuno o conceito de Constituição como subsistema do sistema jurídico (direito constitucional)[59].

Nessa perspectiva, a norma constitucional, como um caso particular de norma jurídica, representa um tipo de expectativa de comportamento contrafacticamente estabilizada, não é compreendida como dever-ser ideal[60]. Isso não implica forçosamente o conceito de Constituição como "ordem fundamental da coletividade"[61], o qual pressupõe "que

---

56. Luhmann, 1981g, p. 165.
57. A respeito, ver Luhmann, 1973b.
58. "O que é Constituição? A direção em que essa questão deve ser orientada depende do problema que deve ser resolvido com o conceito a ser obtido" (Hesse, 1980, p. 3).
59. Nesse sentido, ver Neves, 1992, pp. 50 ss., de onde retiro em linhas gerais os elementos da exposição que se segue. Reconhecendo essa possibilidade, cf. Luhmann, 1990a, pp. 185 ss.
60. Luhmann pondera que, embora numa perspectiva jurídico-sociológica (observação externa) a norma jurídica deva ser conceituada como fato (expectativa de comportamento), sob o ponto de vista da Teoria do Direito (auto-observação) as normas não são deduzíveis de fatos, interpretando isso como uma "proibição lógica" que teria decorrido da evolução da sociedade no sentido da diferenciação do sistema jurídico (1986c, p. 21).
61. Nessa orientação, cf., p. ex., Hesse, 1980, p. 11; Hollerbach, 1969, p. 46; Böckenförde, 1983, pp. 16 ss.

também em nossa sociedade estruturas 'constituintes' possam tomar a forma de expectativas normativas de comportamento"[62]. Porém, se a Constituição sob um ponto de vista jurídico-sociológico pode ser conceituada como subsistema do direito, então não se exclui uma leitura das normas constitucionais como expectativas de comportamento congruentemente generalizadas, contrafacticamente estabilizadas (ver *supra* nota 248 do Cap. I). Nesse sentido, a vigência das normas constitucionais não decorre simplesmente do procedimento constituinte e da reforma constitucional como processos de filtragem especificamente orientados para tal fim, mas também da concretização constitucional como pluralidade de processos de filtragem. Por conseguinte, não se define a Constituição apenas sob o aspecto estrutural (expectativas, normas), mas simultaneamente sob o ponto de vista operativo: ela inclui as comunicações que, de um lado, fundamentam-se nas expectativas constitucionais vigentes e, de outro, servem de base a elas.

Considerada a Constituição como subsistema do direito positivo, são levantadas as seguintes questões: (1) Qual o significado da Constituição (moderna) para o sistema jurídico, ou, mais especificamente, para a positivação do direito? (2) Que função social preenche o direito constitucional positivo? (3) Como o subsistema constitucional põe o direito positivo em relação com as exigências dos outros sistemas sociais? Essas três questões colocam-nos perante, respectivamente, os problemas de "reflexão", "função" e "prestação" do sistema jurídico no plano constitucional[63].

---

62. Luhmann, 1973b, p. 2. "Conseqüentemente, o interesse na realidade constitucional cai em uma perspectiva que indaga se o comportamento é conforme à norma ou desviante" (*ibidem*).

63. Sobre esses três modos de referência dos sistemas (função, prestação, reflexão), ver em geral Luhmann, 1982, pp. 54 ss.; Luhmann e Schorr, 1988, pp. 34 ss. Especificamente em relação ao direito e à Constituição, ver Neves, 1992, pp. 113 ss. e 147 ss., problematizando. Retorno a esse tema no Cap. III.

C. Constituição como mecanismo de autonomia operacional do direito

Parto aqui, estrategicamente, do conceito luhmanniano de positivação ou positividade do direito. Como particularidade da sociedade moderna, o fenômeno da positivação significa que o direito se caracteriza por ser posto por decisões e permanentemente alterável[64]. Além do mais, a positividade indica que o direito é um sistema autodeterminado ou fechado operacionalmente[65]. A isso se associa a hipótese de que ao processo histórico da positivação corresponde o surgimento da Constituição no sentido moderno[66], ou seja, a diferenciação interna do direito constitucional no sistema jurídico. Na medida em que as representações morais válidas para todos os âmbitos da sociedade, legitimadoras de uma ordem política soberana de dominação, perderam seu significado e sua função sociais, evidentemente a vigência das decisões aplicadoras e estatuintes de direito não podia mais fundamentar-se nelas. A positividade como o fato de o sistema jurídico autodeterminar-se implica a exclusão de qualquer supradeterminação direta (não-mediatizada por critérios intra-sistêmicos) do direito por outros sistemas sociais: política, economia, ciência etc. De acordo com isso, a relação entre sistemas jurídico e político é horizontal-funcional, não mais vertical-hierárquica. Nesse novo contexto, sem os seus fundamentos políticos e morais imediatamen-

---

64. A respeito, ver Luhmann, 1981b [1970]; 1987b [1972], pp. 190 ss.; 1983a [1969], pp. 141-50 [trad. bras. 1980, pp. 119-25]; Neves, 1992, esp. pp. 27-30.

65. Cf. Luhmann, 1993a, pp. 38 ss.; 1988b; 1983b; 1985; 1981h [1979]; Neves, 1992, pp. 34 ss. Entretanto, o próprio Luhmann (1993a, pp. 38 s.) considera o conceito de positividade como teoricamente insuficiente, à medida que possa sofrer a "censura" de constituir uma manifestação do "decisionismo" ou possa levar à suposição de consistir em uma contraposição ao conceito de direito natural, isto é, não seja rigorosamente relacionado ao fechamento operacional do sistema jurídico.

66. De tal maneira que a "promulgação" (?) de Constituições é indicada como prova da realidade da positivação do direito (Luhmann, 1984a [1966], pp. 95 s.).

te válidos para toda a sociedade[67], o sistema jurídico precisa de critérios internos não apenas para a aplicação jurídica concreta, mas também para o estabelecimento de normas jurídicas gerais (legislação em sentido amplo). Esse papel é atribuído ao direito constitucional. Assim sendo, "a Constituição é a forma com a qual o sistema jurídico reage à própria autonomia. A Constituição deve, com outras palavras, substituir apoios externos, tais como os que foram postulados pelo direito natural"[68]. Na sociedade moderna, altamente complexa e contingente, não orientada por uma moral conteudística compartilhada generalizadamente e válida em todas as esferas sociais, a inexistência de Constituição juridicamente diferenciada conduz à manipulação política arbitrária do direito, o que impede sua positivação.

A uma legislação ilimitada, que tem como conseqüência a quebra da autopoiese do sistema jurídico, isto é, a alopoiese da reprodução da comunicação jurídica, opõe-se a forma interna de hierarquização através da validade supralegal do direito constitucional[69]. Isso não tem apenas significação técnico-jurídica[70]. Não se trata de vários planos isolados em relação a outros, mas sim de "hierarquias entrelaçadas" ["*tangled hierarchies*"][71]: a validade e o sentido do direito constitucional dependem da atividade legislativa e da aplicação concreta do direito. A hierarquização interna "Constituição/lei" atua como condição da reprodução autopoiética do direito moderno; serve, portanto, ao seu fechamento normativo, operacional[72]. Nesse sentido, enfatiza Luhmann que

---

67. Nessa perspectiva, a tese de Timasheff de que o direito, como fenômeno secundário, é a combinação da ética e da política, como fenômenos primários (1937-1938, pp. 230 s.; 1936, esp. pp. 143 e 155 ss.), não é válida para o direito moderno, embora tenha significação para as sociedades pré-modernas.

68. Luhmann, 1990a, p. 187.

69. Luhmann, 1990a, p. 190.

70. Em sentido diverso, ver Luhmann, 1973b, p. 1.

71. Um conceito de Hofstadter (1979, pp. 10 e 684 ss. [trad. bras. 2001, pp. 11 e 751 ss.]), empregado nesse contexto por Luhmann (1986c, pp. 15 s.). Cf. também Teubner, 1989, p. 9 [trad. port. 1993, pp. 5 s.].

72. Sobre o direito positivo como sistema cognitivamente aberto na medida em que é operacional, normativamente fechado, ver Luhmann, 1983b,

"a Constituição fecha o sistema jurídico, enquanto o regula como um domínio no qual ela mesma reaparece. Ela constitui o sistema jurídico como sistema fechado através do reingresso no sistema"[73]. Dessa maneira, qualquer intervenção legiferante do sistema político no direito é mediatizada por normas jurídicas. O sistema jurídico ganha com isso critérios para a aplicação do código "lícito/ilícito" ao procedimento legislativo[74]. Sob esse ângulo, pode-se afirmar que a positivação do direito na sociedade moderna, além da distinção entre estabelecimento de norma geral (legislação) e aplicação concreta do direito (jurisdição, administração), pressupõe a diferenciação entre Constituição e lei. À luz do conceito de "mecanismos reflexivos"[75], é possível exprimir-se isso da seguinte forma: a Constituição como normatização de processos de produção normativa é imprescindível à positividade como autodeterminação operativa do direito.

O direito constitucional funciona – pode-se afirmar do ponto de vista jurídico-sociológico – como limite sistêmico-interno para a capacidade de aprendizado (abertura cognitiva) do direito positivo; em outras palavras: a Constituição determina como e até que ponto o sistema jurídico pode reciclar-se sem perder sua autonomia operacional[76]. A falta

---

esp. pp. 139 e 152 s.; 1984b, pp. 110 ss.; 1993a, pp. 38 ss.; Neves, 1992, pp. 37-41. Retorno a esse tema no Cap. III.1.

73. Luhmann, 1990a, p. 187.

74. Sobre a diferença entre códigos e critérios ou programas, cf. Luhmann, 1986a, pp. 82 s. e 89 ss.; em relação especificamente ao sistema jurídico, 1986b, pp. 194 ss.; 1993a, pp. 165 ss. Retornaremos a essa distinção no Cap. III.1.

75. A respeito, ver Luhmann, 1984a [1966].

76. Em consonância com isso, escrevia Luhmann (1973b, p. 165): "Distinguem-se o sentido e a função da Constituição pelo emprego de negações explícitas, negações de negações, demarcações, impedimentos; a Constituição mesma é, conforme sua compreensão formal, a negação da alterabilidade ilimitada do direito." Parece simplista a crítica de Canotilho (1991, pp. 86 s.), no sentido de que esse conceito formal negativo implicaria a "expulsão de elementos sociais" e seria, portanto, incompatível "com o texto constitucional de um Estado democrático socialmente orientado como é o português". Nada impede que a Constituição como mecanismo de limitação da alterabilidade do direito adote elementos social-democráticos. Antes caberia observar que esse conceito de Constituição é incompatível com o sistema político do salazarismo.

de uma regulação estritamente jurídica da capacidade de aprendizado ou reciclagem do sistema jurídico conduz – em uma sociedade hipercomplexa, com conseqüências muito problemáticas – a intervenções diretas (não-mediatizadas pelos próprios mecanismos jurídico-sistêmicos) de outros sistemas sociais, sobretudo do político, no direito. Entretanto, é de observar que o sistema constitucional também é capaz de reciclar-se em relação ao que ele mesmo prescreve. Esse caráter cognitivo do sistema constitucional expressa-se explicitamente através do procedimento específico de reforma constitucional, mas também se manifesta no decorrer do processo de concretização constitucional. Não se trata, por conseguinte, de uma hierarquização absoluta. Principalmente as leis ordinárias e as decisões dos tribunais competentes para questões constitucionais, que em uma abordagem técnico-jurídica constituem direito infraconstitucional, determinam o sentido e condicionam a validade das normas constitucionais[77]. A circularidade é mantida, pelo menos na "relação de mistura" entre criação e aplicação do direito[78].

De acordo com esse enfoque da teoria dos sistemas, a Constituição desempenha uma função descarregante para o direito positivo como subsistema da sociedade moderna, caracterizada pela supercomplexidade. Impede que o sistema jurídico seja bloqueado pelas mais diversas e incompatíveis expectativas de comportamento que se desenvolvem

---

77. "Pode haver diferenças de influência, hierarquias, assimetrizações, mas nenhuma parte do sistema pode controlar outras sem submeter-se, por sua vez, ao controle; e, nessas circunstâncias, é possível, antes altamente provável em sistemas orientados no sentido, que cada controle seja exercido em antecipação do controle inverso" (Luhmann, 1987a [1984], p. 63; cf. em relação especificamente ao sistema jurídico, 1981i [1972], pp. 254 s.).

78. Da teoria da "estrutura escalonada" do ordenamento jurídico formulada por Öhlinger (1975), uma variante da Teoria Pura do Direito, Luhmann faz uma leitura no sentido de que o escalonamento do sistema jurídico refere-se apenas à "relação de mistura" entre criação e aplicação do direito, para acrescentar: "Um passo além disso seria conceituar a relação de criação/aplicação do direito a cada grau como circular, portanto, como auto-referencial. Então, a estrutura escalonada seria uma decomposição e hierarquização da auto-referência fundamental do sistema" (Luhmann, 1983b, p. 141, nota 26; cf. também 1990b, p. 11).

no seu ambiente. Essa função descarregante é possível apenas mediante a adoção do "princípio da não-identificação"[79]. Para a Constituição ele significa a não-identificação com concepções abrangentes (*totais*) de caráter religioso, moral, filosófico ou ideológico[80]. A identificação da Constituição com uma dessas concepções bloquearia o sistema jurídico, de tal maneira que ele não poderia produzir uma complexidade interna adequada ao seu ambiente hipercomplexo. Uma Constituição identificada com "visões de mundo" totalizadoras (e, portanto, excludentes) só sob as condições de uma sociedade pré-moderna poderia funcionar de forma adequada ao seu ambiente. Nesse caso, o domínio de representações morais com validade imediata para todos os âmbitos sociais pressupõe uma sociedade simples, pobre em possibilidades, na qual ainda não há, portanto, os elementos estruturais para a diferenciação (positivação) do sistema jurídico. Uma "Constituição que se identifica" produz, nas condições contemporâneas de alta complexidade e contingência da sociedade, efeitos disfuncionais desdiferenciantes para o direito, na medida em que falta sintonização entre sistema jurídico subcomplexo e ambiente supercomplexo[81]. Nessa perspectiva, pode-se até mesmo acrescentar que uma "Cons-

---

79. Emprego aqui, à luz da perspectiva da teoria dos sistemas, o conceito de não-identificação (do Estado) de Krüger (1966, pp. 178-85), que Hollerbach (1969, pp. 52-7) adotou especificamente em relação à Constituição. Não desconheço que tal princípio desempenha um forte papel ideológico na discussão sobre "inimigos da Constituição". Mas, por outro lado, ele corresponde, na perspectiva da teoria do discurso habermasiana, ao princípio da indisponibilidade do direito ou da imparcialidade do Estado de direito (cf. Habermas, 1987a; 1992, pp. 583 ss. [trad. bras. 2003, vol. II, pp. 233 ss.]).

80. Hollerbach, 1969, p. 52. Nesse sentido, embora apoiado em outros pressupostos teóricos, afirma Grimmer (1976, p. 9): "As finalidades de grupos sociais ou partidos políticos e os desejos, interesses e necessidades de ação estatal que estão na base dessas finalidades não têm nenhuma validade geral imediata."

81. Não desconheço que, embora na condições hodiernas e sob um ângulo especificamente jurídico uma "Constituição que se identifica" seja "disfuncional", ela pode atuar "funcionalmente" em outros domínios sociais e para determinados interesses particularistas. Mas é juridicamente "disfuncional" no sentido de que é normativamente excludente, desconhecendo a diferenciação e a pluralidade contraditória das expectativas normativas existentes na sociedade.

tituição que se identifica" com concepções totalizadoras não se apresenta como Constituição no sentido estritamente moderno, uma vez que, em virtude da "identificação", não é Constituição juridicamente diferenciada, mas sim um conjunto de princípios constitutivos supremos, que tem a pretensão de valer diretamente para todos os domínios ou mecanismos sociais.

D. *Função social e prestação política da Constituição*

Tendo em vista o "princípio da não-identificação", pode-se esclarecer qual a relação da Constituição moderna, enquanto "subsistema" do direito, com a sociedade como sistema social mais abrangente, ou seja, qual a sua *função* social em sentido estrito. Isso nos confronta com o problema da institucionalização dos direitos fundamentais e com a questão do amparo jurídico-constitucional dos institutos do Estado de bem-estar. Além do mais, aquele princípio possibilita esclarecer a relação específica do direito constitucional com o sistema político, isto é, sua *prestação* política. Isso nos coloca diante do problema da eleição política e da "divisão de poderes"[82].

a) *Direitos fundamentais (diferenciação da sociedade) e Estado de bem-estar (inclusão)*

Mediante a institucionalização dos direitos fundamentais[83], a Constituição reconhece a supercomplexidade da so-

---

82. A respeito da *função* (relação com a sociedade como sistema social mais abrangente) e da *prestação* (relação com os demais subsistemas da sociedade) do direito, ver Luhmann, 1993a, pp. 156 ss.; e, especificamente no plano da Constituição, ver Neves, 1992, pp. 147-81, confrontando criticamente esses conceitos sistêmicos com o desenvolvimento constitucional brasileiro.

83. O conceito de "institucionalização" tem aqui um sentido abrangente, incluindo as dimensões temporal, social e material, ou seja, normatização, consenso suposto e identificação generalizada de sentido: "Instituições são expectativas de comportamento generalizadas temporal, material e socialmente,

ciedade, a dissolução de critérios de orientação das expectativas relativos à totalidade do social e, portanto, a inexistência de um sistema social supremo. Os direitos fundamentais servem ao desenvolvimento de comunicações em diversos níveis diferenciados. Sua função relaciona-se com o "perigo da desdiferenciação" (especialmente da "politização"), isto é, exprimindo-se positivamente, com a "manutenção de uma ordem diferenciada de comunicação"[84]. Assim sendo, na hipótese de "Constituição" identificada com concepções totalitárias, por serem excluídos ou deturpados os direitos fundamentais, não se consideram a pluralidade e a contingência das expectativas, produzindo-se, portanto, uma desdiferenciação inadequada à complexidade da sociedade contemporânea[85]. Em resumo, pode-se afirmar: através dos direitos fundamentais a Constituição moderna, enquanto subsistema do direito positivo, pretende responder às exigências do seu ambiente por livre desenvolvimento da comunicação (e da personalidade) conforme diversos códigos diferenciados.

---

e constituem, enquanto tais, a estrutura de sistemas sociais" (Luhmann, 1965, p. 13, que, posteriormente, restringe o conceito à dimensão social, isto é, ao "consenso suposto" – cf. 1987b [1972], pp. 64 ss.). Por sua vez, em consonância com esse significado amplo, Mayhew (1968, p. 19) aponta para três momentos imprescindíveis à institucionalização jurídica de um valor: 1) "uma interpretação do valor é juridicamente reforçada (interpretação jurídica)"; 2) "há uma maquinaria para invocar sanções contra violações (organização jurídica)"; 3) "a maquinaria jurídica é sistematicamente invocada em casos de possível violação da norma" ("execução sistemática").

84. Luhmann, 1965, pp. 23-5.

85. Embora em outra perspectiva teórica, a crítica de Lefort (1981) às tendências totalitárias contrárias aos direitos humanos parece-me compatível com essa colocação, na medida em que ele reconduz a institucionalização desses direitos à diferenciação ("desintrincamento") de poder, lei e saber (1981, p. 64 [trad. bras. 1987, p. 53]). Mas também na postura crítica de Marx (1988 [1844], pp. 361 ss.) com relação aos "direitos do homem" ("em contraposição aos direitos do cidadão") como "direitos do membro da sociedade burguesa, isto é, do homem egoísta" (p. 364), pode-se observar uma conexão com o problema da diferenciação funcional: "O homem não foi por isso libertado da religião, ele obteve a liberdade religiosa. Não foi libertado da propriedade, obteve a liberdade de propriedade. Não foi libertado do egoísmo da indústria, obteve a liberdade industrial" (1988 [1844], p. 369). Marx fala, porém, de *"decomposição do homem"* (p. 357).

A concepção corrente do Estado de bem-estar diz respeito à sua função compensatória, distributiva, para acentuar que um mínimo de realidade dos direitos fundamentais clássicos (liberal-democráticos) depende da institucionalização dos "direitos fundamentais sociais"[86]. Propondo um modelo interpretativo mais abrangente, Luhmann conceitua, invocando expressamente Marshall[87], o Estado de bem-estar com base no princípio sociológico da *inclusão*[88]. "O conceito de inclusão refere-se à inserção de toda a população nas prestações de cada um dos sistemas funcionais da sociedade. Ele diz respeito, de um lado, ao *acesso*, de outro, à *dependência* da conduta individual a tais prestações. À medida que a inclusão é realizada, desaparecem os grupos que não participam da vida social, ou participam apenas marginalmente."[89] A *contrario sensu*, pode-se designar como *exclusão* a manutenção persistente da marginalidade[90]. Na sociedade contemporânea, isso significa que amplos setores da população *dependem* das prestações dos diversos sistemas funcionais, mas não têm *acesso* a elas (subintegração)[91].

---

86. Cf. Grimm, 1987b; Grimmer, 1976, pp. 11 ss.; Bonavides, 1972. Em contrapartida, Frankenberg (1996, esp. p. 1382) critica a compreensão dos direitos sociais como mero instrumento da autonomia privada, enfatizando-lhes a dimensão da "solidariedade".

87. Marshall, 1976 [1949].

88. Cf. Luhmann, 1981j, pp. 25 ss.

89. Luhmann, 1981j, p. 25. Acompanhando Parsons, acentuam Luhmann e Schorr (1988, p. 31) que a inclusão se refere apenas aos papéis complementares: "Nem todos podem tornar-se médico, mas qualquer um, paciente; nem todos podem tornar-se professor, mas qualquer um, aluno." Além do mais, o princípio da *inclusão* não nega que, "como sempre, as camadas superiores sejam distinguidas pela maior participação em praticamente todos os domínios funcionais" (Luhmann, 1981j, p. 26).

90. Cf. Luhmann, 1981j, pp. 25 s., nota 12. Mais tarde, Luhmann distanciou-se de sua posição anterior, segundo a qual a sociedade moderna se caracterizaria pelo princípio da inclusão, e enfrentou o problema da relação entre inclusão e exclusão na sociedade mundial moderna (a esse respeito, ver 1993a, pp. 582 ss.; 1995a; 1997, pp. 168 ss. e 618 ss.; 2000c, pp. 233 ss., 242 s. e 301 ss.; 2005, pp. 80 ss. e 275 ss.).

91. A sobreintegração seria, em contrapartida, a *independência* com respeito às regras, combinada com o *acesso* às prestações de cada um dos subsis-

A CONSTITUCIONALIZAÇÃO SIMBÓLICA

Definindo-se o Estado de bem-estar como "inclusão política realizada"[92] e, porque Estado de *direito*, como inclusão jurídica realizada[93], observa-se que os "direitos fundamentais sociais" por ele instituídos constitucionalmente são imprescindíveis à institucionalização real dos direitos fundamentais referentes à liberdade civil e à participação política[94]. Isso decorre do fato de que a *inclusão* de toda a população nos di-

---

temas da sociedade. A respeito, cf. Neves, 1994a; 1992, pp. 78 s. e 94 s. Partindo primariamente da dependência e não do acesso, Luhmann distingue, em sua obra tardia, diferentemente de mim, entre "setor de inclusão" (no qual "os homens contam como pessoas"), definindo-o como menos integrado, e "setor de exclusão" (no qual "os homens não são mais percebidos enquanto pessoas, mas sim como corpos"), caracterizando-o como superintegrado (1993a, pp. 584 s.; 1997, pp. 631 ss.; 1995a, pp. 259 ss.); nos termos dessa formulação, a integração é compreendida "como redução dos graus de liberdade de subsistemas" ou "como limitação dos graus de liberdade para seleções" (1997, pp. 603 e 631), e, portanto, negativamente enquanto dependência, não como acesso. Entretanto, tal como tenho formulado, subintegração e sobreintegração implicam a insuficiente inclusão, seja por falta de acesso (de integração positiva) ou de dependência (de integração negativa) relativamente aos sistemas funcionais, constituindo posições hierárquicas facticamente condicionadas (não classificações baseadas em princípios ou valores), a saber, o fato de ser integrado nos sistemas funcionais "por baixo" ou "por cima". Retorno ao tema no Cap. III.6. e em "Perspectiva".

92. Luhmann, 1981j, p. 27. "Para o Estado de bem-estar a inclusão política da população é uma necessidade funcional..." (Luhmann, 1981j, p. 118).

93. Nesse conceito, o Estado de bem-estar não é equiparado, conforme o modelo usual, ao Estado intervencionista, muito menos à integração da sociedade em uma forma que se fundamente na política. Criticando esse modelo, Teubner (1998, pp. 22 s. [trad. bras. 2005a, pp. 251 s.]) afirma que, com a "privatização" – compreendida não simplesmente como enfraquecimento do político ou, mais precisamente, do estatal por força de tendências à expansão hipertrófica da economia na sociedade mundial, mas sim, antes, como nova condição para o desenvolvimento da autonomia dos diversos campos de comunicação –, podem ser criados mecanismos favoráveis à inclusão. Nessa perspectiva, não seria suficiente, então, falar de Estado de bem-estar como um tipo de Estado orientado no sentido da inclusão política e jurídica, senão, abrangentemente, de uma sociedade de bem-estar como aquela que se orienta no sentido da inclusão em todos os âmbitos sociais e cujos mecanismos, ainda assim, precisam de amparo na Constituição.

94. Nesse sentido, o conceito de cidadania de Marshall (1976 [1949], pp. 71 ss.) abrange os direitos civis, políticos e sociais. Acompanhando Marshall, cf. Bendix, 1969 [1964], pp. 92 ss. Daí não resulta necessariamente uma concepção instrumentalista dos direitos sociais (cf. nota 86 deste capítulo).

versos sistemas sociais e a *diferenciação funcional* da sociedade pressupõem-se reciprocamente, na medida em que a *exclusão* de amplos grupos sociais e a *auto-referência* operacional dos sistemas funcionais são incompatíveis[95]. Nessa perspectiva pode-se afirmar que, na sociedade supercomplexa de hoje, fundada em expectativas e interesses os mais diversos e entre si contraditórios, o direito só poderá exercer satisfatoriamente sua função de congruente generalização de expectativas normativas de comportamento enquanto forem institucionalizados constitucionalmente os princípios da inclusão e da diferenciação funcional e, por conseguinte, os direitos fundamentais sociais (Estado de bem-estar) e os concernentes à liberdade civil e à participação política.

b) Regulação jurídico-constitucional do procedimento eleitoral

Muito embora a institucionalização dos direitos fundamentais abranja o direito eleitoral[96] e, portanto, possa ser

---

95. Luhmann, 1981j, esp. pp. 26 s., 35 e 118. Mais tarde, Luhmann formula de maneira diversa: "A diferença entre inclusão e exclusão tem efeitos graves porque, por um lado, é provocada pela diferenciação funcional da sociedade mundial, por outro, obstaculiza, quando não impede, a produção regional das condições da diferenciação funcional" (1997, p. 168). Em outras palavras, trata-se de uma diferença "que, embora seja gerada pela diferenciação funcional, *é incompatível* com ela no resultado" (1993a, p. 582 – grifo meu). Nesse contexto, a variável "inclusão/exclusão" torna-se uma espécie de metadiferença ou metacódigo que mediatiza os códigos de todos os sistemas funcionais (1997, p. 632; 1993a, p. 583). Mas, se assim é, parece-me difícil que se possa continuar a sustentar que a sociedade moderna caracteriza-se pelo primado da diferenciação funcional e que a diferença "sistema/ambiente" é intra-societariamente a principal. Para ser conseqüente com a proposição de que "inclusão/exclusão" serve como *metacódigo* que mediatiza todos os outros códigos, impõe-se admitir – radicalizando a tese – que a sociedade mundial é diferenciada primariamente de acordo com essa *metadiferença* (nesse sentido, ver Stichweh, 1997, p. 132); no caso de "inclusão/exclusão" *versus* a diferença (orientada funcionalmente) "sistema/ambiente", porém, trata-se de diferenças em concorrência na sociedade mundial contemporânea. Além disso, Luhmann insiste, diversamente da minha posição, que, apesar de condições generalizadas de "inclusão/exclusão", como no caso da América Latina, não ocorre a eliminação da autopoiese do direito (1997, p. 632).

96. Cf. Luhmann, 1965, pp. 136 ss.

definida como função do sistema jurídico, é possível, sob outro ângulo, considerar a regulação constitucional do *procedimento* eleitoral como *prestação* específica do direito perante o sistema político[97].

As disposições constitucionais referentes ao sufrágio universal, igual e secreto têm por objetivo assegurar a independência do eleitor em relação a seus outros papéis sociais[98] e, dessa maneira, imunizar o procedimento eleitoral contra diferenças de *status* e opinião[99]. Isso implica, segundo Luhmann, a passagem de critérios baseados em atributos (estáticos) para critérios fundados na aptidão e no desempenho (dinâmicos), no que se refere à ocupação dos papéis políticos[100]. Cabe observar, porém, que uma interpretação muito estrita da sociedade moderna no sentido da prevalência do princípio da seleção e recrutamento baseados na aptidão, como se a democracia conduzisse à eleição dos melhores candidatos, não resiste evidentemente a uma crítica de modelos ideológicos[101]. Antes, a eleição democrática atua como apoio descarregante para o sistema político, na medida em que "deve ser delegada" a este "a plena responsabilidade pelo direito" na sociedade moderna[102]. A "generalização do apoio político" que decorre do procedimento eleitoral constitucionalmente regulado serve, por conseguinte, à diferenciação do sistema político, funcionando como empecilho à sua manipulação por interesses particularistas[103]. Sem elei-

---

97. Cf. Luhmann, 1983a [1969], pp. 155 ss. [trad. bras. 1980, pp. 131 ss.].

98. Luhmann, 1983a [1969], p. 159 [trad. bras. 1980, p. 134].

99. "Todas as diferenças podem ou devem ser ignoradas, salvo aquelas que em um contexto funcional específico possam ser justificadas como convenientes" (Luhmann, 1983a [1969], p. 160 [trad. bras. 1980, p. 134]).

100. Luhmann, 1983a [1969], pp. 156-8 [trad. bras. 1980, pp. 132 s.].

101. Cf. Rubinstein, 1988, pp. 539 s., no contexto de uma crítica à concepção de "*achievement*" como base e esquema de distribuição de recompensas na sociedade moderna.

102. Luhmann, 1981b [1970], p. 147.

103. Com isso não se desconhece que a "generalização do apoio político" é incompatível com o mandato imperativo (Luhmann, 1981a, p. 165, nota 19), o qual, embora um mecanismo pré-moderno (uma "figura medieval" – Lamounier, 1981, p. 253), teve um respaldo importante na obra iluminista de Rousseau (1975 [1762], pp. 301-3, Livro III, Cap. XV [trad. bras. 1978, pp. 106-10]).

ções democráticas ou um equivalente funcional, parece impossível, na sociedade complexa de hoje, que os sistemas político e jurídico não se identifiquem excludentemente com concepções ideológicas abrangentes ou interesses de grupos privilegiados. A falta de eleições democráticas conduz, nas condições atuais, à identificação do "Estado" com determinados grupos[104] e, com isso, à desdiferenciação do sistema jurídico, inadequada à complexidade da conexão de comunicações, expectativas e interesses constitutivos da sociedade.

Evidentemente, para que a eleição atue como mecanismo de apoio generalizado e de diferenciação do sistema político, imunizando-o dos bloqueios particularistas, não é suficiente a existência de um texto constitucional que preveja o procedimento respectivo. Através da experiência dos países periféricos, demonstra-se, muito claramente, em que ampla proporção, por falta de pressupostos sociais, as normas constitucionais sobre procedimento eleitoral são deformadas em seu processo de concretização, como ocorre tipicamente no caso brasileiro[105].

c) *"Divisão de poderes" e diferença entre política e administração*

Também especificamente contra a possibilidade de desdiferenciação entre direito e política, as Constituições modernas institucionalizam a "divisão de poderes". A influência da comunicação conforme o código do poder sobre a comunicação de acordo com o código jurídico é, dessa maneira, intermediada pelo próprio direito. Luhmann acrescenta: "Através da divisão de poderes o código do poder é, em princípio, associado ao direito. Processos decisórios são

---

104. Daí por que o ordenamento que não dispõe de regulação democrática da eleição exige "que o cidadão se identifique em suas comunicações com o sistema de ação (e não porventura apenas com uma ordem normativa básica: a Constituição), portanto, que se apresente como inteiramente leal" (Luhmann, 1965, p. 149).
105. A respeito, ver Neves, 1992, pp. 97 s. e 170 ss.

conduzidos pela via do direito"[106]. Assim sendo, a "divisão de poderes" pode ser considerada como limitação do poder político por uma esfera jurídica autônoma[107]. Entretanto, cumpre também "a função de filtragem entre política e administração, e a função de prolongamento da cadeia do poder", que, do mesmo modo, "não podem prescindir de um apoio na Constituição"[108]. Nessa perspectiva, a introdução de procedimentos funcionalmente diferenciados (legislativo, judiciário e político-administrativo), mediante a institucionalização da "divisão de poderes", aumenta a capacidade dos sistemas político e jurídico de responder às exigências do seu respectivo ambiente, repleto de expectativas as mais diversas e entre si contraditórias[109]. A ausência ou deformação do princípio da "divisão de poderes" leva à desdiferenciação das esferas de vida (politização abrangente) e tem-se demonstrado incompatível com a complexidade da sociedade atual.

Como corolário da "divisão de poderes", o direito constitucional estabelece a diferença entre política e administração[110]. Através dessa prestação do direito positivo perante o sistema político, a administração é neutralizada ou imunizada contra interesses concretos e particulares; ela atua, então, conforme preceitos e princípios com pretensão de generalidade[111]. Com isso não se exclui que as camadas superiores da sociedade exerçam uma influência mais forte na elaboração e execução do programa administrativo, mas se afirma que o sistema administrativo diferenciado no interior do sistema político dispõe de mecanismos próprios de

---

106. Luhmann, 1973b, p. 11.
107. Essa é a concepção corrente, que remonta a Montesquieu (1973 [1748], pp. 168-79, Livro XI, Cap. VI).
108. Luhmann, 1973b, pp. 11 s.
109. A respeito, ver Luhmann, 1983a [1969] [trad. bras. 1980].
110. Cf. Luhmann, 1973b, pp. 8-12, relevando o valor dessa diferença em face do próprio princípio clássico da "divisão de poderes".
111. Nessa orientação, sustenta Luhmann (1965, p. 155): "A separação entre política e administração possibilita a aplicação prática do princípio da igualdade."

filtragem diante da atuação de fatores externos. Nesse sentido, os funcionários administrativos precisam, "não raramente, impor-se contra membros da sociedade pertencentes a categorias superiores e necessitam, por isso, de direitos especialmente legitimados para decidir vinculatoriamente"[112]. Dessa exigência decorre "que, em um sistema político que diferencia e especifica funcionalmente os seus subsistemas, não devem ser atribuídas simultaneamente funções de legitimação, formação de consenso e controle das desilusões à administração executante, porque isso sobrecarregaria o seu processo decisório com funções secundárias e dificultaria sua racionalização"[113]. Quando se dá o contrário, como se observa nos países periféricos, ocorrem a particularização e a politização da administração, com os seus condicionamentos e implicações negativos em uma sociedade mundial cada vez mais complexa: partindo-se de "baixo" (subintegrados), a administração é envolvida com necessidades básicas concretas das camadas inferiores, que, sob essas condições, "não podem esperar"[114] e, portanto, são facilmente manipuláveis por concessões administrativas contrárias aos princípios constitucionais da impessoalidade, legalidade e moralidade administrativas[115]; partindo-se de "cima" (sobreintegrados),

---

112. Luhmann, 1965, p. 147.
113. Luhmann, 1983a [1969], p. 211 [trad. bras. 1980, p. 170].
114. "As necessidades básicas devem ser, em todo caso, satisfeitas, para que qualquer pessoa possa esperar" (Luhmann, 1983a [1969], p. 198 [trad. bras. 1980, p. 161]).
115. Em outra perspectiva, conforme o modelo "antes-depois" da teoria da modernização, escrevia Luhmann (1983a [1969], p. 65, nota 10 [trad. bras. 1980, p. 57, nota 10]): "... fatos que em sociedades complexas, fortemente diferenciadas, são considerados corrupção em sentido amplo, correspondem em sociedades *simples*, ao contrário, à expectativa moral, sendo diretamente exigidos – deve-se ajudar o próximo! Isso foi o que ensinaram sobretudo investigações mais recentes sobre os *países em desenvolvimento*, os quais, nessa questão, encontram-se numa *fase de transição* com conflito institucional" (grifos meus). No caso investigado, não se trata, porém, de um problema de sociedades simples em "fase de transição" ("países em desenvolvimento"). Ele resulta, ao contrário, da "heterogeneidade estrutural", isto é, da deficiente diferenciação funcional da complexa sociedade moderna em sua reprodução nos

a administração é bloqueada por interesses particularistas de grupos privilegiados.

2. TEXTO CONSTITUCIONAL E REALIDADE CONSTITUCIONAL[116]

2.1. A relação entre texto e realidade constitucionais como concretização de normas constitucionais

O conceito de Constituição proposto pela teoria dos sistemas, adotado acima estrategicamente, que se associa à noção moderna de "constitucionalização", pode ser complementado mediante a abordagem da relação entre texto e realidade constitucionais. Não se trata, aqui, da antiga dicotomia "norma/realidade constitucional"[117], mas sim do problema referente à "concretização" das normas constitucionais[118], que, nessa perspectiva, não se confundem com o

---

países periféricos, e pode ser mais bem interpretado, do ponto de vista da teoria dos sistemas, como sintoma de complexidade estruturada insuficiente ou inadequadamente (ver *infra* Cap. III.6.).

116. Trata-se, neste item, de uma versão revista de exposição que apresentei anteriormente sobre esse tema (Neves, 1992).

117. A teoria de Jellinek da força normativa do fáctico (1966, pp. 337 ss.) não se desliga dessa tradição. Hesse (1984) permanece, em parte, ainda vinculado a esse dualismo, na medida em que, no seu modelo, trata-se apenas da "relação da Constituição jurídica com a realidade" (p. 8 [trad. bras. 1991, p. 16]). A respeito, criticamente, cf. Müller, 1984, pp. 77-93. Ver também, sob outro ponto de vista, as ponderações de Ritter (1968) sobre a concepção da realidade constitucional como fonte do direito. Luhmann critica, por sua vez, a discussão tradicional sobre a discrepância entre *texto* e realidade constitucionais, argumentando que, "para isso, não se precisaria de nenhum conceito de Constituição e nenhuma teoria da Constituição" (1973b, p. 2), o que, evidentemente, não é o caso no presente trabalho. Por fim, é de observar que, na perspectiva da teoria dos sistemas, a distinção entre *direito* e realidade constitucionais só pode ser concebida como expressão jurídico-constitucional da diferença "sistema/ambiente".

118. A respeito, ver Müller, 1995, esp. pp. 166 ss.; 1994; 1990a; 1990b; Christensen, 1989, pp. 87 ss. Cf. também Hesse, 1980, pp. 24 ss.

texto constitucional[119]. Sob esse novo ponto de vista, o texto e a realidade constitucionais encontram-se em permanente relação através da normatividade constitucional obtida no decurso do processo de concretização. Na teoria constitucional alemã, destacam-se nessa orientação os modelos de Friedrich Müller e Peter Häberle.

De acordo com a concepção de Müller, a norma jurídica compõe-se do programa normativo (dados lingüísticos) e do âmbito normativo (dados reais)[120]. A estrutura da norma resulta da conexão desses dois componentes da norma jurídica[121]. Portanto, a *concretização* da norma jurídica, sobretudo da norma constitucional, não pode ser reduzida à "interpretação aplicadora" do texto normativo, o qual oferece diversas possibilidades de compreensão[122] e constitui apenas um aspecto parcial do programa normativo[123]; ela inclui, além do programa normativo, o âmbito normativo como "o conjunto dos dados reais normativamente relevantes para a concretização individual"[124]. Nesse sentido, Müller define a normatividade em duas dimensões: "'Normatividade' significa a propriedade dinâmica da [...] norma jurídica de influenciar a realidade a ela relacionada (*normatividade concreta*) e de ser, ao mesmo tempo, influenciada e estruturada por esse aspecto da realidade (*normatividade materialmente determinada*)."[125]

---

119. Cf. Müller, 1995, pp. 122 ss.; 1994, esp. pp. 147-67 e 234-40; 1990a, pp. 126 ss., 1990b, esp. p. 20; Christensen, 1989, pp. 78 ss.; Jeand'Heur, 1989, esp. pp. 22 s.
120. Müller, 1994, pp. 232-4; 1990b, p. 20; 1975, pp. 38 s.
121. Müller, 1994, pp. 17 e 250; cf. também 1990b, pp. 124 ss.; Christensen, 1989, p. 87.
122. "Os problemas hermenêuticos complexos residem no espaço que o texto normativo deixa aberto às diversas possibilidades de compreensão" (Müller, 1994, p. 160).
123. Müller, 1994, p. 252. Formulando de forma mais radical, afirma Müller (1990b, p. 20): "O *texto normativo* não é [...] componente conceitual da norma jurídica, mas sim, ao lado do *caso* a decidir juridicamente, o mais importante dado de entrada do processo individual de concretização." Cf. *ibidem*, pp. 127 e 129; Jeand'Heur, 1989, p. 22.
124. Müller, 1994, p. 253; cf. também 1990b, p. 128.
125. Müller, 1994, p. 258. Cf. também Christensen, 1989, p. 87.

Se o âmbito normativo, que importa uma função seletiva perante os âmbitos da matéria e do caso[126], não se constitui de forma suficiente, a normatividade do respectivo texto constitucional é prejudicada[127]. Faltam, então, as condições e os pressupostos para a "produção" da *norma jurídica* – "que rege mediatamente um caso determinado" – e, portanto, da *norma de decisão* – "imediatamente normativa, reguladora do caso determinado"[128]. Nesse contexto não se fala de legislação e de atividade constituinte como procedimentos de produção de norma jurídica (geral), mas sim de emissão de texto legal [*Gesetzestextgebung*] ou de emissão de texto constitucional [*Verfassungstextgebung*][129]. A norma jurídica, especialmente a norma constitucional, é produzida no decorrer do processo de concretização[130].

Com a perspectiva de Müller, "referente à matéria", compatibiliza-se a orientação de Häberle, "relativa a pessoas e grupos"[131]. Através do ensaio "A Sociedade Aberta dos Intérpretes da Constituição"[132], Häberle, além de indagar os fins e métodos da interpretação constitucional, levanta sobretudo a "questão dos *participantes*", para propor a tese: "Nos processos de interpretação *da Constituição*, estão potencialmente envolvidos *todos os* órgãos estatais, todos os poderes públicos, todos os cidadãos e grupos."[133] Conforme

---

126. Cf. Müller, 1994, pp. 253-6; 1990b, p. 128; Christensen, 1989, p. 88.
127. Cf. Müller, 1994, p. 171.
128. Sobre a distinção entre norma jurídica e norma decisória, ver Müller, 1994, pp. 264 ss.; 1990a, p. 48; Christensen, 1989, p. 88.
129. Cf. Müller, 1994, pp. 264 e 270.
130. "A norma jurídica só é produzida no decurso da solução do caso" (Müller, 1994, p. 273). Cf. Christensen, 1989, p. 89. Nesse sentido, Müller salienta que o juiz não é "legislador de segundo grau", mas sim "o único legislador, mesmo que isso soe estranho" (Müller, 1990b, p. 127, nota 16). De acordo com isso, ele sustenta (1994, p. 259, nota 48a) que se aproximaria de sua perspectiva normativo-estruturante a concepção de Derrida (1994, pp. 50 s.) segundo a qual o juiz inventaria a lei em cada caso. Para uma explanação didática da concepção de Müller em língua portuguesa, ver a síntese de Canotilho, 1991, pp. 208 ss. e 221 ss.
131. Assim as qualificou Ladeur, 1985, pp. 384 s.
132. Häberle, 1980b [1975].
133. Häberle, 1980b [1975], pp. 79 s.

esse modelo, o direito constitucional "material" surge de uma multiplicidade de interesses e funções, implicando a diversidade prática de interpretações da Constituição[134]. Dessa maneira, não se superestima a significação do texto constitucional, como na doutrina tradicional da interpretação[135]. No primeiro plano do processo interpretativo encontra-se a "esfera pública pluralística"[136]. De acordo com essa abordagem, pode-se afirmar: o texto constitucional só obtém a sua normatividade mediante a inclusão do público pluralisticamente organizado no processo interpretativo, ou melhor, no processo de concretização constitucional.

2.2. Concretização constitucional e semiótica

As teorias constitucionais de Müller e Häberle são passíveis de uma abordagem de acordo com a distinção semiótica entre sintática, semântica e pragmática[137]. Em Müller, trata-se das características semânticas da linguagem jurídica, especialmente da linguagem constitucional, a ambigüidade e a vagueza[138], que exigem um "processo de concretização",

---

134. Häberle, 1980b [1975], pp. 93 s.
135. Häberle, 1980b [1975], p. 90.
136. "O jurista constitucional é apenas um intermediário" (Häberle, 1980b [1975], p. 90). Dessa maneira, Häberle deixa de considerar o papel seletivo que os participantes, "em sentido estrito", do procedimento de interpretação da Constituição (cf. 1980b [1975], pp. 82 s.) desempenham perante o público. Visto que a "esfera pública" não constitui uma unidade, mas sim uma pluralidade de interesses conflitantes, surgem expectativas constitucionais incompatíveis, que serão, portanto, selecionadas ou excluídas no processo interpretativo da Constituição.
137. Essa divisão da semiótica em três dimensões, que remonta à distinção de Peirce entre signo, objeto e interpretante (cf. 1955, pp. 99 s.; 1985, pp. 149 ss.; 1977, esp. pp. 28, 46, 63 e 74), foi formulada por Morris (1938, pp. 6 ss.) e adotada por Carnap (1948, pp. 8-11). Diversas correntes da Teoria do Direito empregaram-na; cf., p. ex., Schreiber, 1962, pp. 10-4; Viehweg, 1974, pp. 111 ss. [trad. bras. 1979, pp. 101 ss.]; Ross, 1968, pp. 5-7; Kalinowski, 1965, pp. 52 s. e 56-63; Capella, 1968, pp. 22 e 76; Warat, 1972, pp. 44-8; 1984, pp. 39-48; Reale, 1968, p. 173.
138. É verdade que isso é amplamente reconhecido; mas do incontestável são retiradas as mais diferentes conseqüências (cf., p. ex., Kelsen, 1960,

não simplesmente um "procedimento de aplicação" conforme regras de subsunção. No caso de Häberle, a questão diz respeito à relação pragmática da linguagem com diversos expectantes e "utentes", o que implica um discurso conflituoso e "ideológico". Os aspectos semânticos e pragmáticos relacionam-se, porém, mutuamente: a ambigüidade e a vagueza da linguagem constitucional levam ao surgimento de expectativas normativas diferentes e contraditórias perante os textos normativos; por outro lado, as contradições de interesses e de opiniões entre expectantes e agentes constitucionais fortificam a variabilidade da significação do texto constitucional[139]. Somente sob as condições de uma unidade de interesse e concepção do mundo, as questões constitucionais perderiam sua relevância semântico-pragmática, para se tornarem primariamente questões sintáticas, orientadas pelas regras da dedução lógica e subsunção. Mas tal situação é seguramente incompatível com a complexidade da sociedade moderna.

Nessa perspectiva semiótica, justifica-se então a reação crítica da tópica (Viehweg), da hermenêutica normativa estruturante (Müller) e da interpretação constitucional pluralista (Häberle) à pretensão do positivismo jurídico de tratar os problemas constitucionais, enquanto questões jurídicas, primariamente sob seus aspectos sintáticos. "Modo de pensar situacional"[140], "processo de concretização" e "esfera

---

pp. 348 s. [trad. bras. 2006, pp. 390 s.]; Smend, 1968 [1928], p. 236; Ehrlich, 1967 [1913], p. 295; Ross, 1968, pp. 116 s.). Especificamente sobre a ambigüidade e vagueza da linguagem jurídica, ver Carrió, 1986, pp. 28 ss.; Koch, 1977, pp. 41 ss.; Warat, 1984, pp. 76-9; 1979, pp. 96-100. Em conexão com a função simbólica do direito, ver também Edelman, 1967, pp. 139 ss.

139. A respeito, afirma Edelman (1967, p. 141): "Para os diretamente envolvidos, o sentido do direito modifica-se constante e notavelmente com as variações na influência dos grupos."

140. Cf. Viehweg, 1974, pp. 111 ss. [trad. bras. 1979, pp. 101 ss.]. Observe-se que para Viehweg o padrão semântico de pensamento é não-situacional, na medida em que o significado das palavras estaria fixado para sempre (1974, p. 114 [trad. bras. 1979, p. 103]). Entretanto, pode-se distinguir entre modo de pensar *sintático*-semântico, que implica uma significação univocamente fixada do signo (cf. 1974, pp. 111 s. [trad. bras. 1979, pp. 101 s.]), e modo de pensar semântico-*pragmático*, que pressupõe a variabilidade do sentido dos termos e expressões.

pública pluralista" são fórmulas distintas de acentuar a equivocidade semântica dos textos constitucionais e a pluralidade pragmática das expectativas constitucionais (dissenso valorativo ou "ideológico" na "comunidade" discursiva). Dessa maneira, em contraposição ao positivismo jurídico, a dimensão sintática fica subordinada à semântico-pragmática[141]. Observa-se que a operação lógico-sintática de subsunção pressupõe um complicado processo semântico-pragmático de concretização normativa[142].

Tudo isso pressupõe não ser a linguagem jurídica, sobretudo a constitucional, uma linguagem artificial, mas sim um tipo especializado da linguagem ordinária ou natural[143], que, portanto, desenvolve-se basicamente a partir da situação semântico-pragmática, variando intensamente de significado conforme a situação e o contexto comunicativos[144].

---

141. Em conformidade com o estruturalismo lingüístico, poder-se-ia afirmar: no tocante à linguagem constitucional, as relações paradigmáticas (associativas) têm predominância sobre as sintagmáticas (Neves, 1988, pp. 150-2). Sobre essa distinção, cf. *supra* as referências da nota 17 do Cap. I.

142. Cf. Christensen, 1989, p. 88; Neves, 1988, pp. 136 s.

143. Cf. Visser't Hooft, 1974; Carrió, 1986, pp. 49 ss.; Greimas e Landowski, 1976, pp. 83 s. [trad. bras. 1981, pp. 72 s.]; Olivecrona, 1962, p. 151. De acordo com o modelo luhmanniano, pode-se sustentar que a especialização da linguagem ordinária relaciona-se com o desenvolvimento separado de mecanismos complementares para a linguagem, "na forma de meios de comunicação simbolicamente generalizados para cada domínio funcional" (ver *supra* Cap. I.1.7.), e, por isso, com a formação dos esquemas binários correspondentes; no caso do direito, a especialização da linguagem resultaria do uso do código-diferença "lícito/ilícito" exclusivamente em um sistema funcional para isso diferenciado (cf. Luhmann, 1974, p. 62, que, contudo, vincula esse código-diferença ao meio de comunicação "poder", não exatamente ao meio de comunicação "direito" – mas cf. *supra* nota 53 deste capítulo).

144. É nesse sentido a célebre afirmativa de Wittgenstein (1960, p. 211, § 43 [trad. bras. 1979, p. 28]): "A significação de uma palavra é seu uso na linguagem." Cf., a respeito, Müller, 1975, pp. 32-4, aplicando-a no domínio da teoria do direito. Gadamer (1990 [1960], pp. 332 s.), por sua vez, acentua que o jurista intérprete tem de reconhecer a mudança das relações e "daí determinar novamente a função normativa da lei", adaptando-a às necessidades do presente, a fim de "solucionar um problema prático". Pondera, porém, que, por isso mesmo, não se trata de "uma reinterpretação arbitrária". Na mesma linha e pressupondo também que a "linguagem nunca é arbitrária", sustenta Wimmer (1989, p. 14): "A mudança radical permanente é uma característica

Assim sendo, é inconcebível um isolamento sintático, mediante a neutralização dos problemas semânticos e pragmáticos, a favor da univocidade e da segurança de expectativa. Possível é, no entanto, a seletividade concretizante através de procedimentos e argumentos, que, porém, podem variar sensivelmente de caso para caso.

A propósito, é de observar que também numa perspectiva semiótica a supremacia normativa hierárquica da Constituição deve ser relativizada. A separação completa entre metalinguagem e linguagem-objeto[145] tem sentido apenas no plano sintático. Na dimensão semântico-pragmática condicionam-se reciprocamente metalinguagem e linguagem-objeto. Por outro lado, embora o texto constitucional atue como metalinguagem em relação à "concretização constitucional", as decisões interpretativas da Constituição representam metalinguagem com respeito ao texto constitucional (linguagem-objeto)[146]. Se se atenta para a característica do texto constitucional de ser simultaneamente metalinguagem e linguagem-objeto com relação à linguagem concretizadora,

---

essencial de todas as linguagens naturais. Sem essa mudança, as linguagens perderiam sua função cognitiva e sua potência para a aquisição e assimilação da realidade." Cf. também Larenz, 1979 [1960], pp. 311 ss. [trad. bras. 1978, pp. 401 ss.]; Pontes de Miranda, 1972, p. 99; Vilanova, 1977, p. 245; Alchourrón e Bulygin, 1974, pp. 140-4; Biscaretti di Ruffia, 1974, pp. 525-40.

145. Sobre esse par de conceitos, ver Carnap, 1948, pp. 3 s.; Barthes, 1964, pp. 130-2 [trad. bras. s.d., pp. 96-9].

146. Cf. Neves, 1988, pp. 160-2. Porém, nesse trabalho anterior (p. 162), a decisão interpretante da Constituição era caracterizada como metalinguagem "descritiva" em relação às *normas* constitucionais, em oposição ao caráter "prescritivo" destas com respeito à sua própria interpretação-aplicação. No presente trabalho trata-se, antes, da relação circular entre *texto* constitucional e sua própria interpretação, que também tem implicações normativas. Nesse sentido, Luhmann (1990a, p. 217) afirma: "Os componentes auto-referenciais realizam-se pelo fato de que também a interpretação tenta produzir vínculos normativos, não se restringindo simplesmente a falar sobre o texto. Nesse ponto, o jurista constitucional encontra-se na mesma situação do lingüista, que, ao falar sobre a linguagem, tem como seu objeto o seu próprio comportamento" (*ibidem*). Cf. também Hofstadter, 1979, pp. 21 ss. [trad. bras. 2001, pp. 23 ss.], crítico com relação à teoria dos tipos de Russell (1994 [1908], pp. 75-80), tendo em vista que esta pretende banir "as voltas estranhas" e os paradoxos do interior da linguagem, levando à hierarquização entre metalinguagem e linguagem-objeto.

então se pode, sob o ponto de vista semiótico, compreender mais claramente tanto a distinção entre norma e texto constitucional quanto a insustentabilidade da concepção tradicional da supremacia hierárquica da Constituição.

Em conformidade com uma leitura sistêmico-teórica desse enfoque semiótico-lingüístico, cabe afirmar que o procedimento constituinte é apenas um dos processos de filtragem para a vigência jurídica das expectativas normativo-constitucionais: as expectativas diversas e contraditórias em relação ao texto constitucional já posto são filtradas ou selecionadas mediante as decisões concretizadoras da Constituição; somente então se pode falar de normas constitucionais vigentes. – Caso se queira, sob esse ângulo, insistir na dicotomia "direito/realidade constitucional", ela significa aqui a diferença entre direito constitucional *vigente* como *sistema* constitucional (complexo das expectativas normativas de comportamento filtradas através da legislação e concretização constitucionais, incluindo-se nele as respectivas comunicações) e realidade constitucional como *ambiente* da Constituição (totalidade das expectativas e comportamentos que se referem ao direito constitucional com base em outros códigos sistêmicos ou em determinações do "mundo da vida"). – Quanto maior é a complexidade social, tornam-se mais intensas as divergências entre as expectativas em torno do texto constitucional e varia mais amplamente o seu significado no âmbito da interpretação e aplicação. O que é válido para todos os textos normativo-jurídicos é particularmente relevante no domínio do direito constitucional, na medida em que ele é mais abrangente na dimensão social, material e temporal.

3. CONSTITUCIONALIZAÇÃO SIMBÓLICA EM SENTIDO NEGATIVO: INSUFICIENTE CONCRETIZAÇÃO NORMATIVO-JURÍDICA GENERALIZADA DO TEXTO CONSTITUCIONAL

Da exposição sobre a relação entre texto constitucional e realidade constitucional, pode-se retirar um primeiro elemento caracterizador da constitucionalização simbólica, o seu sentido negativo: o fato de que o texto constitucional não é suficientemente concretizado normativo-juridicamente de forma generalizada. Parte-se aqui do pressuposto da metódica jurídica normativo-estruturante (Müller) de que "do texto normativo mesmo – ao contrário da opinião dominante – não resulta nenhuma normatividade"[147]. Por outro lado, não faço uma distinção entre realização e concretização constitucionais[148]. Tal distinção só teria sentido se não incluíssemos no processo concretizador todos os órgãos estatais, cidadãos e organizações privadas, restringindo-o à construção da norma jurídica e da norma de decisão pelos órgãos encarregados estritamente da "interpretação-aplicação" normativa. A concretização constitucional abrange, contudo, tanto os participantes diretos do procedimento de interpretação-aplicação da Constituição quanto o "público"[149]. Nesse sentido, ela envolve o conceito de realização constitucional[150]. Mas não se trata simplesmente de um conceito sociológico, relevante apenas em uma perspectiva externa, pois tem implicações internas, ou seja, do ponto de vista da auto-observação do sistema jurídico[151]. E pode-se afirmar que a falta generalizada de concretização das normas constitucionais, como no caso da constitucionalização simbólica,

---

147. Jeand'Heur, 1989, p. 22.
148. Em sentido diverso, ver Canotilho, 1991, pp. 207-9.
149. Cf. Häberle, 1980b [1975], pp. 82 s., enumerando os participantes do procedimento de interpretação constitucional.
150. Não desconheço que, do ponto de vista estritamente técnico-jurídico, cabe distinguir entre a concretização enquanto processo de determinação da *norma jurídica* (reguladora do caso) e da *norma de decisão* (solucionadora do caso), de um lado, e a realização, referente aos atos de mera observância e execução do direito, de outro. Para os fins do presente trabalho, no qual as dimensões técnico-jurídica e sociológico-jurídica entrecruzam-se, não interessa essa distinção.
151. Quanto à distinção entre perspectiva interna ou auto-observação e perspectiva externa ou heteroobservação, em relação, respectivamente, à teoria do direito/dogmática jurídica e à sociologia do direito, ver Luhmann, 1989; 1986c, esp. p. 19; 1987b [1972], pp. 360 s.; Carbonnier, 1978, pp. 22 s. [trad. port., 1979, pp. 26 s.].

pode significar a própria impossibilidade de uma distinção entre abordagens internas e externas[152].

O problema não se restringe à desconexão entre disposições constitucionais e comportamento dos agentes públicos e privados, ou seja, não é uma questão simplesmente de eficácia como direcionamento normativo-constitucional da ação. Relativamente à constitucionalização simbólica, ele ganha sua relevância específica no plano da vigência social das normas constitucionais escritas, caracterizando-se por uma ausência generalizada de orientação das expectativas normativas conforme as determinações dos dispositivos da Constituição (ver *supra* Cap. I.8.4.). Ao texto constitucional falta, então, normatividade. Na linguagem da teoria dos sistemas, não lhe correspondem expectativas normativas congruentemente generalizadas (cf. *supra* nota 248 do Cap. I). Nas palavras da metódica normativo-estruturante, não há uma integração suficiente entre programa normativo (dados lingüísticos) e âmbito ou domínio normativo (dados reais). Não estão presentes as condições para o processo seletivo de construção efetiva do âmbito normativo a partir dos âmbitos da matéria e do caso, com respaldo nos elementos lingüísticos contidos no programa normativo. O âmbito da matéria – "o conjunto de todos os dados empíricos [...] que estão relacionados com a norma"[153] – não se encontra estruturado de tal maneira que possibilite o seu enquadramento seletivo no âmbito normativo. Ao texto constitucional não corresponde normatividade concreta nem normatividade materialmente determinada, ou seja, dele não decorre, de maneira generalizada, norma constitucional como variável influenciadora-estruturante e, ao mesmo tempo, influenciada-estruturada pela realidade a ela coordenada.

Na visão da teoria dos sistemas, o âmbito da matéria (econômico, político, científico, religioso, moral etc.) – orientado por outros códigos-diferença ("ter/não-ter", "poder/

---

152. Cf. Neves, 1992, pp. 206 s. e 210. Retorno a esse problema no Cap. III.
153. Christensen, 1989, p. 88.

não-poder", "verdadeiro/falso", "transcendente/imanente", "consideração/desprezo" etc.), sejam estes sistemicamente estruturados ou envolvidos no "mundo da vida"[154] – não estaria em condições de submeter-se a uma comutação seletiva por parte do código jurídico de diferença entre lícito e ilícito. Os procedimentos e argumentos especificamente jurídicos não teriam relevância funcional em relação aos fatores do ambiente. Ao contrário, no caso da constitucionalização simbólica ocorre o bloqueio permanente e estrutural da concretização dos critérios/programas jurídico-constitucionais pela injunção de outros códigos sistêmicos e por determinações do "mundo da vida", de tal maneira que, no plano constitucional, ao código "lícito/ilícito" sobrepõem-se outros códigos-diferença orientadores da ação e vivência sociais. Nessa perspectiva, mesmo que se admita a diferença entre constitucional e inconstitucional como código autônomo no interior do sistema jurídico[155], "o problema reside não apenas na constitucionalidade do direito, ele reside, primeiramente, já na juridicidade da Constituição"[156]. Pode-se

---

154. A noção de "mundo da vida" refere-se aqui à esfera das ações e vivências que não se encontram diferenciadas sistêmico-funcionalmente, implicando códigos de preferência difusos. Nesse sentido, a moral na acepção de Luhmann (1990c), como comunicação orientada pela diferença entre consideração e desprezo, faz parte do "mundo da vida". Não se trata da concepção habermasiana de "mundo da vida" como horizonte do "agir comunicativo", orientado para o entendimento intersubjetivo, embora eu também conceba o "mundo da vida" como espaço de agir e vivenciar não subordinado aos códigos/meios sistêmico-funcionais (cf. Habermas, 1982b, vol. II, pp. 171 ss., apontando para a diferenciação entre sistema e mundo da vida como processo de evolução social – pp. 229 ss.; 1973, pp. 9 s.). Por outro lado, não adoto o conceito luhmanniano de "mundo da vida" como "horizonte de possibilidades não-atualizadas" (Luhmann, 1988a, pp. 70 s., recorrendo a Husserl, 1982, pp. 52 ss., o qual definia o "mundo da vida", em contraposição ao mundo das idealidades, antes como "fundamento-de-sentido esquecido da ciência natural"). Para tal referência, parece-me mais adequado o termo "mundo", na medida em que alude à soma e unidade de todas as possibilidades que se apresentam ao sistema (Luhmann, 1987a [1984], p. 106, acrescentando, porém, que o mundo, ao atualizar-se em situações determinadas, atua como mundo da vida).
155. Cf. Luhmann, 1990a, pp. 188 s.
156. Luhmann, 1992, p. 3.

afirmar que a realidade constitucional, enquanto ambiente do direito constitucional, tem relevância "seletiva", ou melhor, destrutiva, em relação a essa parte do sistema jurídico.

Conforme uma leitura da concepção pluralista e "processual" da Constituição, tal como a formulou Häberle[157], é possível afirmar que o problema da constitucionalização simbólica está vinculado à não-inclusão de uma "esfera pública" pluralista no processo de concretização constitucional. Mas não apenas: além da ausência de um "público pluralista" como participante (em sentido lato) do processo de concretização constitucional, as disposições constitucionais não são relevantes para os órgãos estatais vinculados estritamente à sua interpretação-aplicação. Nesse sentido, não tem validade, no domínio da constitucionalização simbólica, a afirmativa de Hesse, baseada na experiência constitucional da (antiga) Alemanha Ocidental: "Na relação entre União e Estados-Membros [Ländern], na relação dos órgãos estatais entre si como em suas funções, a argumentação e discussão jurídico-constitucional desempenham um papel dominante."[158] Nas situações de constitucionalismo simbólico, ao contrário, a práxis dos órgãos estatais é orientada não apenas no sentido de "socavar" a Constituição (evasão ou desvio de finalidade), mas também no sentido de violá-la contínua e casuisticamente[159]. Dessa maneira, ao texto constitucional includente contrapõe-se uma realidade constitucional excludente do "público", não surgindo, portanto, a respectiva normatividade constitucional; ou, no mínimo, cabe falar de uma normatividade constitucional restrita, não generalizada nas dimensões temporal, social e material.

---

157. Além do artigo já citado no item 2.1. deste capítulo (Häberle, 1980b [1975]), ver, a propósito, os outros trabalhos publicados no mesmo livro (Häberle, 1980a.).

158. Hesse, 1984, p. 15 [trad. bras. 1991, p. 28].

159. Aqui me reporto a Grimm, 1989, col. 637, que distingue, com uma linguagem muito singular, entre "realidade constitucional socavante da Constituição" e "realidade constitucional violadora da Constituição".

4. CONSTITUCIONALIZAÇÃO SIMBÓLICA EM SENTIDO POSITIVO: FUNÇÃO POLÍTICO-IDEOLÓGICA DA ATIVIDADE CONSTITUINTE E DO TEXTO CONSTITUCIONAL

Embora do ponto de vista jurídico a constitucionalização simbólica seja caracterizada negativamente pela ausência de concretização normativa do texto constitucional, ela também tem um sentido positivo, na medida em que a atividade constituinte e a linguagem constitucional desempenham um relevante papel político-ideológico. Nesse sentido, exige um tratamento diferenciado das abordagens tradicionais referentes à "ineficácia" ou "não-realização" das normas constitucionais.

Aqui não se desconhece que também as "Constituições normativas" desempenham função simbólica, como bem enfatizaram Burdeau e Edelman, amparados, respectivamente, na experiência constitucional européia e norte-americana[160]; tampouco que a distinção entre "Constituição normativa" e "Constituição simbólica" é relativa, tratando-se "antes de dois pontos extremos de uma escala do que de uma dicotomia"[161]. Porém a função simbólica das "Constituições normativas" está vinculada à sua relevância jurídico-instrumental, isto é, a um amplo grau de concretização normativa generalizada das disposições constitucionais. Além de servir de expressão simbólica da "consistência", "liberdade", "igualdade", "participação" etc. como elementos caracterizadores da ordem política fundada na Constituição, é inegável que as "constituições normativas" implicam juridicamente um grau elevado de regulação da conduta e de orientação das expectativas de comportamento. Às respectivas disposições constitucionais correspondem, numa amplitude maior ou

---

160. Edelman, 1967, pp. 18 s.; Burdeau, 1962, p. 398, tratando da "dissolução do conceito de Constituição". Cf. também Massing, 1989, analisando a função simbólica da retórica das decisões do Tribunal Constitucional Federal na Alemanha; Habermas, 1992, p. 342 [trad. bras. 2003, vol. I, p. 349].

161. Bryde, 1982, p. 27.

menor, mas sempre de forma socialmente relevante, "expectativas normativas congruentemente generalizadas" (cf. nota 248 do Cap. I). O "simbólico" e o "instrumental" interagem reciprocamente para possibilitar a concretização das normas constitucionais. A Constituição funciona realmente como instância reflexiva de um sistema jurídico vigente e eficaz.

Já no caso da constitucionalização simbólica, à atividade constituinte e à emissão do texto constitucional não se segue uma normatividade jurídica generalizada, uma abrangente concretização normativa do texto constitucional[162]. Assim como já afirmei em relação à legislação simbólica (cf. item 6 do Cap. I), o elemento de distinção é também a hipertrofia da dimensão simbólica em detrimento da realização jurídico-instrumental dos dispositivos constitucionais. Portanto, o sentido positivo da constitucionalização simbólica está vinculado à sua característica negativa, já considerada no item anterior[163]. Sua definição engloba esses dois momentos: de um lado, sua função não é regular as condutas e orientar expectativas conforme as determinações jurídicas das respectivas disposições constitucionais; mas, de outro lado, ela responde a exigências e objetivos políticos concretos. "Isso

---

162. Grimm (2004, p. 454, nota 13) salienta com razão: "A Constituição simbólica nesse sentido não deve ser confundida, porém, com os efeitos simbólicos da Constituição normativa." Brodocz (2003, p. 24) ignora inteiramente essa distinção, ao afirmar confusamente em relação ao meu conceito de constitucionalização simbólica: "Com isso, ofusca-se sistematicamente a questão de se, para a sociedade moderna em geral e as democracias em particular, não se pode retirar do simbólico também um lado positivo e, até mesmo, constitutivo."

163. Nesse sentido (embora identifique eficácia e efetividade), afirma Villegas (1991, p. 12) com relação à experiência constitucional colombiana: "A eficácia simbólica do direito constitucional na Colômbia costuma apresentar-se combinada com uma ineficácia instrumental ou, o que é igual, com um fracasso na realização de seus objetivos explícitos." Mas esse autor generaliza indistintamente a noção de eficácia simbólica da Constituição nos termos da concepção "clássica" de política simbólica (ver *supra* Cap. I.3.): "O poder da Constituição – de todas as constituições – é fundamentalmente simbólico e não jurídico" (1991, p. 8). Subestima-se, assim, a relevância ou força regulativo-jurídica das "Constituições normativas".

pode ser a reverência retórica diante de determinados valores (democracia, paz). Pode tratar-se também de propaganda perante o estrangeiro."[164]

Considerada a questão desse ponto de vista, pode-se afirmar que a constitucionalização simbólica desempenha uma função ideológica. Nessa perspectiva, encontramo-nos na esfera do ideológico conforme a formulação de Habermas: "O que chamamos ideologia são exatamente as ilusões dotadas do poder das convicções comuns."[165] Não se trata de ideologia no sentido de Luhmann, que – como neutralização artificial de outras possibilidades[166] ou valoração de valores (mecanismo reflexivo)[167] – estaria a serviço da redução funcionalmente adequada da complexidade da sociedade contemporânea[168]; nos termos do conceito luhmanniano de ideologia, caberia afirmar, em relação ao problema ora analisado, que estamos diante da atuação unilateral dos aspectos "simbólicos" da ideologia, isto é, perante a falta de sua correspondente "função instrumental"[169]. Por outro lado, no presente trabalho a ideologia não é compreendida como deformação de uma verdade essencial, de modo nenhum como uma representação falsa do que "não não é"[170].

---

164. Bryde, 1982, p. 28, que cita a afirmação de um oficial superior de Bangladesh, antes das eleições de janeiro de 1979: "O Ocidente, e especialmente o Congresso dos EUA, gosta de que sejamos denominados de uma democracia. Isso torna para nós mais fácil receber ajuda" (*ibidem*, nota 6).

165. Habermas, 1987b [1976], p. 246 [trad. bras. 1980, p. 115].

166. Luhmann, 1962.

167. Luhmann, 1984c [1967], pp. 182 ss.

168. "Direito positivo e ideologia adquirem nos sistemas sociais uma função para a redução da complexidade do sistema e de seu ambiente" (Luhmann, 1984c [1967], p. 179).

169. Cf. Luhmann, 1984c [1967], p. 183.

170. Luhmann, 1962, pp. 436, 447 e *passim*, criticando tal concepção ontológica de ideologia, da qual faz parte a noção marxista de ideologia como "falsa consciência" (cf., p. ex., Marx e Engels, 1990 [1845-1846], esp. pp. 26 s.; Engels, 1985 [1877-1878], pp. 108 s.; 1986a [1890], esp. p. 563; 1986b [1893], p. 596). Um panorama das concepções de ideologia dominantes na tradição filosófica e científica ocidental encontra-se em Lenk (org.), 1972. A respeito, ver também a síntese de Topitsch, 1959. Quanto à relação entre direito e ideologia, ver, sob diversos pontos de vista, Maihofer (org.), 1969.

Em caso de constitucionalização simbólica, o problema "ideológico" consiste no fato de que se transmite um modelo cuja realização só seria possível sob condições sociais totalmente diversas. Dessa maneira, perde-se transparência em relação ao fato de que a situação social correspondente ao modelo constitucional simbólico só poderia tornar-se realidade mediante uma profunda transformação da sociedade. Ou o figurino constitucional atua como *ideal*, que através dos "donos do poder" e sem prejuízo para os grupos privilegiados deverá ser realizado, desenvolvendo-se, então, a fórmula retórica da boa intenção do legislador constituinte e dos governantes em geral[171].

O "Constitucionalismo aparente"[172] implica, nessas condições, uma representação ilusória em relação à realidade constitucional[173], servindo antes para imunizar o sistema político contra outras alternativas. Através dele, não apenas podem permanecer inalterados os problemas e relações que seriam normatizados com base nas respectivas disposições constitucionais[174], mas também ser obstruído o caminho das mudanças sociais em direção ao proclamado Estado Constitucional[175]. Ao discurso do poder pertencem, então, a invocação permanente do documento constitucional como estrutura normativa garantidora dos direitos fundamentais (civis, políticos e sociais), da "divisão" de poderes e da eleição

---

171. "É ingênuo acreditar que bastaria o legislador ordenar para que ocorresse, então, *o querido*" (Schindler, 1967, p. 66 – grifo meu). Mas, sob determinadas condições sociais, também é ingenuidade acreditar, como Schindler (p. 67), em "boas intenções" do legislador.

172. Grimm, 1989, col. 634.

173. Como já observei acima (Cap. I.7.3.), daí não decorre a concepção simplista do legislador constitucional e do público, respectivamente, como ilusor e iludido.

174. Cf. Bryde, 1982, pp. 28 s.

175. Cabe advertir, porém, que inclusive as "Constituições normativas" não podem solucionar diretamente os problemas sociais (cf. *supra* p. 39). Nesse sentido, enfatiza Grimm (1989, col. 638) que elas "não podem modificar diretamente a realidade, mas sim apenas indiretamente influenciá-la". Considera-se, então, a autonomia dos diversos domínios funcionais (col. 641). Cf. também Grimm (org.), 1990.

democrática, e o recurso retórico a essas instituições como conquistas do Estado ou do governo e provas da existência da democracia no país[176]. A fórmula ideologicamente carregada "sociedade democrática" é utilizada pelos governantes (em sentido amplo) *com* "Constituições simbólicas" tão regularmente como pelos seus colegas *sob* "Constituições normativas", supondo-se que se trata da mesma realidade constitucional. Daí decorre uma deturpação pragmática da linguagem constitucional, que, se, por um lado, diminui a tensão social e obstrui os caminhos para a transformação da sociedade, imunizando o sistema contra outras alternativas, pode, por outro lado, conduzir, nos casos extremos, à desconfiança pública no sistema político e nos agentes estatais. Nessa perspectiva, a própria função ideológica da constitucionalização simbólica tem os seus limites, podendo inverter-se, contraditoriamente, a situação, no sentido de uma tomada de consciência da discrepância entre ação política e discurso constitucionalista (cf. item 10 deste capítulo).

A constitucionalização simbólica vai diferenciar-se da legislação simbólica pela sua maior abrangência nas dimensões social, temporal e material. Enquanto na legislação simbólica o problema se restringe a relações jurídicas de domínios específicos, não sendo envolvido o sistema jurídico como um todo, no caso da constitucionalização simbólica esse sistema é atingido no seu núcleo, comprometendo-se toda a sua estrutura operacional. Isso porque a Constituição, enquanto instância reflexiva fundamental do sistema jurídico (ver subitem 1.3.C deste capítulo), apresenta-se como metalinguagem normativa em relação a todas as normas infraconstitucionais, representa o processo mais abrangente de normatização no interior do direito positivo. Caso não seja construída normatividade constitucional suficiente durante o processo de concretização, de tal maneira que ao texto

---

176. "Hoje, no mundo inteiro, não deve haver mais quase nenhum Estado que não dê valor a ser qualificado de democracia e, como tal, reconhecido internacionalmente" (Krüger, 1968, p. 23).

constitucional não corresponda estrutura normativa como conexão entre programa e âmbito normativos, a legislação ordinária como linguagem-objeto fica prejudicada em sua normatividade. Como será visto no Cap. III, o próprio processo de reprodução operacional-normativa do direito é generalizadamente bloqueado nos casos de constitucionalização simbólica.

Também não se confunde o problema da constitucionalização simbólica com a ineficácia de alguns dispositivos específicos do diploma constitucional, mesmo que, nesse caso, a ausência de concretização normativa esteja relacionada com a função simbólica. É sempre possível a existência de disposições constitucionais com efeito simplesmente simbólico, sem que daí decorra o comprometimento do sistema constitucional em suas linhas mestras. Fala-se de constitucionalização simbólica quando o problema do funcionamento hipertroficamente político-ideológico da atividade e texto constitucionais afeta os alicerces do sistema jurídico constitucional. Isso ocorre quando as instituições constitucionais básicas – os direitos fundamentais (civis, políticos e sociais), a "separação" de poderes e a eleição democrática – não encontram ressonância generalizada na práxis dos órgãos estatais nem na conduta e expectativas da população. Mas sobretudo no que diz respeito ao princípio da igualdade perante a lei, o qual implica a generalização do código "lícito/ ilícito", ou seja, a inclusão de toda a população no sistema jurídico[177], caracterizar-se-á de forma mais clara a constitucionalização simbólica. Pode-se afirmar que, ao contrário da generalização do direito que decorreria do princípio da igualdade, proclamado simbólico-ideologicamente na Constituição, a "realidade constitucional" é então particularista,

---

177. "O princípio da igualdade não significa que todo o mundo deve ter os mesmos direitos (em tal caso tornar-se-ia inconcebível o caráter do direito como direito), mas que a ordem jurídica de uma sociedade diferenciada deve ser generalizada de acordo com determinadas exigências estruturais" (Luhmann, 1965, p. 165). Especificamente a respeito do "princípio da igualdade como forma e como norma", ver Luhmann, 1991a; cf. também 1993a, pp. 110 ss.

inclusive no que concerne à prática dos órgãos estatais. Ao texto constitucional simbolicamente includente contrapõe-se a realidade constitucional excludente. Os direitos fundamentais, a "separação" de poderes, a eleição democrática e a igualdade perante a lei, institutos previstos abrangentemente na linguagem constitucional, são deturpados na práxis do processo concretizador, principalmente com respeito à generalização, à medida que se submetem a uma filtragem por critérios particularistas de natureza política, econômica etc. Nesse contexto só caberia falar de normatividade restrita e, portanto, excludente, particularista, em suma, contrária à normatividade generalizada e includente proclamada no texto constitucional. Mas as "instituições jurídicas" consagradas no texto constitucional permanecem relevantes como referências simbólicas do discurso do poder.

Por fim, cabe advertir que não se confunde aqui o simbólico com o "ideológico". Inegavelmente, o simbólico da legislação pode ter um papel relevante na tomada de consciência e, portanto, efeitos "emancipatórios". Lefort aponta para a relevância das declarações "legais" dos "direitos do homem" no Estado democrático de direito, cuja função simbólica teria contribuído para a conquista e ampliação desses direitos[178]. Mas no caso da constitucionalização simbólica, principalmente enquanto constitucionalização-álibi, ocorre antes uma intersecção entre simbólico e ideológico do que um processo crítico de desenvolvimento da "consciência jurídica", na medida em que se imuniza o sistema político contra outras possibilidades e transfere-se a solução dos problemas para um futuro remoto.

5. TIPOS DE CONSTITUCIONALIZAÇÃO SIMBÓLICA. CONSTITUIÇÃO COMO ÁLIBI

Partindo da tipologia da legislação simbólica já tratada acima (Cap. I.7.), pode-se classificar também a constitucio-

---

178. Cf. Lefort, 1981, pp. 67 ss. e 82 (trad. bras. 1987, pp. 56 ss. e 68).

nalização simbólica em três formas básicas de manifestação: 1) a constitucionalização simbólica destinada à corroboração de determinados valores sociais; 2) a Constituição como fórmula de compromisso dilatório; 3) a constitucionalização-álibi.

No primeiro caso, apresentam-se os dispositivos constitucionais que, sem relevância normativo-jurídica, confirmam as crenças e *modus vivendi* de determinados grupos, como seria o caso da afirmação de princípios de "autenticidade" e "negritude" nos países africanos após a independência, a que se refere Bryde[179]. Mas aqui não se trata exatamente do problema abrangente do comprometimento das instituições constitucionais básicas, ou seja, do bloqueio na concretização das normas constitucionais concernentes aos direitos fundamentais, "divisão de poderes", eleições democráticas e igualdade perante a lei. Constitui simbolismos específicos, muitas vezes vinculados a textos constitucionais autocráticos, de tal maneira que não cabe, a rigor, falar de constitucionalização simbólica.

No que se refere ao segundo tipo, é representativa a análise da Constituição de Weimar (1919) por Schmitt, que releva o seu caráter de compromisso[180], distinguindo, porém, os compromissos "autênticos" dos "não autênticos" ou "compromissos-fórmula dilatórios"[181]. Conforme a concepção decisionista de Constituição (cf. nota 38 deste capítulo), sustenta-se, então, que os compromissos autênticos destinam-se à "regulação e ordenação objetiva" de certos assuntos controversos, "mediante transações" em torno da organização e do conteúdo da Constituição[182]. Os "compromissos-fórmula dilatórios" ou "não autênticos", ao contrário, não levariam a uma decisão objetiva alcançada através de transações, servindo exatamente para afastá-la e adiá-la[183]. O compro-

---

179. Bryde, 1987, p. 37. Ver também *supra* p. 35.
180. Schmitt, 1970 [1928], pp. 28-36 [trad. esp. 1970, pp. 33-41].
181. Schmitt, 1970 [1928], pp. 31-6 [trad. esp. 1970, pp. 36-41].
182. Schmitt, 1970 [1928], p. 31 [trad. esp. 1970, p. 36].
183. *Ibidem*.

misso objetivaria "encontrar uma fórmula que satisfaça todas as exigências contraditórias e deixe indecisa em uma expressão anfibológica a questão litigiosa mesma"[184]. Assim sendo, qualquer dos partidos inconciliáveis pode recorrer às respectivas disposições constitucionais, sem que daí possa decorrer uma interpretação jurídica convincente[185]. Mas Schmitt enfatizava que a questão dos compromissos-fórmula dilatórios atingia apenas particularidades da regulação legal-constitucional[186]. Conforme o modelo decisionista, ele concluía: "Se a Constituição de Weimar não contivesse nada mais que tais compromissos dilatórios, seria ilusório seu valor e teria de admitir-se que as decisões políticas fundamentais recaíram *fora* dos procedimentos e métodos constitucionalmente previstos."[187] Porém, nessa hipótese, não estaríamos mais no domínio estrito dos compromissos-fórmula dilatórios – que sempre podem surgir em qualquer processo de constitucionalização, implicando função simbólica de aspectos parciais da Constituição –, senão perante o problema mais abrangente da constitucionalização-álibi, que compromete todo o sistema constitucional. Daí por que restrinjo a questão da constitucionalização simbólica aos casos em que a própria atividade constituinte (e reformadora), o texto constitucional e o discurso a ele referente funcionam, antes de tudo, como álibi para os legisladores constitucionais e governantes (em sentido amplo), como também para de-

---

184. Schmitt, 1970 [1928], pp. 31 s. [trad. esp. 1970, p. 36].
185. Schmitt, 1970 [1928], pp. 34 s. [trad. esp. 1970, p. 39].
186. Ou seja, só afetaria a Constituição em sentido *relativo* "como uma pluralidade de leis particulares" (Schmitt, 1970 [1928], pp. 11-20 [trad. esp. 1970, pp. 13-23]), não a Constituição em sentido *positivo* "como decisão de conjunto sobre modo e forma da unidade política" (1970 [1928], pp. 20 ss. [trad. esp. 1970, pp. 23 ss.]), que tem predominância no modelo decisionista (cf. nota 38 deste capítulo). Schmitt também diferencia os conceitos *absoluto* e *ideal* de Constituição, que se referem, respectivamente, à "Constituição como um todo unitário", seja este a "concreta maneira de ser" da unidade política ou "um sistema de normas supremas e últimas" (pp. 3 ss.), e à "verdadeira" Constituição como resposta a um modelo político-ideológico determinado (pp. 36-41 [trad. esp. pp. 41-7]). Cf. *supra* nota 14 deste capítulo e pp. 40 s.
187. Schmitt, 1970 [1928], p. 35 [trad. esp. 1970, p. 40].

tentores de poder não integrados formalmente na organização estatal.

Já em 1962, em seu artigo sobre a "dissolução do conceito de Constituição", Burdeau referia-se à Constituição como "álibi" e "símbolo"[188]. Contudo, sob tais rubricas, incluíam-se situações as mais diversas, como, no caso das democracias ocidentais, "a incapacidade do parlamento perante os problemas da economia planificada e do controle da vida econômica", e "a inutilidade das normas que devem garantir a estabilidade do regime"[189]. De outro lado, considerava o problema da Constituição como "símbolo" nos Estados africanos que, então, haviam conquistado recentemente a independência formal[190]. Este caso distinguia-se radicalmente daquele, que Loewenstein denominara "desvalorização da Constituição escrita na democracia constitucional"[191]. Tal situação, considerada como uma crise no segundo pós-guerra, resultava dos *limites* do direito constitucional em uma sociedade altamente complexa, na qual *outros* mecanismos reflexivos, códigos autônomos e sistemas autopoiéticos surgiam e desenvolviam-se[192]. A Constituição não perdia estruturalmente sua força normativa e, portanto, o direito positivo não era generalizadamente bloqueado na sua reprodução operacional[193]. Nos Estados que se formavam, então, na África, tratava-se da falta de condições sociais mínimas para a concretização constitucional e, por conseguinte, da ausência dos pressupostos para a construção do direito positivo como esfera funcional autônoma. O texto

---

188. Burdeau, 1962, p. 398.
189. *Ibidem*.
190. Burdeau, 1962, pp. 398 s.
191. Loewenstein, 1975, pp. 157-66.
192. Cf. Grimm, 1987a, p. 73, evidentemente com outra formulação. Ver também Grimm (org.), 1990, onde se discute o problema da ampliação das tarefas estatais em face da redução da capacidade reguladora do direito. Quanto ao conceito de sistema autopoiético, ver *infra* Cap. III.1.
193. O próprio Loewenstein referia-se antes ao problema da "judicialização da política", considerando especialmente a experiência do Tribunal Constitucional da República Federal da Alemanha (1975, pp. 261 ss.).

constitucional, a sua produção e o respectivo discurso em torno dele atuavam amplamente como álibi simbólico para os novos governantes.

A compreensão da constitucionalização simbólica como álibi em favor dos agentes políticos dominantes e em detrimento da concretização constitucional encontra respaldo nas observações de Bryde a respeito, também, da experiência africana: as "Constituições simbólicas", em oposição às "normativas", fundamentam-se sobretudo nas "pretensões (correspondentes a necessidades internas ou externas) da elite dirigente pela representação simbólica de sua ordem estatal"[194]. Delas não decorre nenhuma modificação real no processo de poder. No mínimo, há um adiamento retórico da realização do modelo constitucional para um futuro remoto, como se esta fosse possível sem transformações radicais nas relações de poder e na estrutura social.

6. A CONSTITUCIONALIZAÇÃO SIMBÓLICA E O MODELO CLASSIFICATÓRIO DE LOEWENSTEIN

Conforme a sua relação com a realidade do processo de poder, as Constituições foram classificadas por Loewenstein em três tipos básicos: "normativas", "nominalistas" e "semânticas"[195]. As Constituições "normativas" seriam aquelas que direcionam realmente o processo de poder, de tal maneira que as relações políticas e os agentes de poder ficam sujeitos às suas determinações de conteúdo e ao seu controle procedimental. As Constituições "nominalistas", apesar de conterem disposições de limitação e controle da dominação política, não teriam ressonância no processo real de poder, inexistindo suficiente concretização constitucional.

---

194. Bryde, 1982, p. 29.
195. Cf. Loewenstein, 1975, pp. 151-7; 1956, pp. 222-5. Os argumentos que seguem foram retirados de uma exposição anterior em que propus uma releitura da classificação de Loewenstein (Neves, 1992, pp. 65-71).

Já as Constituições "semânticas" seriam simples reflexos da realidade do processo político, servindo, ao contrário das "normativas", como mero instrumento dos "donos do poder", não para sua limitação ou controle. Trata-se de conceitos típico-ideais no sentido de Weber[196], de tal maneira que na realidade social haveria vários graus de normatividade, "nominalismo" e "semantismo" constitucional, caracterizando-se a respectiva Constituição pela predominância de um desses aspectos.

A classificação de Loewenstein refere-se mais precisamente à função da atividade constituinte (ou reformadora da Constituição) e linguagem constitucional, especialmente perante o processo político, ou, simplesmente, à relação entre texto e realidade constitucional[197]. Se ao texto da Constituição corresponde, de forma generalizada, normatividade constitucional, então se fala de "Constituição normativa". Isso não significa que entre normas constitucionais e realidade do processo de poder haja uma perfeita concordância. Tensões entre realidade e leis constitucionais estarão sempre presentes[198]. "Distância da realidade" é inerente à normatividade da Constituição e condição de autonomia do respectivo sistema jurídico[199]. O que caracteriza especificamente a "Constituição normativa" é a sua atuação efetiva como mecanismo generalizado de filtragem da influência do poder político sobre o sistema jurídico, constituindo-se em mecanismo reflexivo do direito positivo. Ao texto constitucional corresponderiam, então, "expectativas normativas congruentemente generalizadas". Na medida em que a "Constituição

---

196. Cf. Neves, 1992, pp. 110 s. A respeito do conceito de tipo ideal, ver Weber, 1973 [1904], pp. 190-212; 1968a, pp. 67-9, 157-9 e 163-5. Ver também *infra* Cap. III.6.

197. De acordo com a terminologia de Mecham (1959), trata-se do relacionamento entre "a Constituição nominal" (texto) e "a Constituição real ou operativa" (realidade constitucional).

198. Ronneberger, 1968, p. 426.

199. "A Constituição toma [...] distância da realidade e ganha, só a partir daí, a capacidade de servir de critério de conduta e julgamento para a política" (Grimm, 1989, col. 635). "Distância da realidade" significa aqui "autonomia perante o ambiente".

normativa" se enquadra no conceito estritamente moderno de Constituição já acima analisado (subitem 1.3. deste capítulo), não estamos evidentemente diante de situações de constitucionalização simbólica.

O problema surge no âmbito das "Constituições nominalistas". Nela há uma discrepância radical entre práxis do poder e disposições constitucionais, um bloqueio político da concretização constitucional, obstaculizador da autonomia operativa do sistema jurídico. Como observa Loewenstein, "essa situação não deve, contudo, ser confundida com o fenômeno bem conhecido de que a práxis constitucional difere da letra da Constituição"[200]. Metamorfose através de interpretação/aplicação ou concretização é imprescindível à subsistência e estabilidade das "Constituições normativas", e à sua adequação à realidade social circundante (cf. nota 144 deste capítulo). Nas "Constituições nominalistas", ao contrário, ocorre o bloqueio generalizado do seu processo concretizador, de tal maneira que o texto constitucional perde relevância normativo-jurídica diante das relações de poder. Faltam os pressupostos sociais para a realização de um possível conteúdo normativo (resultado da concretização) a partir do texto constitucional. Loewenstein acentua esse aspecto negativo, apontando para a possibilidade de evolução política no sentido da realização do modelo constitucional: a Constituição é comparada metaforicamente a um terno temporariamente pendurado no guarda-roupa, devendo ser usado quando o corpo nacional crescer correspondentemente[201]. Não se apercebe, assim, da função simbólico-ideológica das "Constituições nominalistas". Ao contrário, aponta para a esperança de realização futura da Constituição, fundada na *boa vontade* dos detentores e destinatários do poder[202]. E, no sentido positivo, atribui-se às "Constituições nominalistas" uma função primariamente educativa[203].

---

200. Loewenstein, 1975, p. 152; cf. também 1956, p. 223.
201. Loewenstein, 1975, p. 153; cf. também 1956, p. 223.
202. Loewenstein, 1975, p. 153.
203. *Ibidem.*

A respeito dessa posição "modernizadora" de Loewenstein em relação ao "nominalismo constitucional", orientada por um esquema evolutivo linear, é bem pertinente a crítica de Bryde de que ela remontaria à interpretação incorreta, difundida nos anos cinqüenta e sessenta, do papel das camadas dirigentes dos países em desenvolvimento, caracterizadas, então, como elites idealistas e modernizadoras[204]. A experiência parece ter ensinado algo bem diverso. O objetivo das "Constituições nominalistas" não é – inversamente do que sustentava Loewenstein – "tornarem-se normativas no futuro próximo ou distante"[205]. Ao contrário: há muitos elementos favoráveis à afirmativa de que os "donos do poder" e grupos privilegiados não têm interesse numa mudança fundamental das relações sociais, pressuposto para a concretização constitucional. Contudo o discurso do poder invoca, simbolicamente, o documento constitucional "democrático", o reconhecimento dos direitos fundamentais, a eleição livre e democrática etc., como conquistas do governo ou do Estado. Os textos das "Constituições nominalistas" e "normativas" contêm basicamente o mesmo modelo institucional: direitos fundamentais, "divisão de poderes", eleição democrática, igualdade perante a lei e também dispositivos do Estado de bem-estar. Embora tal fato tenha muito pouco significado para se classificarem os respectivos países no mesmo grupo – "sociedade democrática" –, essa fórmula, repita-se, é usada tão freqüentemente pelos agentes governamentais *com* "Constituições nominalistas" como pelos seus colegas *sob* "Constituições normativas". Estes estão efetivamente envolvidos em uma linguagem constitucional em que se implicam relevante e reciprocamente os aspectos simbólicos e jurídico-instrumentais, contribuindo ambos complementarmente para a funcionalidade da Constituição. Aqueles estão comprometidos com uma linguagem constitucional hipertroficamente simbólica, à qual não corresponde concretização normativa generalizada e includente.

---

204. Bryde, 1982, p. 28, nota 4.
205. Loewenstein, 1975, p. 153.

Em relação às "Constituições semânticas", cabe inicialmente uma mudança de denominação, uma vez que na classificação de Loewenstein o termo "semântico" é empregado sem quase nenhuma conexão com o seu sentido habitual, podendo contribuir para equívocos. Considerando que elas foram designadas "instrumentos" dos detentores do poder[206], parece mais adequada a expressão "Constituições instrumentalistas". Com isso não se desconhece que também as "Constituições normativas" são importantes instrumentos da política; mas elas são, além disso, mecanismos para o controle e a limitação da atividade política. Nos casos de "Constituições instrumentalistas", ao contrário, os "donos do poder" utilizam os textos ou leis constitucionais como puros meios de imposição da dominação, sem estarem normativamente vinculados a tais mecanismos: o "soberano" dispõe dos "instrumentos" e pode, sem nenhuma limitação jurídica, reformá-los ou substituí-los.

As "Constituições instrumentalistas", ao contrário das "nominalistas", correspondem à realidade do processo de poder, mas, por outro lado, em oposição às "normativas", não têm nenhuma reação contrafáctica (normativa) relevante sobre a atividade dos ocasionais detentores do poder. É o caso das experiências autocráticas contemporâneas, sejam autoritárias ou totalitárias[207]. A "Carta" ou outras "leis constitucionais" servem primariamente, então, à instrumentalização unilateral do sistema jurídico pelo político. Portanto, a negação da autonomia da esfera jurídica já se exprime

---

206. Cf. Loewenstein, 1975, pp. 153 s.; 1956, p. 223.
207. A respeito, ver Loewenstein, 1975, pp. 52 ss., distinguindo na autocracia dois tipos básicos: o autoritarismo, que se refere à estrutura governamental e contenta-se com o controle político do Estado (p. 53); o totalitarismo, que diz respeito à ordem total da sociedade (p. 55). Ou seja, enquanto o autoritarismo implica diretamente a sobreposição desdiferenciante do sistema político ao jurídico, só atingindo a autonomia dos demais sistemas sociais à medida que, no âmbito deles, o poder político seja posto criticamente em questão, o totalitarismo importa a politização desdiferenciante de todos os domínios sociais, com a pretensão manifesta de eliminar-lhes qualquer autonomia (Neves, 1992, p. 70).

manifesta e diretamente no momento da edição dos textos ou leis constitucionais, ao passo que no "nominalismo constitucional" o bloqueio da reprodução autônoma do direito positivo emerge basicamente no processo concretizador. É verdade que não se pode excluir a função hipertroficamente simbólica de aspectos das "Constituições instrumentalistas": declaração de direitos fundamentais, eleição política e outras instituições do Estado constitucional podem pertencer ao seu conteúdo lingüístico. Mas essa função é secundária e não lhe constitui o traço distintivo. Da própria "Carta" ou de outras leis constitucionais já resulta que as instituições constitucionalistas adotadas não têm nenhum significado, principalmente porque ficam subordinadas a princípios superiores, como "razão de Estado" ou "segurança nacional". Com as palavras de Burdeau, pode-se dizer que, enquanto a "Constituição nominalista" representa um "álibi", a "Constituição instrumentalista" é "apenas arma na luta política"[208]. Característico da primeira é a função hipertroficamente simbólica ou político-ideológica do "texto constitucional", da segunda, a instrumentalização unilateral do direito pelo sistema político (orientado primariamente pelo código-diferença "poder superior/inferior") mediante a emissão/reforma casuística de "Cartas" ou "leis constitucionais".

7. CONSTITUIÇÃO SIMBÓLICA *VERSUS* "CONSTITUIÇÃO RITUALISTA"

Bryde formulou a distinção entre Constituições "relevantes" e Constituições "ritualistas"[209]. Nessa classificação,

---

208. Burdeau, 1962, pp. 398 s. Mais tarde, Luhmann (1990a, pp. 213 s.) fala analogamente de leis constitucionais que "só podem ser tomadas em consideração como meio de luta ou como meio de 'política simbólica'". Na perspectiva do estruturalismo marxista poderia afirmar-se: enquanto a "Constituição nominalista" desempenha primariamente um papel ideológico, a "Constituição instrumentalista" preenche sobretudo uma função repressiva (cf. Althusser, 1976, pp. 81 ss.; Poulantzas, 1978, pp. 31-8 [trad. bras. 1985, pp. 33-40]).

209. Cf. Bryde, 1982, pp. 29-33.

não se trata exatamente do problema da correspondência da conduta às determinações do diploma normativo constitucional, mas sim da significação procedimental dos comportamentos que se conformam ao texto constitucional. Não é de excluir "que disposições constitucionais sejam observadas literal e formalisticamente, mas, apesar disso, não regulem o processo político"[210]. Nesse caso, a práxis correspondente ao texto constitucional atingiria (como "ritual") apenas a superfície do processo político, não abrangendo os seus aspectos "relevantes"[211].

Em tal classificação também não se configuraria uma dicotomia entre Constituições "ritualistas" e "relevantes", mas antes uma escala variável entre dois casos-limite[212]. É a predominância de um dos aspectos que possibilita o enquadramento da Constituição em um dos dois tipos. Traços "ritualísticos" encontram-se em qualquer ordem constitucional[213]. O que caracteriza as Constituições "ritualistas" é o fato de que, em suas linhas mestras da regulação procedimental, "as ações constitucionalmente prescritas para a produção e o exercício da vontade estatal são na verdade praticadas, mas as decisões são tomadas realmente de maneira inteiramente diferente"[214]. Então, em vez de *procedimentos* regulados pelo direito constitucional, apresentam-se formas "ritualistas". Nesse sentido, observa Luhmann, em relação à legitimação procedimental, que "a forma não pode congelar-se em um cerimonial que é representado como um torneio, enquanto os conflitos reais são resolvidos ou não de outra maneira"[215]. Os procedimentos formalmente previstos no texto constitucional transformam-se assim em práxis "ritualista", não atuando realmente como mecanismos de seleção jurídica das expectativas e dos comporta-

---

210. Bryde, 1982, p. 29.
211. *Ibidem*.
212. Bryde, 1982, p. 30.
213. Cf. Bryde, 1982, pp. 30-2.
214. Bryde, 1982, pp. 29 s.
215. Luhmann, 1983a [1969], p. 102 [trad. bras. 1980, p. 87].

mentos políticos, o que só se consumará no plano da "Constituição material".

O que torna problemática a classificação de Bryde é o caráter muito abrangente da categoria "Constituições ritualistas", na qual se incluem tanto a experiência constitucional inglesa como um exemplo-padrão quanto as "Constituições semânticas" no sentido de Loewenstein, que prefiro designar de "instrumentalistas"[216]. Mas, no caso do "instrumentalismo", as leis constitucionais, outorgadas e reformadas casuisticamente conforme a concreta constelação de poder, são efetivadas através de uma práxis politicamente *relevante*. Embora também se encontrem elementos ritualistas (eleições, reuniões parlamentares etc.), elas distinguem-se enquanto estabelecem mecanismos políticos para a manutenção do *status quo* autoritário ou totalitário (cf. nota 207 deste capítulo). O conceito de ritualismo constitucional estaria mais adequado, portanto, à relação entre parlamento/regime e Coroa na experiência inglesa mais recente: "o programa governamental é proclamado pela rainha como sua própria declaração de vontade, nenhuma lei pode surgir sem *royal assent*, decretos (*Orders-in-Council*) são baixados pela rainha em um cerimonial da corte", de tal maneira que o direito constitucional britânico seria ainda o de uma monarquia limitada[217]. Entretanto, os rituais da Coroa apenas proclamam solenemente decisões políticas predeterminadas mediante os procedimentos do sistema parlamentarista.

Do exposto observa-se que a noção de "Constituição ritualista" não se confunde com o conceito de "Constituição simbólica". Enquanto a primeira categoria diz respeito ao problema da irrelevância de práticas jurídico-constitucionais efe-

---

216. Cf. Bryde, 1982, pp. 32 s. Portanto, não se justifica a crítica de Bryde (pp. 29 s., nota 12) ao caráter muito abrangente do conceito de "Constituição semântica" em Loewenstein; a categoria das "Constituições ritualistas" é bem mais ampla e vaga, pois incluem-se nela expressamente, ao lado da Constituição britânica como exemplo-padrão, as "Constituições semânticas" no sentido de Loewenstein (cf. Bryde, 1982, p. 33, nota 24).

217. Bryde, 1982, p. 32.

tivas, inclusive costumeiras, para o processo de "formação da vontade estatal", no segundo caso a questão refere-se à não-concretização normativo-jurídica do texto constitucional, o qual, porém, exerce uma função simbólica no âmbito do sistema político. Muitas das críticas em relação ao Estado constitucional da Europa Ocidental e da América do Norte, embora utilizem o termo "simbólico", apontam antes para aspectos ritualísticos da práxis constitucional. Salienta-se, por exemplo, que em eleições de sistemas distritais majoritários, em face das condições políticas e socioeconômicas, pode-se antever com segurança o resultado; e também se acentua o caso-limite da antecipação do processo de decisão parlamentar pela burocracia ministerial[218]. Mas em tais hipóteses o processo (ritual) eleitoral e legislativo é realizado conforme as determinações constitucionais. A "constitucionalização simbólica", ao contrário, configura-se somente nas situações em que os procedimentos eleitorais, legislativos, judiciais e administrativos, como também o comportamento dos grupos e indivíduos em geral, descumprem as disposições constitucionais ou delas desviam-se, de tal maneira que o discurso constitucionalista torna-se, antes de tudo, um álibi.

8. CONSTITUCIONALIZAÇÃO SIMBÓLICA E NORMAS CONSTITUCIONAIS PROGRAMÁTICAS

O problema da constitucionalização simbólica tem sido freqüentemente encoberto através da deformação do conceito jurídico-dogmático de normas constitucionais programáticas. Trata-se de uma confusão prejudicial tanto às abordagens dogmáticas quanto extradogmáticas.

Superada a doutrina distintiva das cláusulas constitucionais mandatórias (obrigatórias) e diretórias (facultativas)[219],

---

218. Bryde, 1982, pp. 30 s.
219. Essa distinção remonta à jurisprudência e doutrina norte-americana do século XIX. Cf. Cooley, 1898, p. 390.

impôs-se no plano dogmático a concepção da vinculatoriedade jurídica de todas as normas constitucionais[220]. As normas programáticas seriam, pois, normas de "eficácia limitada", não servindo à regulação imediata de determinados interesses, mas estabelecendo a orientação finalística dos órgãos estatais[221]. "A legislação, a execução e a própria justiça" – afirmava Pontes de Miranda – "ficam sujeitas a esses ditames, que são como programas dados à sua função."[222] Nesse sentido, os agentes estatais não podem propor ou executar outro programa[223], nem sequer agir contra o programa constitucional. Daí por que o descumprimento de normas programáticas pode suscitar o problema do controle da constitucionalidade da respectiva ação (ou omissão) de órgãos do Estado[224].

Sem desconhecer, portanto, que o sistema jurídico inclui programas finalísticos[225], parece-me, porém, que não cabe atribuir a falta de concretização normativa de determinados dispositivos constitucionais simplesmente ao seu caráter programático. Em primeiro lugar, deve-se observar que a vigência social (congruente generalização) de normas constitucionais programáticas depende da existência das possibilidades estruturais de sua realização. A própria noção de programa implica a sua realizabilidade no contexto social das expectativas e comunicações que ele se propõe a

---

220. Cf. Ghigliani, 1952, pp. 3 s.; Silva, 1982, pp. 61-3; Bittencourt, 1968, pp. 56-60; Buzaid, 1968, pp. 48 s.; Campos, 1956, pp. 392 ss.; Mello, 1968, p. 92; Mendes, 1990, pp. 28 ss.
221. Cf. Silva, 1982, pp. 126 ss. É evidente que aqui se trata de eficácia em sentido técnico-jurídico. Ver *supra* Cap. I.8.1.
222. Pontes de Miranda, 1960, p. 111; cf. 1970, p. 127.
223. "Algo do que era político, partidário, programa, entrou no sistema jurídico: cerceou-se, com isso, a atividade dos legisladores futuros, que, no assunto programado, não podem ter outro programa" (Pontes de Miranda, 1960, pp. 111 s.; cf. 1970, p. 127).
224. Cf. Neves, 1988, pp. 101-3; Silva, 1982, pp. 141-3 e 146.
225. Cf. Luhmann, 1987b [1972], p. 241. Contudo o direito positivo emprega primariamente "programas condicionais"; ver Luhmann, 1987b [1972], pp. 227-34; 1981b [1970], pp. 140-3; 1981c [1969], pp. 275 ss.; 1973a, pp. 88 ss. (esp. p. 99).

direcionar ou reorientar. Por exemplo: através da normatização "programática" dos "direitos sociais fundamentais" dos cidadãos, os sistemas constitucionais das democracias ocidentais européias emergentes nos dois pós-guerras respondiam, com ou sem êxito[226], a tendências estruturais em direção ao *welfare state*. Pressupunha-se a realizabilidade das normas programáticas no próprio contexto das relações de poder que davam sustentação ao sistema constitucional.

Outra é a situação no caso da constitucionalização simbólica. As disposições programáticas não respondem, então, a tendências presentes nas relações de poder que estruturam a realidade constitucional. Ao contrário, a realização do conteúdo dos dispositivos programáticos importaria uma transformação radical da estrutura social e política. Além do mais, a rejeição ou deturpação das normas programáticas no plano do processo concretizador não resulta apenas da omissão, mas também da ação dos órgãos estatais. Diante das injunções do "ambiente" social da Constituição[227], especialmente das relações econômicas e políticas, a ação dos agentes estatais encarregados de executar as disposições programáticas dirige-se freqüentemente no sentido oposto ao do aparente programa[228]. Portanto, a questão não se diferencia, em princípio, do problema do bloqueio da concretização normativa (falta de normatividade) dos demais dispositivos constitucionais. Mas é através das chamadas "normas programáticas de fins sociais" que o caráter hipertroficamente simbólico da linguagem constitucional apresenta-se de forma mais marcante. Embora constituintes, legisladores

---

226. Com êxito, as Constituições francesa de 1946, italiana de 1947 e federal alemã de 1949; sem êxito, a Constituição de Weimar (1919).

227. Cabe observar que, nessas condições, a própria diferença funcional entre sistema e ambiente perde significado. A respeito, ver Neves, 1992; 1995.

228. Daí por que não se trata simplesmente de uma questão de *omissão* inconstitucional a ser suprida por mandado de injunção (art. 5º, inciso LXXI, da Constituição brasileira) ou pela respectiva ação direta de inconstitucionalidade (art. 103, § 2º, da Constituição brasileira; art. 283 da Constituição portuguesa). Cf. Neves, 1992, pp. 158 s.

e governantes em geral não possam, através do discurso constitucionalista, encobrir a realidade social totalmente contrária ao *welfare state* proclamado no texto da Constituição, invocam na retórica política os respectivos princípios e fins programáticos, encenando o envolvimento e interesse do Estado na sua consecução. A constitucionalização simbólica está, portanto, intimamente associada à presença excessiva de disposições constitucionais pseudoprogramáticas. Dela não resulta normatividade programático-finalística, antes o diploma constitucional atua como um álibi para os agentes políticos. Os dispositivos pseudoprogramáticos só constituem "letra morta" em um sentido exclusivamente normativo-jurídico, sendo relevantes na dimensão político-ideológica do discurso constitucionalista-social.

9. CONSTITUCIONALIZAÇÃO-ÁLIBI E "AGIR COMUNICATIVO"

Tendo em vista que a constitucionalização implica a atividade constituinte e o processo de concretização constitucional, portanto, uma conexão de ações "intersubjetivas", é possível uma leitura do problema da constitucionalização simbólica a partir da teoria dos "atos de fala" (*speech acts*)[229]. Classificando-se as ações constituintes e concretizadoras como "comissivo-diretivas"[230], poder-se-ia afirmar que elas fracassam, quanto à sua força ilocucional, em virtude de "insinceridade"[231]. Ao aspecto proposicional da linguagem constitucionalizadora não corresponderia uma disposição ilocucional do agente com respeito à realização do respectivo conteúdo. Evidentemente, na constitucionalização simbólica, o emitente do ato "comissivo-diretivo" ilocucionalmente in-

---

[229]. Cf. Searle, 1969, 1973; Austin, 1968, 1980.
[230]. Sobre os tipos de atos "ilocucionais" ou de força "ilocucional", ver Searle, 1973, pp. 116 ss.; Austin, 1980, pp. 148 ss.
[231]. Cf. Searle, 1973, p. 124; 1969, p. 62; Austin, 1968, p. 141; 1980, pp. 18 e 39 ss.

sincero é, ao mesmo tempo, destinatário, de tal maneira que, na teoria dos "atos de fala", sua ação também poderia ser caracterizada como uma "promessa insincera".

Na recepção habermasiana, a teoria dos "atos de fala" foi reinterpretada a partir do modelo da pragmática universal, com a pretensão de formular as regras universalmente válidas do entendimento intersubjetivo (teoria do agir comunicativo) e do discurso racional (teoria do discurso)[232]. Abstraindo essa pretensão universalista da filosofia de Habermas, interessa-nos aqui a distinção entre "agir comunicativo" e "agir racional-com-respeito-a-fins" [*zweckrationales Handeln*], categoria na qual se incluem o "agir instrumental" e o "estratégico"[233].

Habermas define o agir instrumental como modo de ação orientado por regras técnicas, ou seja, direcionado à obtenção de determinados fins do agente mediante a utilização de objetos. O agir estratégico implica a escolha racio-

---

232. Ver Habermas, 1986a [1976], esp. pp. 385 ss.; 1982b, vol. I, esp. pp. 388 ss.; 1971b. A respeito, cf. também Alexy, 1983, pp. 77 ss. e 137 ss. Ao contrário da "pragmática transcendental" (apriorística) proposta por Apel (1988), a "pragmática universal" desenvolve-se a partir de uma perspectiva reconstrutiva em face do "mundo da vida" como horizonte dos agentes comunicativos (Habermas, 1982b, vol. II, pp. 182 ss.; 1988a, pp. 87 ss. [trad. bras. 1990, pp. 87 ss.]; cf. também 1986a [1976], esp. pp. 379 ss.).

233. A respeito, ver, em diferentes fases de desenvolvimento da "teoria do agir comunicativo", Habermas, 1969, pp. 62-5 [trad. bras. 1980, pp. 320-2]; 1982b, vol. I, esp. pp. 384 ss.; 1988a, esp. pp. 68 ss. [trad. bras. 1990, pp. 70 ss.] (aqui especificamente quanto à distinção entre agir comunicativo e estratégico). Cf. também 1986a [1976], pp. 404 s., com o acréscimo do "agir simbólico" (ver *infra* nota 242 deste capítulo). Essa classificação implica uma reconstrução do modelo weberiano dos tipos de ação: afetiva, tradicional, racional-com-respeito-a-fins e racional-com-respeito-a-valores (cf. Weber, 1985 [1922], pp. 12 s. [trad. bras. 2004, vol. I, pp. 15 s.]; Schluchter, 1979, esp. pp. 191-5; Habermas, 1982b, vol. I, pp. 379-84; Neves, 1992, pp. 13 s.). Através dela, Habermas afasta-se definitivamente dos seus predecessores da Escola de Frankfurt, na medida em que relativiza a "crítica da razão instrumental", atribuindo o problema da modernidade não mais – como aqueles – ao desenvolvimento técnico em si mesmo, mas sim à hipertrofia da "racionalidade-com-respeito-a-fins" [*Zweckrationalität*] em prejuízo da esfera do "agir comunicativo". A respeito, cf. Habermas, 1969, pp. 48 ss. [trad. bras. 1980, pp. 313 ss.]; 1982b, vol. I, pp. 455 ss. (esp. pp. 489 ss.); Marcuse, 1967, esp. pp. 159 ss.; Horkheimer e Adorno, 1969 [1947].

nal de meios para influenciar um adversário. O agir instrumental é, em princípio, "não social", podendo, porém, estar vinculado a interações sociais. O agir estratégico constitui em si mesmo ação social. Ambos são orientados para o êxito do agente e, portanto, avaliados respectivamente conforme o grau de eficácia sobre situações e acontecimentos ou de influência sobre as decisões do adversário[234]. O agir comunicativo, ao contrário, não é direcionado pelo cálculo egocêntrico do êxito, mas sim coordenado por atos de entendimento entre os participantes[235].

Nesta oportunidade é especialmente relevante a distinção entre agir estratégico e agir comunicativo enquanto tipos básicos de ações sociais. Para Habermas, na medida em que as ações estratégicas são orientadas egocentricamente para a obtenção de êxito diante do adversário, não se supõe a sinceridade da manifestação lingüística do agente[236]. O êxito pode ser alcançado através do engano do adversário[237]. O agir comunicativo pressupõe a sinceridade dos participantes, no sentido de que eles devem expressar transparentemente suas posições, desejos e sentimentos na interação intersubjetiva[238].

O direito não é, no modelo habermasiano, apenas meio sistêmico, mas também "instituição"[239]; portanto, inclui-se

---

234. Habermas, 1982b, vol. I, p. 385.
235. *Ibidem*. Habermas concebe o agir comunicativo como "fundamental", pois parte de "que outras formas do agir social – p. ex., luta, competição, conduta estratégica em geral – constituem derivados do agir orientado para o entendimento" (1986a [1976], p. 353).
236. A "sinceridade", enquanto uma das "pretensões de validade" [*Geltungsansprüche*], fica, então, suspensa (Habermas, 1986a [1976], p. 404).
237. Cf. Habermas, 1982b, vol. I, pp. 445 s.
238. Cf. Habermas, 1986b [1972], pp. 138 e 178; 1978 [1963], p. 24.
239. De uma concepção que enfatizava a dimensão instrumental-sistêmica do direito (cf. Habermas, 1990 [1962], pp. 142 ss.; correlativamente, ver a sua análise do "direito natural" no âmbito da "revolução burguesa", 1978 [1963], pp. 89-127), passando por um modelo dicotômico do direito como meio sistêmico e como instituição (cf. Habermas, 1982b, vol. I, pp. 332-66; 1982b, vol. II, pp. 259 ss. e 522 ss.; caminhando no sentido dessa formulação, ver 1982a [1976], pp. 260-7), o pensamento jurídico habermasiano desenvolveu-se mais tarde,

em parte na esfera do agir comunicativo. Dessa maneira, torna-se possível uma leitura da constitucionalização simbólica a partir da distinção entre agir estratégico e agir comunicativo. À medida que a atividade constituinte e o discurso constitucionalista não têm correspondência nas posturas, sentimentos e intenções dos respectivos agentes políticos, ou seja, são ilocucionalmente "insinceros", a constitucionalização simbólica não envolve "ações comunicativas" referentes ao direito. Caracteriza-se, antes, como um plexo de ações estratégicas a serviço do meio sistêmico "poder". Não se trata de "agir abertamente estratégico", como aquele que se manifesta nas lutas entre facções políticas durante o processo constituinte e também nas contendas políticas e judiciais em torno da concretização constitucional. A constitucionalização simbólica implica "agir ocultamente estratégico", seja ele "comunicação deformada sistematicamente" (iludir inconscientemente) ou mesmo a simples "manipulação" (iludir conscientemente)[240]. O sentido manifesto e aparente (normativo-jurídico) da atividade constituinte e linguagem constitucional encobre, então, o seu sentido oculto (político-ideológico).

Diante do exposto, observa-se que, conforme a teoria da ação comunicativa de Habermas, a constitucionalização *simbólica* importa, no *âmbito político*, ou melhor, para os detentores do poder, função primariamente *"instrumental"*. Considerando-se, porém, o sentido que o termo "simbólico" assume no contexto deste trabalho (ver Cap. I), permanece válida a tese: em relação ao *domínio do direito*, trata-se do papel hipertroficamente *simbólico* da atividade constituinte

---

na análise do Estado democrático de direito, para a compreensão do direito como "transformador" ("função de dobradiça") entre sistema e mundo da vida (Habermas, 1992, pp. 77 s., 108 e 217 [trad. bras. 2003, vol. I, pp. 82, 112 e 221]). Mas, com isso, o problema da juridificação como colonização do mundo da vida não foi eliminado: conforme a compreensão de Habermas, ele surgirá naqueles casos em que, na relação de tensão entre instrumentalidade e indisponibilidade do direito (1992, pp. 583 ss. [trad. bras. 2003, vol. II, pp. 233 ss.]; 1987a), aquela se impuser destrutivamente em face desta.

240. Cf. Habermas, 1982b, vol. I, pp. 445 s.

e do discurso constitucionalista, na medida em que ambos constituem uma parada de símbolos para a massa dos espectadores[241], sem produzir os efeitos normativo-jurídicos generalizados previstos no respectivo texto constitucional[242]. Entretanto, a teoria da ação comunicativa de Habermas parte de interações entre sujeitos determinados, o que torna discutível a sua transposição ao problema da constitucionalização simbólica, no qual está implicada uma conexão complexa e contingente de ações, que não pode ser reduzida à questão do agir específico de sujeitos determinados.

10. CONSTITUCIONALIZAÇÃO SIMBÓLICA *VERSUS* LEALDADE DAS MASSAS E "REGRAS DO SILÊNCIO"

A passagem do modelo liberal clássico para o *welfare state* na Europa Ocidental e na América do Norte implicou um maior acesso da massa trabalhadora às prestações do Estado. Marshall interpretou esse fenômeno como processo de ampliação da cidadania: os direitos civis e políticos teriam ganhado em realidade com a conquista dos direitos sociais[243]. No século XX, a cidadania, orientada pelo princípio da igualdade, teria entrado em guerra com o sistema de desi-

---

241. Cf. Edelman, 1967, p. 5, referindo-se, porém, mais abrangentemente à "política simbólica". Ver *supra* Cap. I.3.

242. Há aqui uma analogia com a noção habermasiana de "agir simbólico", que inclui as danças, os concertos, as representações dramáticas etc. (cf. Habermas, 1986a [1976], p. 404) e, portanto, está relacionado (ou se confunde), na própria obra de Habermas, com o agir expressivo ou dramatúrgico, cujo questionamento crítico e negação referem-se à sua "insinceridade" (cf. 1982b, vol. I, pp. 436 e 447 s.). Mas o conceito de simbólico tem também um sentido mais amplo e relevante dentro da "teoria do agir comunicativo", quando se define "sociedade como mundo da vida estruturado simbolicamente" (1988a, pp. 95 ss. [trad. bras. 1990, pp. 95 ss.]). Daí não decorre, porém, uma confusão entre o simbólico e o semiótico, uma vez que esse "mundo" simbolicamente estruturado só se constitui e reproduz "através do agir comunicativo" (1988a, p. 97 [trad. bras. 1990, p. 97]).

243. Cf. Marshall, 1976 [1949], pp. 71 ss.; acompanhando-o, Bendix, 1969 [1964], pp. 92 ss. Ver também nota 86 deste capítulo.

gualdade inerente ao capitalismo e às suas classes sociais[244]. Nessa perspectiva, a ampliação da cidadania importaria a redução das desigualdades do capitalismo, conduzindo ao modelo social-democrático do *welfare state*[245].

Enfrentando a questão posta por Marshall, Bendix sustenta que, nesse contexto de ampliação da cidadania, as lutas da classe trabalhadora não se orientavam pela construção de "uma nova ordem social", mas sim por maior "participação" na ordem estabelecida, caracterizando-as como expressão de um espírito conservador[246]. Assim, o modelo clássico marxista de luta revolucionária do trabalhador pela superação da ordem capitalista é substituído por uma concepção do conflito trabalhista como forma de integração/inclusão das massas no sistema social vigente ou de acesso delas às suas prestações[247].

Relacionado com esse tipo de enfoque, desenvolveu-se na Alemanha Ocidental dos anos setenta o famoso debate

---

244. Marshall, 1976 [1949], p. 84. De maneira análoga, Bobbio apontou posteriormente para o conflito entre a desigualdade capitalista e o princípio de igualdade da democracia (1976, esp. p. 207 [trad. bras. 1979, p. 242]), enquanto Offe se preocupava com os limites estruturais do Estado democrático de direito no capitalismo avançado (1977). Por sua vez, sustentou Preuß mais tarde "que a dinâmica inerente ao processo capitalista de produção de valor é autodestrutiva, na medida em que ela destrói progressivamente os fundamentos não-capitalistas do capitalismo" (1989, p. 4). Em outro contexto, afirmava Weffort invocando a referida passagem de Marshall: "Não haverá exagero em dizer-se que, no caso brasileiro, a desigualdade tem vencido esta 'guerra', deixando apenas um espaço mínimo à expressão do princípio contrário" (1981, p. 140).

245. A formulação linear dos momentos de emergência dos direitos civis, políticos e sociais no modelo de Marshall é passível de crítica, cabendo enfatizar as lutas políticas e os movimentos sociais na conquista e ampliação da cidadania (cf. Giddens, 1982, pp. 171 ss.; Barbalet, 1988; Held, 1989; Habermas, 1992, pp. 103 s. [trad. bras. 2003, vol. I, pp. 107 s.]; Zolo, 1993). Entretanto, deve-se considerar que Marshall não desconheceu o conflito (a "guerra") entre a desigualdade em que se funda o sistema capitalista e a igualdade inerente à cidadania, embora tenha restringido essa observação à emergência dos direitos sociais.

246. Bendix, 1969 [1964], p. 89.

247. Nesse sentido, Preuß refere-se à "domesticação da luta de classes através da juridificação da luta trabalhista" no Estado de bem-estar europeu (1989, p. 2).

sobre Estado de bem-estar [*Wohlfahrtsstaat*] e lealdade das massas [*Massenloyalität*][248]. Nesse contexto discutia-se a "lealdade das massas" como decorrência do desempenho de caráter social do Estado de bem-estar[249]. A própria crise de legitimação seria resultante da incapacidade do *welfare state* de proporcionar e manter a "lealdade das massas" através dos seus mecanismos administrativos[250]. Com restrições ao modelo então predominante de abordagem do problema, Luhmann ponderava que a ampliação das prestações do Estado de bem-estar não asseguraria atitudes permanentes de "gratidão" e "lealdade" política, considerando a constante mudança de motivações dos indivíduos em face do acesso aos diversos sistemas funcionais da respectiva sociedade[251]. Ou seja, enquanto o Estado de bem-estar amplia os seus serviços em relação às "massas", ele torna-as capazes de exigir-lhe cada vez mais novas e inesperadas prestações. Mas, embora a "lealdade das massas" não seja incompatível com mudanças imprevisíveis, parece-me que ela implica uma postura conservadora em relação ao Estado de bem-estar como *estrutura* de ampliação e inovação permanente de prestações.

Na abordagem da legislação simbólica no Estado de bem-estar do Ocidente desenvolvido, tem-se procurado caracterizá-la como mecanismo possibilitador da "lealdade das massas" (cf. *supra* p. 40). A manutenção desta não resultaria simplesmente dos efeitos reais da "legislação instrumental", mas dependeria também da produção de diplomas legais destinados basicamente a promover a confiança dos cidadãos no Estado. Mediante a legislação simbólica, os ór-

---

248. A respeito, ver sobretudo Narr e Offe (orgs.), 1975a. Ao discutir os limites da Constituição e da obediência nas democracias, Preuß (1984), jurista, emprega a expressão "lealdade dos cidadãos" [*Bürgerloyalität*].

249. Narr e Offe, 1975b, esp. pp. 27-37.

250. Cf. Habermas, 1973, esp. pp. 55 s., 68-70 e 96 ss.

251. Luhmann, 1981j, p. 10. Habermas não despercebeu esse problema, tendo observado anteriormente que a ampliação das matérias administrativas tornaria imprescindível promover "lealdade das massas" para novas funções estatais, o que implicaria um "aumento desproporcional da necessidade de legitimação" (1973, pp. 100 s.).

gãos estatais demonstrariam cenicamente seu interesse e disposição de solucionar problemas em princípio estruturalmente insolúveis. A legislação-álibi constituiria, então, um típico mecanismo de promoção da "lealdade das massas" no Estado de bem-estar.

Essa situação não se transporta irrestritamente aos casos de constitucionalização simbólica. Aqui não se configura um sistema jurídico-constitucional que responde generalizadamente às expectativas de bem-estar das "massas". Enquanto a legislação simbólica no *welfare state* está envolvida em um sistema jurídico-político que, em linhas gerais, realiza-se como práxis includente de toda a população (cf. subitem 1.3.D.*a* deste capítulo), a constitucionalização simbólica importa que os princípios de inclusão do Estado de bem-estar, previstos abstratamente no texto constitucional, não se concretizam de forma suficientemente relevante para a massa dos subintegrados. Nesse caso, o aspecto simbólico não está associado a um desempenho eficiente e generalizado do Estado diante das carências da população. A "lealdade política" desenvolve-se principalmente por meio de mecanismos difusos e particularistas não compatíveis com a Constituição. Mas não se trata de instituições que possibilitam de maneira generalizada a "lealdade das massas", mas sim de formas de prestação compensatória que ensejam apenas a gratidão individual ou de grupos isolados[252]. Portanto, a respeito, não cabe falar rigorosamente de legitimação (geral), mas antes de *apoio* (particularista)[253].

Paradoxalmente, portanto, embora a constitucionalização simbólica, presente basicamente nos Estados periféricos (ver *infra* Cap. III.6.), tenha a função ideológica de promover a confiança no Estado ou no governo (em sentido amplo), servindo-lhes como fórmula de representação retórica e álibi, ela pode converter-se, nos casos extremos de discre-

---

252. A respeito, ver Neves, 1992, pp. 170-9, abordando a deturpação do procedimento eleitoral e a politização particularista da administração na experiência constitucional brasileira.

253. A propósito, ver, em outro contexto, Luhmann, 1995a, p. 225.

pância entre texto e realidade constitucionais, em um fator de promoção de desconfiança na própria figura do Estado. O que Kindermann afirma a respeito do fracasso da legislação-álibi (cf. *supra* pp. 40 s.) ganha realidade principalmente nos casos de constitucionalização-álibi: partindo-se de que a atividade constituinte (e reformadora) e o texto constitucional não estão associados a uma concretização normativo-jurídica relevante, representando antes formas especiais de ação político-simbólica, o próprio direito como sistema de regulação da conduta cai em descrédito; o público sente-se, então, iludido; os atores políticos tornam-se "cínicos".

A questão dos limites ideológicos da constitucionalização simbólica perante a "lealdade das massas" pode ser relacionada com a noção de "regras do silêncio" [*gag rules*] como mecanismos através dos quais determinados temas são excluídos da discussão jurídico-política nos sistemas constitucionais democráticos[254]. Trata-se de restrições descarregantes da pauta política com respeito a temas controversos específicos[255]. À medida que falta aos textos constitucionais simbólicos "base consensual" como o "pressuposto mais importante da efetiva vigência de uma Constituição"[256], ou melhor, da orientação generalizada do público pelo modelo normativo constitucional, a institucionalização de *gag rules* está condenada ao fracasso[257]. Em face da ineficiência do "aparelho estatal" diante das necessidades da maioria da população há, nessas circunstâncias, uma tendência à politização dos mais variados temas, incluindo-se a discussão sobre a legitimidade da ordem social como um todo[258]. À proporção

---

254. Cf. Holmes, 1988.
255. "[...] a forma da política democrática é indubitavelmente determinada pela remoção estratégica de certos itens da agenda democrática. Alguns teóricos têm mesmo argumentado que a supressão de questões é uma condição necessária para a emergência e estabilidade das democracias" (Holmes, 1988, pp. 24 s.).
256. Grimm, 1989, p. 636.
257. Cf., mais cuidadoso, Luhmann, 1990a, p. 213.
258. Enquanto nos Estados Unidos, por exemplo, a legitimidade da propriedade privada nunca é discutida em sessões legislativas (Holmes, 1988, p. 26),

que o sistema constitucional perde significado como ordem básica e horizonte da política, ele mesmo torna-se tema da discussão política[259]. Enquanto mediante a "lealdade das massas" o *welfare state*, caracterizado por "Constituições normativas", põe os conflitos de classe no segundo plano ou "domestica-os" (ver nota 248 do Cap. I), possibilitando o desenvolvimento das chamadas "regras do silêncio", as experiências da constitucionalização simbólica, presentes sobretudo nos Estados periféricos, são marcadas pela incapacidade de uma superação ou controle satisfatório da questão social e, portanto, do conflito de classes, o que torna improvável o desenvolvimento estável de "regras do silêncio" democráticas, sejam elas implícitas ou explícitas[260]. As críticas generalizadas, sem delimitação temática, surgem exatamente como reação à ineficiência ou ao não-funcionamento do modelo de Estado previsto simbolicamente no texto constitucional e pertencente à retórica político-jurídica. Nesse contexto, as "regras do silêncio" só se tornam possíveis em virtude da negação manifesta desse modelo através da imposição de ditadura, ou seja, do estabelecimento de Constituição instrumentalista[261].

Os limites da função ideológica da constitucionalização simbólica para a "lealdade das massas" e para as "regras do silêncio" democráticas importam a permanente pos-

---

ela é freqüentemente posta em questão nos parlamentos dos Estados periféricos simbolicamente constitucionalizados.

259. Cf., em outro contexto, Luhmann, 1983a [1969], p. 196 [trad. bras. 1980, p. 159]. "O direito reina principalmente em uma sociedade em que as questões fundamentais dos valores sociais não são geralmente discutidas ou discutíveis" (Parsons, 1967, p. 133). Caberia uma revisão desta assertiva, no sentido de reconhecer o dissenso estrutural relativamente aos conteúdos valorativos na sociedade supercomplexa do presente e de enfatizar a exigência funcional de consenso básico em torno de procedimentos constitucionais (cf. Neves, 2006 [2002], pp. 136 ss.).

260. Embora Holmes se limite à análise das "regras do silêncio" abertas (cf. 1988, p. 27), o conceito inclui também regras implícitas (cf. 1988, p. 26).

261. Segundo Holmes, se a sociedade está "dividida muito profundamente", as *"gag rules"* levam contraditoriamente à "democracia sem oposição" (1988, p. 31), ou melhor, à negação da democracia.

sibilidade de crítica generalizada ao sistema de dominação encoberto pelo discurso constitucionalista. Como problema estruturalmente condicionado, o desgaste da constitucionalização simbólica poderá conduzir a movimentos sociais e políticos por transformações conseqüentes em direção a um sistema constitucional democrático efetivo. É possível também que conduza à apatia das massas e ao cinismo das elites. A reação mais grave, contudo, é o recurso à "realidade constitucional" mediante a imposição do padrão autoritário e o estabelecimento de constituição instrumental, na qual se exclui ou limita radicalmente o espaço da crítica à própria "realidade" de poder.

Capítulo III
A constitucionalização simbólica como alopoiese do sistema jurídico

1. DA AUTOPOIESE À ALOPOIESE DO DIREITO

1.1. Da autopoiese biológica à autopoiese social

O conceito de autopoiese tem sua origem na teoria biológica de Maturana e Varela[1]. A palavra deriva etimologicamente do grego *autós* ("por si próprio") e *poíesis* ("criação", "produção")[2]. Significa inicialmente que o respectivo sistema é construído pelos próprios componentes que constrói. Definem-se então os sistemas vivos como máquinas autopoiéticas: uma rede de processos de produção, transformação e destruição de componentes que, através de suas interações e transformações, regeneram e realizam continuamente essa mesma rede de processos, constituindo-a como unidade concreta no espaço em que se encontram, ao especificarem-lhe o domínio topológico de realização[3]. Trata-se, portanto, de sistemas homeostáticos[4], caracterizados pelo fechamento na produção e reprodução dos elemen-

---

1. Cf. Maturana e Varela, 1980, pp. 73 ss.; 2001 [1984], esp. pp. 55-60; Maturana, 1982, esp. pp. 141 s., 157 ss. e 279 s.
2. Cf. Maturana e Varela, 1980, p. XVII.
3. Maturana e Varela, 1980, pp. 78 s. e 135; Maturana, 1982, pp. 141 s., 158, 184 s. e 280. Essa seria, segundo Teubner (1989, p. 32 [trad. port. 1993, p. 48]), a "definição oficial" de autopoiese.
4. Maturana e Varela, 1980, p. 78.

tos[5]. Dessa maneira, procura-se romper com a tradição segundo a qual a conservação e a evolução da espécie seriam condicionadas basicamente pelos fatores do ambiente. Ao contrário, sustenta-se que a conservação dos sistemas vivos (indivíduos) está vinculada à sua capacidade de reprodução autopoiética, que os diferencia em um espaço determinado[6].

A recepção do conceito de autopoiese nas ciências sociais foi proposta por Luhmann, tendo encontrado ampla ressonância[7]. A concepção luhmanniana da autopoiese afasta-se do modelo biológico de Maturana, na medida em que nela se distinguem os sistemas constituintes de sentido (psíquicos e sociais) dos sistemas não-constituintes de sentido (orgânicos e neurofisiológicos)[8]. Na teoria biológica da autopoiese, há, segundo Luhmann, uma concepção radical do fechamento, visto que, para a produção das relações entre sistema e ambiente, exige-se um observador fora do sistema, ou seja, um outro sistema[9]. No caso de sistemas constituintes de sentido, ao contrário, a "auto-observação torna-se componente necessário da reprodução autopoiética"[10].

---

5. Cf., p. ex., Maturana e Varela, 1980, pp. 127 s., em relação ao sistema nervoso.

6. Cf. Maturana e Varela, 1980, pp. 117 s., criticando também as implicações ideológicas da teoria darwiniana da seleção natural.

7. A respeito, ver sobretudo Luhmann, 1987a [1984]; Haferkamp e Schmid (orgs.), 1987; Baecker *et al.* (orgs.), 1987, esp. pp. 394 ss.; Teubner (org.), 1987c; Teubner e Febrajo (orgs.), 1992. Para a crítica à recepção científico-social do conceito de autopoiese, cf. Bühl, 1989, com referência especial ao paradigma luhmanniano (pp. 229 ss.); em uma perspectiva mais abrangente sobre a teoria sistêmica de Luhmann, ver Krawietz/Welker (orgs.), 1992. Para a leitura crítica a partir da teoria do discurso, Habermas, 1988b, pp. 426 ss. [trad. port. 1990, pp. 335 ss.]; 1988a, pp. 30 s. [trad. bras. 1990, pp. 31 s.]. Qualificando a teoria da autopoiese como um paradigma ideológico conservador, Zolo, 1986.

8. Ladeur (1985, pp. 408 s.) interpreta de maneira diversa. Cf. também Teubner, 1988, p. 51; 1989, pp. 38, 43 e 46 [trad. port. 1993, pp. 57 s., 66 s. e 71], criticando a tese sustentada por Luhmann (1985, p. 2; 1987c, p. 318) – que nesse ponto acompanha Maturana e Varela (1980, p. 94; Maturana, 1982, p. 301) – da impossibilidade de autopoiese parcial também com relação aos sistemas sociais.

9. Luhmann, 1987a [1984], p. 64.

10. *Ibidem.*

Eles mantêm o seu caráter autopoiético enquanto se referem simultaneamente a si mesmos (para dentro) e ao seu ambiente (para fora), operando internamente com a diferença fundamental entre sistema e ambiente[11]. O seu fechamento operacional não é prejudicado com isso, considerando-se que sentido só se relaciona com sentido e só pode ser alterado através de sentido[12]. Porém a incorporação da diferença "sistema/ambiente" no interior dos sistemas baseados no sentido (a auto-observação como "momento operativo da autopoiese")[13] possibilita uma combinação de fechamento operacional com abertura para o ambiente, de tal maneira que a circularidade da autopoiese pode ser interrompida através da referência ao ambiente[14]. Portanto, na teoria dos sistemas sociais autopoiéticos de Luhmann, o ambiente não atua perante o sistema nem meramente como "condição infra-estrutural de possibilidade da constituição dos elementos"[15], nem apenas como perturbação, ruído, "*bruit*"[16]; constitui algo mais, "o *fundamento* do sistema"[17]. Em relação ao sistema, atuam as mais diversas determinações do ambiente, mas elas só são inseridas no sistema quando este, de acordo com os seus próprios critérios e código-diferença, atribui-lhes sua forma[18].

Além de diferenciar-se da teoria biológica da autopoiese, a concepção luhmanniana do fechamento auto-referencial dos sistemas baseados no sentido, especialmente dos sistemas sociais, afasta-se ainda mais claramente da clássica oposição teórica entre sistemas fechados e abertos[19]. O

---

11. *Ibidem.*
12. *Ibidem.*
13. Luhmann, 1987a [1984], p. 63.
14. Luhmann, 1987a [1984], pp. 64 s.
15. Luhmann, 1987a [1984], p. 60.
16. Para Varela (1983), o "ruído" ("*bruit*" – "*couplage par clôture*" em oposição à "*couplage par input*") atua como forma típica de atuação do ambiente em relação aos sistemas autônomos.
17. Luhmann, 1987a [1984], p 602.
18. "Fundamento é sempre algo *sem forma*" (Luhmann, 1987a [1984], p. 602).
19. Como paradigma dessa tradição, ver sinteticamente Bertalanffy, 1957, pp. 10 ss. Em contraposição, cf. Luhmann, 1987a [1984], pp. 63 s.

conceito de sistemas fechados ganha, "em comparação com a antiga teoria dos sistemas, um novo sentido. Ele não designa mais sistemas que existem (quase) sem ambiente e, portanto, podem determinar-se (quase) integralmente a si mesmos"[20]. Nesse sentido, afirma-se: "Fechamento não significa agora falta de ambiente, nem determinação integral por si mesmo."[21] Trata-se de autonomia do sistema, não de sua autarquia[22]. O fechamento operativo "é, ao contrário, condição de possibilidade para abertura. Toda abertura baseia-se no fechamento"[23]. A combinação de fechamento e abertura pode ser tratada sob duas perspectivas: 1) embora um sistema construtor e construído de sentido exerça o "controle das próprias possibilidades de negação por ocasião da produção dos próprios elementos" (fechamento), esse controle depende das condições de escolha entre o sim e o não do respectivo código sistêmico (abertura)[24]; 2) o controle das possibilidades de negação (fechamento) proporciona uma relação seletiva contínua e estável (ou, no mínimo, menos instável) do sistema com o seu ambiente (abertura adequada).

O conceito de autopoiese é definido mais enfaticamente por Luhmann, sob influência de Maturana e Varela, como auto-referência dos elementos sistêmicos: "Um sistema pode ser designado como auto-referencial, se ele mesmo constitui, como unidades funcionais, os elementos de que é composto[...]."[25] Essa definição refere-se primariamente à reprodução unitária dos elementos construtores do sistema e, simultaneamente, por ele constituídos[26], não à auto-orga-

---

20. Luhmann, 1987a [1984], p. 602.
21. Luhmann, 1983b, p. 133.
22. Luhmann, 1983a [1969], p. 69 [trad. bras. 1980, p. 61]; Teubner, 1982, p. 20. "Autonomia do direito refere-se à circularidade de sua auto-reprodução e não à sua independência causal do ambiente" (1989, p. 47 [trad. port. 1993, p. 73]). Não se trata, portanto, de isolamento (causal) (Luhmann, 1997, pp. 68 e 94; 1995b, p. 15; 1993a, pp. 43 s.; 1991c, p. 13).
23. Luhmann, 1987a [1984], p. 606; cf. 1993a, p. 76; 1997, p. 68.
24. Luhmann, 1987a [1984], p. 603; cf. 1986a, p. 83.
25. Luhmann, 1987a [1984], p. 59; cf. também 2002, pp. 109 s.
26. "Elementos são elementos apenas para os sistemas que os utilizam como unidade, e só são através desses sistemas" (Luhmann, 1987a [1984], p. 43).

nização ou à manutenção estrutural do sistema[27]. Nesse sentido, a unidade do sistema apresenta-se em primeiro lugar como unidade dos elementos básicos de que ele é composto e dos processos nos quais esses elementos reúnem-se operacionalmente[28]. Nessa perspectiva, Luhmann afirma "que um sistema autopoiético constitui os elementos de que é composto através dos elementos de que é composto, e, dessa maneira, demarca fronteiras que não existem na complexidade infra-estrutural do ambiente do sistema"[29].

Mas a concepção de autopoiese não se limita em Luhmann à *auto-referência* elementar ou *de base*, que se assenta na diferença entre elemento e relação[30]. Essa se apresenta apenas como "a forma mínima de auto-referência"[31], constituindo um dos três momentos da autopoiese[32]; os outros são a *reflexividade* e a *reflexão*, que se baseiam respectivamente na distinção entre "antes e depois" ou entre "sistema e ambiente"[33]. Reflexividade e reflexão são conceitos mais precisos do que a categoria mais abrangente de mecanismos reflexivos, formulada anteriormente por Luhmann[34].

A *reflexividade* diz respeito à referência de um processo a si mesmo, ou melhor, a processos sistêmicos da mesma espécie[35]. Assim se apresentam a decisão sobre a tomada de

---

27. Luhmann, 1983b, p. 132.
28. Luhmann, 1983b, p. 131.
29. Luhmann, 1983b, p. 132; cf. 1997, pp. 65 s.
30. Luhmann, 1987a [1984], pp. 600 s.
31. Luhmann, 1987a [1984], p. 600.
32. Daí por que a confusão entre autopoiese e auto-referência de base (cf. Luhmann, 1987a [1984], p. 602) deve ser relativizada e compreendida restritivamente no âmbito do modelo sistêmico-teórico de Luhmann.
33. Luhmann, 1987a [1984], pp. 601 s.
34. Cf. Luhmann, 1984a [1966].
35. A respeito, ver esp. Luhmann, 1987a [1984], pp. 601 e 610-6. Distinguindo do conceito lógico de reflexividade, observa Luhmann: "Ele designa uma relação que preenche o pressuposto de que cada membro está para si mesmo na mesma relação que está para o outro [...]. Nós não nos atemos a essa definição, porque a identidade exata da relação reflexiva obstruiria justamente o argumento a que queremos chegar: o aumento da eficiência através de reflexividade. Por isso, aqui, um mecanismo deve ser considerado reflexivo, se ti-

decisão, a normatização da normatização, o ensino do ensino (ou o estudo do aprendizado) etc.[36] Mas, formulado dessa maneira, o conceito resulta insuficiente para caracterizar a reflexividade de um sistema autopoiético. Em face disso, Luhmann tenta defini-lo mais exatamente: "De auto-referência processual ou reflexividade queremos falar apenas, então, se esse reingresso no processo é articulado com os meios do processo."[37] Pode-se, de acordo com o modelo sistêmico-teórico, formular de maneira mais rigorosa: reflexividade como mecanismo no interior de um sistema autopoiético implica que o processo referente e o processo referido são estruturados pelo mesmo código binário e que, em conexão com isso, critérios e programas do primeiro reaparecem em parte no segundo. Por conseguinte, não é suficiente, por exemplo, indicar a normatização da normatização, pois a normatização religiosa ou moral da normatização jurídica, como também a referência normativa de um padrão de "direito natural" à emissão de norma jurídico-positiva não representam, nesse sentido estrito, nenhuma reflexividade da produção normativa.

Na *reflexão*, que pressupõe auto-referência elementar e reflexividade, é ao próprio sistema como um todo que se atribui a operação auto-referencial, não apenas aos elementos ou processos sistêmicos[38]. Definida também como autodescrição, significa a "exposição da unidade do sistema no sistema"[39]. Enquanto "teoria do sistema no sistema"[40], ela implica a elaboração conceitual da "identidade do sistema em

---

ver em vista um objeto caracterizado como um mecanismo da mesma espécie; se, portanto, referir-se a si mesmo no concernente à espécie" (1984a [1966], p. 109, nota 6).

36. Luhmann, 1984a [1966], pp. 94-9.

37. Luhmann, 1987a [1984], p. 611. De acordo com Luhmann (*ibidem*, nota 31), faltava essa distinção em sua contribuição anterior para esse tema, publicada primeiramente em 1966 (1984a).

38. Cf. Luhmann, 1987a [1984], p. 601; 1981h [1979], p. 423.

39. Luhmann, 1993a, p. 498, onde a autodescrição é igualmente conceituada como "reflexão da unidade exatamente no sistema que auto-reflete".

40. Luhmann, 1981h [1979], pp. 422 e 446.

oposição ao seu ambiente"[41]. Trata-se, pois, de "uma forma concentrada de auto-referência"[42], que possibilita a problematização da própria identidade do sistema[43].

Enquanto em Luhmann a autopoiese é concebida em três momentos interdependentes (auto-referência elementar, reflexividade e reflexão), Teubner propõe um conceito mais abrangente, definindo-a como "enlace hipercíclico" de elemento, processo, estrutura e identidade[44]. Parece-me, porém, que o modelo luhmanniano de autopoiese não contraria a noção de "enlace hipercíclico", envolvendo também o momento estrutural. Luhmann não reduziu a reprodução autopoiética à auto-referência dos elementos, mas apenas fixou que essa é a forma mínima de autopoiese. O que caracteriza exatamente a concepção dos sistemas autopoiéticos é que ela parte dos aspectos operacionais, não se referindo primariamente à dimensão estrutural (autonomia).

Com relação aos sistemas sociais, "enquanto constituídos sobre a base de uma conexão unitária (auto-referencial) de comunicações"[45], a sociedade é o sistema mais abrangente. As unidades elementares da sociedade, as comunicações[46], que ela constitui mediante a síntese de informação,

---

41. Luhmann, 1987a [1984], p. 620. Sobre as teorias de reflexão dos sistemas funcionais, ver 1997, pp. 958-83.
42. Luhmann, 1981h [1979], p. 423.
43. Luhmann, 1982, p. 59.
44. Teubner, 1987a [1984], pp. 106 ss.; 1989, pp. 36-60 [trad. port. 1993, pp. 53-94]; cf. também 1987b.
45. Luhmann, 1987a [1984], p. 92. Segundo Luhmann (1987a [1984], pp. 43 s.), os sistemas sociais, unidades autopoiéticas de comunicações, emergem "de cima", ou seja, constituem-se ao introduzirem e operacionalizarem, em um outro plano, uma nova diferença entre sistema e ambiente. Não resultam, pois, do acúmulo de elementos infra-estruturais, tais como consciência, seres humanos etc. Ao contrário, na distinção de Maturana e Varela (1980, pp. 107-11; 2001 [1984], pp. 200 ss.) entre autopoiese de primeira, segunda e terceira ordem, os seres vivos apresentam-se como componentes dos sistemas sociais ("emergência de baixo"). Cf. também Teubner, 1989, pp. 40 s. [trad. port. 1993, pp. 62 s.]. Vale advertir que o conceito de sociedade (gênero) de Maturana e Varela, primariamente biológico, é mais abrangente do que o de sociedade humana (espécie); cf. 1980, pp. XXIV-XXX; 2001 [1984], pp. 200 ss.
46. Luhmann, 1987a [1984], pp. 192 s.; cf. 1997, p. 81.

mensagem e compreensão[47], somente estão presentes no seu interior, não em seu ambiente, de tal maneira que ela pode ser caracterizada como um sistema "real-necessariamente fechado"[48]. Embora a reprodução de comunicações só se realize dentro da sociedade (fechamento auto-referencial), existem imprescindivelmente comunicações sobre o seu ambiente psíquico, orgânico e químico-físico (abertura)[49].

O caráter autopoiético dos sistemas parciais da sociedade não pode, porém, ser esclarecido desse mesmo modo, pois a comunicação é a unidade elementar de todos os sistemas sociais: há comunicação no ambiente dos subsistemas da sociedade, nos quais se desenvolvem, portanto, não apenas comunicações *sobre* o seu ambiente, mas também *com* este[50]. Somente quando um sistema social dispõe de um específico código-diferença binário é que ele pode ser caracterizado como auto-referencialmente fechado (e, portanto, aberto ao ambiente)[51]. Por meio de código sistêmico próprio, estruturado binariamente entre um valor negativo e um valor positivo específico, as unidades elementares do sistema são reproduzidas internamente e distinguidas claramente das comunicações exteriores[52]. No entanto, os códigos seriam formas vazias se não estivessem associados a programas e critérios. Assim sendo, a autopoiese importa uma combinação entre "codificação" e "programação", o que possibilita a simultaneidade de fechamento e abertura[53].

---

47. Luhmann, 1983b, p. 137. A respeito, ver 1987a [1984], pp. 193 ss.; 2002, pp. 292 ss.
48. Luhmann, 1987a [1984], pp. 60 s.
49. Luhmann, 1983b, p. 137; cf. também 1997, p. 96; 1993a, p. 553.
50. Luhmann, 1983b, pp. 137 s.
51. Cf. Luhmann, 1983b, p. 134; 1987a [1984], p. 603; 1986a, p. 83; 1986b, pp. 171 s.
52. Sobre código binário em geral, ver Luhmann, 1986a, pp. 75 ss.
53. Cf. Luhmann, 1986a, pp. 82 s. e 89 ss. Em uma perspectiva desconstrutivista, Stäheli (1996) interpreta o código no sentido luhmanniano como "significante vazio" e limita a relação entre código e programa "a uma suplementaridade 'benévola'" (p. 279).

1.2. O direito como sistema autopoiético

A diferenciação do direito na sociedade moderna pode ser interpretada como controle do código-diferença "lícito/ilícito" por um sistema funcional para isso especializado[54]. De acordo com o paradigma luhmanniano, essa nova posição do direito pressupõe a superação da sociedade pré-moderna, diferenciada verticalmente, ou seja, conforme o princípio da estratificação. Na medida em que o princípio de diferenciação se baseava em uma distinção entre "superior" e "inferior", praticamente apenas o sistema supremo, a ordem política da camada social mais alta, constituía-se auto-referencialmente[55]. O direito permanecia sobredeterminado pela política e pelas representações morais estáticas, político-legitimadoras, não dispondo exclusivamente de um código-diferença específico entre um *sim* e um *não*. A positivação do direito na sociedade moderna implica o controle do código-diferença "lícito/ilícito" *exclusivamente* pelo sistema jurídico, que adquire dessa maneira seu fechamento operativo[56].

Nesse sentido, a positividade é conceituada como autodeterminação ou fechamento operacional do direito[57]. Assim como em relação aos outros sistemas sociais diferenciados, não se trata aqui de autarquia, (quase) privação de ambiente ou isolamento (causal). Se o fato de dispor exclusivamente do código-diferença "lícito/ilícito" conduz ao fechamento operacional, a escolha entre lícito e ilícito é condicionada pelo ambiente. Por outro lado, a autodeterminação

---

54. Luhmann, 1986b, p. 171; cf., em relação aos sistemas sociais em geral, 1986a, pp. 85 s.

55. Luhmann, 1981g, pp. 159 s.; 1987b [1972], pp. 168 ss.

56. Luhmann, 1986a, pp. 125 s. Especificamente sobre o código binário do sistema jurídico, ver de forma abrangente Luhmann, 1986b; 1993a, pp. 165 ss. Aqui deve ser lembrado que o direito, na perspectiva de observação do sistema político, pode ser qualificado como um segundo código do poder político (1986b, p. 199; 1988a, pp. 34, 48 ss. e 56).

57. Cf. Luhmann, 1993a, pp. 38 ss.; 1988b; 1983b; 1985; 1981h [1979]. Ver *supra* nota 65 do Cap. II.

do direito fundamenta-se na distinção entre expectativas normativas e cognitivas[58], que só se torna clara a partir da codificação binária da diferença entre lícito e ilícito exclusivamente pelo sistema jurídico. Com base na distinção entre o normativo e o cognitivo, o fechamento operativo do sistema jurídico é assegurado e simultaneamente compatibilizado com sua abertura ao ambiente. A respeito, escreve Luhmann: "Sistemas jurídicos utilizam essa diferença para combinar o fechamento da autoprodução recursiva e a abertura de sua referência ao ambiente. O direito constitui, em outras palavras, um sistema *normativamente fechado*, mas *cognitivamente aberto*. [...]. A qualidade normativa serve à autopoiese do sistema, à sua autocontinuação diferenciada do ambiente. A qualidade cognitiva serve à coordenação desse processo com o ambiente do sistema."[59] Daí resulta uma conexão entre conceito e interesse na reprodução do direito positivo, que se manifesta no fato de "que o sistema jurídico 'fatorializa' a auto-referência por meio de conceitos, a heterorreferência, ao contrário, mediante interesses"[60].

Sendo assim, o sistema jurídico pode assimilar, de acordo com os seus próprios critérios, os *fatores* do ambiente, não sendo diretamente influenciado por esses fatores. A vigência jurídica das expectativas normativas não é determinada imediatamente por interesses econômicos, critérios políticos, representações éticas, nem mesmo por proposições científicas[61], pois depende de processos seletivos de filtra-

---

58. Luhmann, 1983b, pp. 138 ss. Sobre essa distinção, ver Luhmann, 1987a [1984], pp. 436-43; 1987b [1972], pp. 40-53; cf. também Neves, 1992, pp. 22 s.
59. Luhmann, 1983b, p. 139; cf. também 1984b, pp. 110 ss.; 1993a, pp. 77 ss.
60. Luhmann, 1990a, p. 10; a respeito, cf. também 1993a, pp. 393 ss.
61. Com relação especificamente ao conhecimento científico, afirma Luhmann (1985, p. 17) em consonância com isso: "Seria, porém, seguramente fatal para o sistema jurídico – e sobretudo politicamente fatal – se ele pudesse ser revolucionado através de uma substituição de elementos teóricos centrais ou mediante uma mudança de paradigma." Cf. também 1990d, pp. 593 s. e 663 s., assim como, considerando a interdependência do direito com relação

gem conceitual no interior do sistema jurídico[62]. A capacidade de aprendizagem (dimensão cognitivamente aberta) do direito positivo possibilita que ele se altere para adaptar-se ao ambiente complexo e "veloz". O fechamento normativo impede a confusão entre sistema jurídico e seu ambiente, exige a "digitalização" interna de informações provenientes do ambiente. A diferenciação do direito na sociedade não é outra coisa senão o resultado da mediação dessas duas orientações[63]. A alterabilidade do direito é, desse modo, fortificada, não impedida, como seria de afirmar com respeito a um fechamento indiferente ao ambiente; mas ela ocorre conforme os critérios internos e específicos de um sistema capaz de aprender e reciclar-se, sensível ao seu ambiente[64].

Nessa perspectiva, o fechamento auto-referencial, a normatividade para o sistema jurídico, não constitui finalidade em si do sistema, antes é a condição da abertura[65]. A radicalização da tese do fechamento como ausência de ambiente desconhece o problema central da capacidade de conexão (em contraposição à simples repetição) entre acontecimentos elementares[66]. Só sob as condições de abertura cognitiva em face do ambiente (capacidade de aprendizagem), o sistema jurídico pode tomar providências para "desparadoxizar" a auto-referência, possibilitando a capacidade de conexão[67]. O fechamento cognitivo do sistema jurídico proporcionaria

---

à ciência, 1993a, pp. 86 e 91 s. Em contrapartida, na perspectiva singular de C. Souto e S. Souto, pode-se definir o direito, em parte, *conforme os critérios do conhecimento científico* (cf. Souto/Souto, 1981, esp. pp. 101 e 106-13; Souto, 1992, pp. 43-5; 1984, pp. 82-4 e 91 s.; 1978, pp. 85-117).

62. "Desenvolvimentos externos" – enfatiza Teubner (1982, p. 21) – "não são, por um lado, ignorados, nem, por outro, convertidos diretamente, em efeitos internos, conforme o esquema 'estímulo-resposta', mas sim filtrados e ajustados à lógica interna do desenvolvimento normativo, de acordo com critérios próprios de seletividade." Cf. nota 22 deste capítulo.

63. Luhmann, 1983b, pp. 152 s.
64. Cf. Luhmann, 1983b, p. 136.
65. Luhmann, 1987a [1984], p. 606; 1993a, pp. 76 e 79.
66. Luhmann, 1987a [1984], p. 62.
67. Cf. Luhmann, 1987a [1984], p. 59.

um paradoxo insuperável da autopoiese, não permitiria, portanto, a interrupção da interdependência dos componentes internos através da referência ao ambiente[68].

Por outro lado, entretanto, a interrupção do fechamento normativo através do questionamento do código-diferença "lícito/ilícito" afetaria a autonomia do sistema jurídico, levaria a paradoxos heteronomizantes: "Se um sistema emprega uma diferença-guia como código da totalidade de suas operações, essa auto-aplicação do código ao código deve ser excluída. A auto-referência só é admitida dentro do código e, aqui, operacionalizada como negação. [...] A *autonomia* do sistema não é, então, nada mais do que o *operar conforme o próprio código*, e precisamente porque *esse desparadoxiza o paradoxo da auto-referência.*"[69] De acordo com a concepção de Luhmann, a "auto-aplicação do código ao código" não implica apenas efeitos heteronomizantes, mas também imobilidade do sistema jurídico, na medida em que a capacidade de conexão da reprodução autopoiética é, dessa maneira, bloqueada.

Especialmente neste ponto, emergem as divergências entre a teoria luhmanniana da positividade e as novas concepções axiológicas ou morais do direito[70]. Pressuposto que à positividade do direito é inerente não apenas a supressão da determinação imediata do direito pelos interesses, vontades e critérios políticos dos "donos do poder", mas também a neutralização moral do sistema jurídico, torna-se irrelevante para Luhmann uma teoria da justiça como critério exterior ou superior ao direito positivo: "Todos os valores que circulam no discurso geral da sociedade são, após a di-

---

68. Cf. Luhmann, 1987a [1984], p. 65.
69. Luhmann, 1985, p. 6. Em relação aos sistemas sociais em geral, cf. também Luhmann, 1986a, pp. 76 s. e 80 s. Sobre "desparadoxização" e "destautologização" do direito por meio do código "lícito/ilícito", ver 1993a, esp. pp. 168 s.
70. Ver sobretudo Luhmann, 1981k [1973]; 1988b; 1993a, pp. 214-38; 1996b; e, a respeito, criticamente, Dreier, 1981; Habermas, 1992, esp. pp. 573 ss. [trad. bras. 2003, vol. II, pp. 222 ss.]; 1996, pp. 393-8 [trad. bras. 2004, pp. 393-7]; Alexy, 1983, pp. 161-5; K. Günther, 1988, pp. 318-34. Em defesa do modelo luhmanniano, cf., p. ex., Kasprzik, 1985.

ferenciação de um sistema jurídico, ou juridicamente irrelevantes, ou valores próprios do direito."[71] Portanto, a justiça só pode ser considerada conseqüentemente a partir do interior do sistema jurídico, seja como adequada complexidade (justiça externa) ou como consistência das decisões (justiça interna)[72]. Trata-se, com outras palavras, por um lado (externamente), de abertura cognitiva adequada ao ambiente, capacidade de aprendizagem e reciclagem em face deste; por outro (internamente), da capacidade de conexão da reprodução normativa autopoiética. A positividade não se limita, pois, ao *deslocamento* dos problemas de fundamentação no sentido da teoria do discurso habermasiana[73], signi-

---

71. Luhmann, 1988b, p. 27. Daí por que Kasprzik (1985, pp. 368 ss.) designa o enfoque luhmanniano de "desfundamentação". Deve-se observar que a vigência do código "lícito/ilícito", diferença-guia da reprodução autopoiética do direito conforme Luhmann, é também independente de uma "norma fundamental" (Kelsen) ou de uma "regra de reconhecimento" (Hart). Cf. Luhmann, 1983b, pp. 140 s.; K. Günther, 1988, p. 328. Cabe advertir igualmente que o conceito kelseniano de autoprodução do direito (Kelsen, 1960, esp. pp. 73, 228 e 283 [trad. bras. 2006, pp. 80, 246 s. e 309]) permanece no nível estrutural hierárquico do ordenamento normativo-jurídico e, portanto, ao contrário do que propõe Ost (1986, pp. 141-4), não pode ser vinculado ao paradigma autopoiético, que se refere primariamente ao nível operacional e à circularidade da reprodução do direito. Contra a aproximação dos dois modelos, ver Reisinger, 1982, considerando sobretudo a abertura cognitiva em Luhmann. Propondo uma releitura sistêmica da teoria da norma fundamental como uma teoria da observação de segunda ordem, cf. Pawlik, 1994.

72. Luhmann, 1988b, pp. 26 s.; cf. também 1981k [1973], pp. 388 ss.; 1993a, p. 225 s.

73. "A função própria da positivação consiste em *deslocar problemas de fundamentação*, portanto, em descarregar a aplicação técnica do direito, *em amplos espaços*, de problemas de fundamentação, mas não em *eliminar* a problemática da fundamentação" (Habermas, 1982b, vol. I, p. 354). Mais tarde, a oposição à concepção luhmanniana da positividade como autonomia sistêmica será expressa de forma mais vigorosa: "Um sistema jurídico adquire autonomia não apenas para si. Ele é autônomo apenas na medida em que os procedimentos institucionalizados para legislação e jurisdição garantem formação imparcial de julgamento e vontade, e, por esse caminho, proporcionam a uma racionalidade ético-procedimental ingresso igualmente no direito e na política" (Habermas, 1987a, p. 16; cf. de forma semelhante 1992, p. 599 [trad. bras. 2003, vol. II, p. 247], em que os termos "julgamento" e "ético" são substituídos, respectivamente, pelas expressões "opinião" e "moral").

fica a *eliminação* da problemática da fundamentação. O fato de que o direito preenche sua função perante um ambiente hipercomplexo, inundado das mais diversas expectativas normativas, exige, segundo Luhmann, um desencargo mais radical com respeito à fundamentação ética ou moral, seja ela material ou argumentativo-procedimental[74]. A relevância eventual de ponderações referentes a valores pretensamente universais teria como conseqüência a imobilidade do sistema jurídico, o bloqueio de sua tarefa seletiva, portanto, efeitos disfuncionais. Em suma: nos termos da concepção luhmanniana da positividade do direito, isto é, fechamento normativo e abertura cognitiva do direito moderno, o problema da justiça é reorientado para a questão da *complexidade* adequada do sistema jurídico e da *consistência* de suas decisões[75].

1.3. A alopoiese do direito

O modelo luhmanniano do *direito moderno* (positivo) *como sistema autopoiético é*, numa perspectiva empírica, *suscetível de restrições*. A determinação alopoiética do direito prevalece na maior parte da sociedade moderna (mundial)[76]. Inicialmente cabem alguns esclarecimentos.

Ao contrapor-se à autopoiese a alopoiese, não se trata de uma discussão sobre a superação lógica do paradoxo da auto-referência[77]. Nesse sentido orientou-se o debate entre

---

74. De acordo com Luhmann (1981k [1973], p. 389, nota 33),"[...] formas discursivo-racionais de esclarecimento de posições valorativas aceitáveis ou inaceitáveis ficam hoje encravadas no domínio do mero vivenciar. O pressuposto central da filosofia prática, segundo o qual, ao argumentar-se sobre o que hoje se designa de valores, poderia compreender-se melhor o *agir*, não é mais defensável nas condições hodiernas de um mundo muito mais rico em possibilidades".

75. Em consonância com essa formulação anterior, Luhmann define a justiça mais tarde como "fórmula de contingência" [*Kontingenzformel*] do sistema jurídico (1993a, pp. 214-38). Cf. Neves, 2002, p. 324.

76. A respeito, ver Neves, 1992.

77. Cf. Teubner, 1989, pp. 14 s. [trad. port. 1993, pp. 16 s.].

Hart e Ross sobre a possibilidade lógica da auto-referência no direito[78]. De um lado, Hart fazia objeções à resposta de Kelsen ao argumento de que a série infinita de sanções na relação entre normas sancionadoras e sancionadas estaria em contradição com a noção de direito como ordem coercitiva[79]; por outro lado, contestava a tese, sustentada por Ross, de que a reforma das normas constitucionais referentes à reforma da Constituição configuraria "um absurdo lógico"[80]. Hart apresentava o argumento conclusivo de que o direito não constitui um sistema de proposições no sentido lógico e, por conseguinte, admite auto-referência[81].

Nos termos da concepção sistêmico-teórica da autopoiese, a auto-referência pertence à realidade do direito como sistema social, não sendo tratada como um problema lógico. O conceito de auto-referência é "retirado de seu clássico posto na consciência humana ou no sujeito e transposto para o domínio dos objetos, a saber, para os sistemas reais como objeto da ciência"[82]. Daí resulta "uma certa distância em relação às dificuldades puramente lógicas da auto-referência"[83]. Nesse contexto não é mais o pensamento sobre o direito que é considerado como auto-referencialmente constituído, mas sim o próprio direito[84]. A auto-referência autopoiética não é, então, um problema a ser superado, mas sim uma condição imprescindível à unidade operacional e estrutural do sistema jurídico.

Também não parto aqui de uma diferença radical entre sistemas auto-referentes e alo-referentes no sentido da concepção biológica de Maturana, conforme a qual se distinguem, respectivamente, os sistemas que só podem ser carac-

---

78. Hart, 1983 [1964]; Ross, 1959, pp. 80-4; 1969.
79. Cf. Hart, 1983 [1964], pp. 170-3; Kelsen, 1946, pp. 28 s. [trad. bras. 2005, pp. 40 s.].
80. Ross, 1959, pp. 80 ss.; 1969, esp. pp. 4 s., 20 s. e 23 s.; cf. Hart, 1983 [1964], pp. 175 ss.
81. Cf. Hart, 1983 [1964], pp. 177 s.
82. Luhmann, 1987a [1984], p. 58.
83. *Ibidem*.
84. Teubner, 1989, p. 18 [trad. port. 1993, p. 23].

terizados com referência a si mesmos e os sistemas que só podem ser caracterizados com referência a um contexto[85]. No caso dos sistemas sociais, a autopoiese operacional é combinada com a referência cognitiva ao ambiente. A heterorreferência cognitiva é pressuposto da auto-referência operacional e vice-versa. No sistema jurídico, isso significa, como observamos no item anterior, a conexão entre fechamento normativo e abertura cognitiva. O direito enquanto sistema autopoiético é, ao mesmo tempo, normativamente simétrico e cognitivamente assimétrico[86]. Só quando há uma assimetrização externa no plano da orientação normativa é que surge o problema da alopoiese como negação da auto-referência operacional do direito. Derivada etimologicamente do grego *állos* ("um outro", "diferente") + *poíesis* ("produção", "criação"), a palavra designa a (re)produção do sistema por critérios, programas e códigos do seu ambiente. O respectivo sistema é determinado, então, por injunções diretas do mundo exterior, perdendo em significado a própria diferença entre sistema e ambiente. Por outro lado, bloqueios alopoiéticos do sistema são incompatíveis com a capacidade de reciclagem (abertura cognitiva) e, por conseguinte, com a própria noção de referência ao ambiente como interrupção da interdependência dos componentes sistêmicos.

A crítica à noção luhmanniana da autopoiese do sistema jurídico desenvolveu-se sobretudo entre os autores vinculados à concepção pós-moderna do direito[87]. Ladeur argumenta no sentido da pluralidade do discurso jurídico, criticando o conceito de direito como generalização congruente de expectativas normativas, porque tal conceito estaria associado a uma concepção instrumental da linguagem como "siste-

---

85. Maturana, *in*: Maturana e Varela, 1980, p. XIII.
86. Luhmann, 1984b, p. 111; em relação aos sistemas sociais em geral, cf. 1987a [1984], pp. 65 e 262.
87. Cf. Teubner, 1982; 1987a; 1987b; 1988; 1989; Teubner e Willke, 1984; Ladeur, 1983; 1984, esp. pp. 153 ss. e 222 ss.; 1985; 1986; 1990; 1991; 1992, esp. pp. 80 ss. A respeito, Neves, 1992, pp. 41-4. De outro ponto de vista, ver Ost, 1986; Rosenfeld, 1998, pp. 89-113.

ma de signos"[88] e, portanto, não tomaria em consideração a heterogeneidade e descontinuidade histórica dos "jogos de linguagem"[89]. Disso resulta que não se fala de consenso (suposto), mas sim de compatibilização do dissenso[90]. A autopoiese é flexibilizada, na medida em que o plano da virtualização de estrutura e função[91] possibilita a formação de redes entre os diversos sistemas sociais, o que exige "uma cultura jurídica da incerteza"[92]. Ladeur sustenta a pluralização em vez da unidade do direito[93], assim como o caráter constitutivo da *desordem* para a "ponderação" [*Abwägung*] como paradigma jurídico[94]. Mas mantém o conceito de autopoiese. Esta é interpretada pluralistamente, pressupondo a "crescente heterogeneidade e diferenciação situativa das arenas do agir social e administrativo"[95] e exigindo aplicação situativo-tópica do direito ("ponderação")[96]; não é negada: a reprodução autopoiética realizar-se-ia nos termos de uma "lógica local" para a dogmática[97]. Apenas haveria uma pluralização da autopoiese.

O modelo proposto inicialmente por Teubner e Willke aponta em outra direção. Na tentativa de compatibilizar a teoria dos sistemas de Luhmann com a teoria do discurso de Habermas, apresenta-se a noção de "direito reflexivo", o qual surgiria como uma reação à diferenciação funcional da sociedade (Luhmann) e como "Constituição exterior" para a auto-reflexão nos outros sistemas sociais (Habermas)[98]. O

---

88. Ladeur, 1985, pp. 415 e 417 s., nota 131; recuando nessa crítica, cf. 1992, pp. 127 s.
89. Ladeur, 1986, p. 268, nota 8.
90. Ladeur, 1986, p. 273.
91. Cf. Ladeur, 1985, p. 414.
92. Ladeur, 1985, p. 423; a respeito, ver 1990, 1991, 1992, 1995.
93. Ladeur, 1983, esp. pp. 479 ss.; 1984.
94. Ladeur, 1983, p. 478. Como aplicação dessa concepção teórica a uma questão constitucional concreta, ver 1987; e, em controvérsia, Blanke, 1987.
95. Ladeur, 1986, p. 273.
96. Ladeur, 1983, p. 472; cf. também 1984, esp. pp. 205 ss.
97. Ladeur, 1985, p. 426.
98. Teubner e Willke, 1984, pp. 24-30; Teubner, 1982, pp. 44-51. A respeito, ver, em perspectivas diversas, as críticas de Luhmann, 1985; Nahamowitz, 1985; Münch, 1985.

"direito reflexivo" é concebido, então, como uma síntese superadora dos limites do direito formalmente racional e da racionalidade jurídica material[99]. No primeiro caso, haveria uma insensibilidade em relação ao contexto social; o direito materialmente racional, por sua vez, não responderia adequadamente à diferenciação da sociedade e, portanto, não proporcionaria a autonomia do sistema jurídico. Nessa perspectiva, o direito reflexivo regula o contexto social *autônomo*, dando aos subsistemas atingidos uma constituição social, "que lhes respeita a dinâmica própria, mas, ao mesmo tempo, impõe-lhes restrições que, como 'regras do contexto' para cada parte, resultam das condições da cooperação de todas as partes"[100]. Divergindo do modelo de Luhmann, essa construção pressupõe que os subsistemas sociais não se encontram apenas em relações de observação recíproca, admitindo também *interferências* intersistêmicas[101]. Não se nega, porém, a autopoiese do sistema jurídico; ao contrário, afirma-se a dupla autopoiese do direito e dos demais subsistemas da sociedade[102].

No desenvolvimento de sua concepção jurídica pluralista e pós-moderna, Teubner passa a distinguir entre direito autopoiético, direito parcialmente autônomo e direito socialmente difuso[103]. Parte-se da premissa de que o sistema jurídico autopoiético constitui-se do entrelaçamento hipercíclico entre os componentes sistêmicos, a saber, procedimento jurídico (processo), ato jurídico (elemento), norma jurídica (estrutura) e dogmática jurídica (identidade). No caso do direito parcialmente autônomo, haveria a constituição

---

99. Teubner e Willke, 1984, pp. 19 ss.; Teubner, 1982, pp. 23 ss.
100. Teubner e Willke, 1984, p. 7.
101. Teubner, 1988, pp. 52 ss.; 1989, pp. 96 ss. [trad. port. 1993, pp. 155 ss.]. Cf. *supra* nota 50 do Cap. II.
102. Cf. Teubner, 1988, pp. 46-8; 1989, pp. 88 ss. [trad. port. 1993, pp. 140 ss.]. A respeito, ver criticamente Nahamowitz, 1990; replicando-o, Luhmann, 1991b; distanciando-se de ambas as posições, Kargl, 1991.
103. Cf. Teubner, 1989, pp. 49 ss. [trad. port. 1993, pp. 77 ss.], especialmente o sugestivo quadro à p. 50; 1987a, pp. 106 ss. (o mesmo quadro à p. 108); 1987b, pp. 432 ss.

auto-referencial dos respectivos componentes sistêmicos, não surgindo, porém, o enlace hipercíclico entre eles. Ou seja, ocorreria a (re)produção auto-referencial dos atos jurídicos entre si, das normas entre si, dos procedimentos entre si, dos argumentos e proposições dogmáticas entre si, mas esses diversos componentes sistêmicos não se entrelaçariam em um hiperciclo autopoiético. Por fim, teríamos o direito socialmente difuso, no qual os componentes sistêmicos são produzidos sem diferenciação jurídica, ou seja, simplesmente como conflito (processo), ação (elemento), norma social (estrutura) e imagem do mundo (identidade). Ao distinguir esses três tipos de constituição e (re)produção dos componentes do sistema jurídico, Teubner é levado à seguinte aporia: tratando-se do mesmo âmbito de vigência, como se resolvem os conflitos entre os três diversos tipos sistêmicos do direito? Ele responde com o conceito de direito intersistêmico de colisão[104], que vale inclusive para "o conflito entre ordem jurídica estatal e *ordens sociais plurais quase-jurídicas*"[105]. A questão, contudo, permanece: o direito intersistêmico de colisão constitui sistema autopoiético, ordem jurídica parcialmente autônoma ou direito socialmente difuso? Caso se trate de uma dessas duas últimas formas, não haveria, a rigor, direito autopoiético; se, ao contrário, for caracterizado como direito autopoiético, não haveria exatamente direito parcialmente autônomo ou socialmente difuso[106].

Quando falo de direito alopoiético, refiro-me ao próprio direito estatal, territorialmente delimitado. Procuro esclarecer que não se desenvolve, em determinados âmbitos de vigência espacial delimitados fixamente, a diferenciação

---

104. Teubner, 1989, pp. 123 ss. [trad. port. 1993, pp. 201 ss.].
105. Teubner, 1989, pp. 135-8 [trad. port. 1993, pp. 223-7].
106. Mais tarde, tratando da colisão de discursos, Teubner (1996a, pp. 907 ss.) formula a questão de maneira diferente: com base no conceito de *reentry*, ele sustenta – de forma mais adequada à sua concepção jurídico-pluralista – que o direito ou discurso de colisão integra-se nos respectivos direitos ou discursos colidentes.

funcional suficiente de uma esfera do agir e do vivenciar jurídico, ou seja, não se constrói um sistema auto-referencial apto a, de maneira congruentemente generalizada no domínio da respectiva sociedade, orientar as expectativas normativas e regular as conexões interpessoais de conduta. Não se trata, pois, do modelo tradicional do pluralismo jurídico, no qual se distinguiria entre direito "oficial" autônomo e esferas jurídicas construídas informalmente e de modo difuso. Por um lado, tal distinção conduz à já referida aporia insuperável quanto aos mecanismos de solução dos conflitos intersistêmicos, pois a prevalência de um dos modelos jurídicos implica a absorção do outro. Por outro, a concepção pluralista pós-moderna, de origem européia, procura apontar para a relação de mecanismos extra-estatais "quase-jurídicos" com um direito estatal operacionalmente autônomo. No presente trabalho, pretendo considerar algo mais radical, a própria falta de autonomia operacional do direito positivo estatal. Isso significa a sobreposição de outros códigos de comunicação, especialmente do econômico (ter/não-ter) e do político (poder/não-poder), sobre o código "lícito/ilícito", em detrimento da eficiência, funcionalidade e mesmo racionalidade do direito.

Ao afirmar-se o intrincamento dos códigos e critérios de preferência das diversas esferas da vida social (economia, política, família etc.) com o código-diferença e os critérios do direito, não se desconhece que sempre há um condicionamento de todo e qualquer sistema autopoiético pelo seu ambiente, e que isso constitui pressuposto da conexão auto-referencial dos componentes intra-sistêmicos. Mas, nesse caso, há a "comutação" ou "digitalização" dos fatores externos pelo código e o critério do respectivo sistema. É na capacidade de "releitura" própria das determinantes ambientais que o sistema se afirma como autopoiético. Na medida em que, ao contrário, os agentes do sistema jurídico estatal põem de lado o código-diferença "lícito/ilícito" e os respectivos programas e critérios, conduzindo-se ou orientando-se primária e freqüentemente com base em injunções diretas da economia, do poder, das relações familiares etc., cabe, sem dúvida, sustentar a existência da alopoiese do direito. Nessa hipótese, não se trata simplesmente de fenômenos localizados de "corrupção sistêmica" em detrimento dos acoplamentos estruturais no âmbito das organizações, tal como se observa em experiências do Estado democrático de direito na Europa Ocidental e na América do Norte[107], nem de "valores de rejeição" no sentido de Gotthard Günther[108], pois ambos os conceitos pressupõem a autopoiese dos respectivos sistemas. A chamada "corrupção sistêmica" tem tendência à generalização nas condições típicas de reprodução do direito na modernidade periférica, atingindo o próprio princípio da diferenciação funcional e resultando na alopoiese do direito[109]. Não se trata, portanto, de bloqueios eventuais da reprodução autopoiética do direito positivo, superáveis através de mecanismos imunizatórios complementares do próprio sistema jurídico. O problema implica o comprometimento generalizado da autonomia operacional do direito. Diluem-se mesmo as próprias fronteiras entre sistema jurídico e ambiente, inclusive no que se refere a um pretenso direito extra-estatal socialmente difuso.

Como será visto mais adiante, a alopoiese afeta a autorreferência de base (elementar), a reflexividade e a reflexão como momentos constitutivos da reprodução operacionalmente fechada do sistema jurídico. Atinge também a heterorreferência, ou seja, a função e as prestações do direito. Conforme o modelo de Teubner, a alopoiese implica, em primeiro lugar, a não-constituição ou o bloqueio generalizado

---

107. Cf. Luhmann, 1993a, p. 445 e *passim*; 2000b, pp. 295-7.
108. G. Günther, 1976, pp. 286 ss. Acompanhando-o, cf. Luhmann, 1986b, pp. 181 ss.; 1993a, pp. 81, 181, 187 e 545 s.; 1997, pp. 751 s.
109. Luhmann (1993a, p. 82) reconhece que, "em caso extremo" de "corrupção sistêmica", "não se pode mais falar de fechamento autopoiético[...]", mas não retira daí as devidas conseqüências empíricas para a sua construção teórica, tendo em vista que insiste fortemente na tese do primado da diferenciação funcional na sociedade mundial do presente (1993a, p. 572; 1997, pp. 743 ss.; cf. também *supra* nota 95 do Cap. II).

do entrelaçamento hipercíclico dos componentes sistêmicos (ato, norma, procedimento e dogmática jurídicos). Mas pode significar algo mais: a não-constituição auto-referencial de cada espécie de componentes sistêmicos. Nesse caso, as fronteiras entre sistema jurídico e ambiente social não só se enfraquecem, elas desaparecem.

2. CONSTITUCIONALIZAÇÃO SIMBÓLICA COMO SOBREPOSIÇÃO DO SISTEMA POLÍTICO AO DIREITO

Ao definir-se a Constituição como acoplamento estrutural entre direito e política (ver Cap. II.1.3.A), pressupõe-se a autonomia operacional de ambos esses sistemas. A Constituição apresenta-se então como mecanismo de interpenetração e interferência entre dois sistemas sociais autopoiéticos, possibilitando-lhes, ao mesmo tempo, autonomia recíproca. Correspondentemente, concebida como instância interna do sistema jurídico (direito constitucional), ela caracteriza-se como mecanismo de autonomia operacional do direito (ver Cap. II.1.3.C). Nesse caso, tem-se em vista precisamente o processo de constitucionalização como distintivo do "Estado de direito" moderno.

Tratando-se, porém, das "Constituições instrumentalistas" e "simbólicas" (ver Cap. II.6.), há uma expansão da esfera do político em detrimento do desenvolvimento autônomo de um código específico de diferença entre lícito e ilícito. No caso típico de "instrumentalismo constitucional", a subordinação heteronomizante do sistema jurídico ao código primário da política, "poder superior/inferior"[110], sucede diretamente através do processo de estabelecimento de textos constitucionais ou de leis "supraconstitucionais" de exceção. Nas situações-limite de totalitarismo e autoritarismo, isso

---

110. "O poder político é antes de tudo codificado hierarquicamente de acordo com o esquema poder superior/inferior" (Luhmann, 1986b, p. 199). Cf. *supra* nota 53 do Cap. II.

significa que os detentores do poder não ficam vinculados a mecanismos jurídicos de controle previstos nas respectivas leis constitucionais, seja porque as próprias disposições (supra-)constitucionais excluem os órgãos políticos supremos de qualquer limitação ou controle jurídico, ou porque ocorrem mudanças casuísticas da Constituição no sentido de impedir a invocação dos eventuais instrumentos de controle. É, portanto, no plano da própria emissão de leis (supra-)constitucionais que se impede o desenvolvimento do código-diferença "lícito/ilícito" como segundo código do poder. Dos próprios textos normativos constitucionais, sem qualquer distância em relação à realidade constitucional[111], decorre o bloqueio heterônomo da reprodução dos componentes do sistema jurídico. Tal situação pode estar vinculada à predominância de uma ideologia totalitária que elimine qualquer autonomia à esfera jurídica[112]; mas é possível que esteja associada a interesses mais concretos de minorias privilegiadas, sem consistência "ideológica"[113].

No caso de constitucionalização simbólica, a politização desdiferenciante do sistema jurídico não resulta do conteúdo dos próprios dispositivos constitucionais. Ao contrário, o texto constitucional proclama um modelo político-jurídico no qual estaria assegurada a autonomia operacional do direito. Mas do sentido em que se orientam a atividade constituinte e a concretização do texto constitucional resulta o bloqueio político da reprodução operacionalmente autônoma do sistema jurídico. Ao texto constitucional, em uma proporção muito elevada, não correspondem expectativas nor-

---

111. Por isso as "Constituições instrumentalistas" implicam o "realismo constitucional", significando isso que não há distinção entre *sistema jurídico* constitucional e seu *ambiente político*. Cf. *supra* nota 199 do Cap. II.
112. Daí a distinção de Luhmann (1984c [1967], pp. 193-6) entre "Estados de direito" e sistemas integrados ideologicamente.
113. Os regimes autoritários latino-americanos têm sido caracterizados, com razão, pela falta de uma "ideologia" consistente de sustentação. Cf., p. ex., Cheresky, 1980, esp. p. 1076; Loewenstein, 1942, pp. 125 ss., em relação especificamente ao regime Vargas; Neves, 1992, pp. 187 s.

mativas congruentemente generalizadas e, por conseguinte, "consenso suposto"na respectiva sociedade. A partir da sua emissão não se desenvolve uma Constituição como instância reflexiva do sistema jurídico.

Com relação à legislação simbólica, Kindermann também acentua que se trata de um mecanismo de negação da diferença entre sistemas político e jurídico, em detrimento da autonomia do último[114]. Mas, nesse caso, o problema diz respeito, em princípio, a aspectos parciais ou setoriais do sistema jurídico. A constitucionalização simbólica, que afeta as estruturas fundamentais da Constituição e não apenas determinados dispositivos constitucionais isolados, é um mecanismo que põe a autonomia do direito generalizadamente em questão. Deve-se observar aqui a abrangência dos temas constitucionais nas dimensões material, social e temporal: 1) o direito constitucional refere-se imediata ou mediatamente a todos os ramos do direito; 2) o consenso ("suposto") em torno da base constitucional é pressuposto da institucionalização das normas infraconstitucionais e respectivos procedimentos; 3) a continuidade normativa da Constituição é condição da alterabilidade juridicamente regulada e reciclagem permanente das normas infraconstitucionais às novas exigências do ambiente. Conseqüentemente, em não havendo suficiente relevância normativo-jurídica dos textos constitucionais, compromete-se o direito como um sistema autônomo fundamentado na congruente generalização de expectativas normativas nas dimensões material, social e temporal[115].

Enquanto sobreposição do sistema político ao jurídico, a constitucionalização simbólica não se apresenta apenas como mecanismo de bloqueio do direito pelo código-diferença primário da política, "poder superior/inferior", ou

---

114. Cf. Kindermann, 1989, p. 270.
115. Sobre normatização, institucionalização e identificação de sentido como mecanismos de generalização das expectativas normativas respectivamente nas dimensões temporal, social e material, ver Luhmann, 1987b [1972], pp. 53-106.

seja, não tem um sentido puramente negativo. Através do discurso constitucionalista, da referência retórica ao texto constitucional, é possível, com êxito maior ou menor, construir-se perante o público a imagem de um Estado ou um governo identificado com os valores constitucionais, apesar da ausência de um mínimo de concretização das respectivas normas constitucionais. Trazendo a esse contexto palavras de Luhmann, trata-se de um caso típico de "exploração" do sistema jurídico pela política[116]. Não se configura aqui uma "exploração" eventual ou em aspectos isolados, mas sim uma "superexploração" generalizada. Daí por que se fala de "sociedade hiperpolitizada" em casos de constitucionalização simbólica[117].

O fato da subordinação do direito ao poder político no contexto da constitucionalização simbólica não deve, entretanto, levar à ilusão da autonomia do sistema político. Tendo em vista que o pressuposto de tal autonomia, o desenvolvimento da diferença "lícito/ilícito" como segundo código do poder (ver nota 53 do Cap. II), não se realiza satisfatoriamente no âmbito da constitucionalização simbólica, o poder político sofre injunções particularistas as mais diversas, tornando-se ineficiente com respeito à sua função de decidir de forma vinculatória generalizada. Não havendo um sistema normativo-jurídico constitucional eficaz e socialmente vigente, que se possa invocar legitimatoriamente para descarregar-se e imunizar-se das pressões concretas de "cima" e de "baixo", os atores políticos ficam suscetíveis às influências imediatas dos interesses particularistas, surgindo

---

116. Cf. Luhmann, 1983b, p. 150.
117. Cf. Villegas, 1991, p. 16, tratando da eficácia simbólica da Constituição colombiana. Evidentemente, a "hiperpolitização" que envolve a constitucionalização simbólica também resulta da permanente invocação do texto constitucional no discurso dos grupos políticos e movimentos sociais interessados efetivamente na transformação das relações reais de poder; mas não me parece adequado aplicar a esse caso o "conceito de uso alternativo do direito", uma vez que ao texto constitucional simbólico não corresponde concretização normativa (cf., em sentido contrário, Villegas, 1991, pp. 11 s.).

daí mecanismos instáveis de apoio, compensatórios da falta de legitimação (geral). Principalmente no que se refere às injunções do código "ter/não-ter" (economia), observa-se claramente a fraqueza do sistema político em situações de constitucionalismo simbólico, um problema típico do Estado periférico (ver item 6 deste capítulo). Nesse sentido, a constitucionalização simbólica também se apresenta como um mecanismo ideológico de encobrimento da falta de autonomia e da ineficiência do sistema político estatal, sobretudo com relação a interesses econômicos particularistas. O direito fica subordinado à política, mas a uma política pulverizada, incapaz de generalização consistente e, pois, de autonomia operacional.

3. CONSTITUCIONALIZAÇÃO SIMBÓLICA *VERSUS* AUTO-REFERÊNCIA CONSISTENTE E HETERORREFERÊNCIA ADEQUADA DO SISTEMA JURÍDICO

A concepção do direito como sistema autopoiético pressupõe a assimetria entre complexidade do sistema jurídico e supercomplexidade de seu ambiente na sociedade moderna[118]. Diante da complexidade não-estruturada ou indeterminada/indeterminável do ambiente, o direito positivo constrói complexidade sistêmica estruturada ou determinada/determinável[119]. Para isso, exigem-se tanto a auto-referência consistente do sistema jurídico com base no código de diferença entre lícito e ilícito quanto a heterorreferência adequada ao correspondente ambiente, a tal ponto que o problema da justiça interna e externa é reduzido, res-

---

118. Cf. Luhmann, 1975b, esp. pp. 210 s.
119. Sobre a distinção entre complexidade estruturada e não-estruturada, ver Luhmann, 1987a [1984], p. 383; 1987b [1972], pp. 6 s. Paralelamente, ele distingue entre complexidade indeterminada/indeterminável e determinada/determinável (cf., p. ex., 1971, pp. 300-2; 1975b, pp. 209 ss.). Bertalanffy (1957, p. 9) falava analogamente de complicação desorganizada e organizada.

pectivamente, à questão desses dois modos de referência sistêmica[120].

A auto-referência implica três momentos sistêmicos: a auto-referência de base ou elementar, a reflexividade (auto-referência processual) e a reflexão. A auto-referência de base significa a capacidade de conexão consistente entre os elementos constituintes do respectivo sistema; por reflexividade entende-se que processos referem-se a processos com base no mesmo código sistêmico de preferência; a reflexão em sentido estrito significa que o sistema reflete sobre a sua própria identidade (cf. *supra* pp. 130-3).

Ao tratar desses três momentos da auto-referência do sistema jurídico em trabalho anterior, relacionei-os respectivamente aos conceitos de legalidade, constitucionalidade e legitimação (no sentido sistêmico)[121]. A *legalidade*, nessa perspectiva, define-se dinamicamente como capacidade de conexão consistente das unidades elementares do sistema jurídico (comunicações, atos jurídicos) com base no mesmo código generalizado (includente) de diferença entre lícito e ilícito[122]. Nesse caso, há redundância operacional em face da variedade do ambiente[123]. A *constitucionalidade* é concebida como o mecanismo mais abrangente de reflexividade no in-

---

120. Luhmann, 1988b, pp. 26 s. Cf. também 1981k [1973], pp. 388 ss.; 1993a, pp. 225 ss. Ver *supra* pp. 138-40.
121. Cf. Neves, 1992, pp. 182 ss.
122. Não se trata, pois, simplesmente de concordância entre lei ou "direito escrito" e comunicações jurídicas. A essa concepção estática da legalidade corresponde a dicotomia "ordem legal *versus* ordem social", usual tanto entre "juristas" quanto entre "típicos" sociólogos do direito (cf., p. ex., Falcão Neto, 1984). A legalidade é concebida a partir do texto legal, cujo caráter não-social é sugerido. A essa concepção subjaz o dualismo liberal "Estado/sociedade", no qual se encobre que o Estado é um subsistema da sociedade (cf. Luhmann, 1965, pp. 29 ss.; 1981j, p. 19; 1998, pp. 375 s., ou 2000a, p. 222, aqui como subsistema do sistema político da sociedade mundial). De fato, a relação harmônica entre texto legal e comunicações jurídicas é, antes, uma expressão jurídico-lingüística da legalidade (cf. Neves, 1992, pp. 185 s.).
123. Sobre a relação equilibrada entre redundância ("cristal") e variedade ("fumaça") como condição de autonomia dos sistemas, ver Atlan, 1979, esp. p. 43. Cf. também Neves, 1992, pp. 80 s. e 184 s.

terior do sistema jurídico, ou seja, como a normatização mais compreensiva de processos de normatização no direito positivo (cf. Cap. II.1.3.C). A *reflexão* enquanto referência do sistema à sua própria identidade manifesta-se em dois níveis de abstração: a *dogmática jurídica* como reflexão limitada, uma vez que nela prevalece o princípio da "inegabilidade dos pontos de partida de cadeias de argumentação" ("proibição de negação" da identidade do sistema)[124]; a *teoria do direito* como "abstração de abstração" (reflexão abrangente), na qual é admitido o questionamento da identidade do sistema[125]. A reflexão, por outro lado, fica vinculada à *legitimação* em sentido sistêmico, definida como capacidade do sistema de orientar e reorientar as expectativas normativas com base nas suas próprias diferenças e critérios.

A constitucionalização simbólica implica problemas de reprodução do direito nos três momentos de sua auto-referência. A falta de força normativa do texto constitucional conduz, na práxis jurídica, à insuficiência de legalidade e constitucionalidade e, correspondentemente, no plano de reflexão, ao problema da desconexão entre a prática constitucional e as construções da dogmática jurídica e da teoria do direito sobre o texto constitucional.

O princípio da legalidade, proclamado no diploma constitucional, não se realiza suficientemente através da conexão consistente das comunicações jurídicas (atos jurídicos)

---

124. Luhmann, 1974, p. 15. A respeito, ver Ferraz Jr., 1980, pp. 95 ss.

125. Luhmann, 1974, p. 13, aqui ainda incluindo a teoria do direito no sistema científico. Posteriormente, a teoria do direito é definida como auto-reflexão do sistema jurídico (1981h [1979]; cf. também 1987b [1972], pp. 360 ss.; 1986c, p. 19). Se, em caso de reflexão, "a identidade do sistema deve ser problematizada, poder, portanto, aparecer como negável" (Luhmann, 1982, p. 59), apenas a teoria do direito constituiria, a rigor, instância de reflexão do sistema jurídico, não a dogmática jurídica. Mas, no sentido menos estrito do termo, trata-se de dois níveis de reflexão do direito. Para outros questionamentos, ver Luhmann, 1993a, esp. pp. 9 ss. e 562 ss., onde, de um lado, também se atribui à teoria do direito uma capacidade limitada de crítica em face do sistema jurídico (p. 18), de outro, sugere-se que a teoria do direito pode ser compreendida como um acoplamento estrutural entre sistema científico e sistema jurídico (pp. 564 s.).

com base exclusivamente no código-diferença "lícito/ilícito". A legalidade, que implica igualdade perante a lei (cf. *supra* nota 177 do Cap. II), transforma-se fundamentalmente em uma figura de retórica do discurso do poder. O bloqueio do processo de concretização constitucional resulta da sobreposição dos códigos binários de preferência, principalmente dos códigos-diferença "poder/não-poder" e "ter/não-ter", sobre o código "lícito/ilícito". Não se desenvolve a capacidade de conexão generalizada das comunicações como unidades elementares de um sistema operacionalmente autônomo, sobressaindo-se o problema da ilegalidade na práxis constitucional, encoberto tanto pela retórica legalista dos "ideólogos" do sistema de poder quanto pelo discurso antilegalista dos seus críticos.

Nas condições de constitucionalização simbólica, a noção de constitucionalidade como reflexividade mais abrangente no interior do sistema jurídico também é afetada. Na medida em que o texto constitucional não se concretiza normativamente de forma generalizada, impossibilita-se o desenvolvimento de Constituição como normatização mais compreensiva de processos de normatização dentro do sistema jurídico. O paradoxo da "realidade constitucional inconstitucional"[126] importa uma práxis política na qual se adotam ou rejeitam os critérios normativos procedimentais previstos no texto constitucional, conforme eles correspondam ou não à constelação de interesses concretos das relações de poder. O problema não se reduz à questão da inconstitucionalidade das leis ou "atos normativos", sempre suscetível, em grau maior ou menor, de uma solução mediante os respectivos mecanismos de controle da constitucionalidade. Ele torna-se relevante no plano de práticas informais descaracterizadoras dos próprios procedimentos constitucionais (p. ex., prisão sem o correspondente *due process of law*, deturpação do procedimento eleitoral, prática judicial corrupta, parlamento como foco da criminalidade organizada). Nessas

---

126. Grimm, 1989, col. 637.

circunstâncias, a noção de "ordem constitucional"perde em sentido prático-jurídico, sendo, porém, invocada particularisticamente nos casos de instabilidade da ordem política real subjacente. Em tal contexto, a constitucionalidade, que implicaria generalização includente da normatização constitucional, converte-se amplamente em figura de retórica, não só no discurso do *status quo*, como também, em certa medida, na práxis discursiva dos grupos interessados por transformações reais das relações de poder.

Considerado que a legalidade (auto-referência de base) e a constitucionalidade (reflexividade) são condições imprescindíveis para uma (auto-)reflexão consistente sobre a identidade do sistema jurídico (e vice-versa), a construção de uma dogmática jurídica e também de uma teoria do direito relevante na práxis constitucional fica prejudicada em situações de constitucionalização simbólica. Nesse contexto de falta de auto-referência elementar e processual, não se desenvolve suficientemente uma dogmática jurídico-constitucional que esteja em condições de, conforme o modelo luhmanniano, preencher satisfatoriamente sua função de "controle de consistência em relação à decisão de *outros* casos" e, nos limites dessa função, definir com relevância prática "*as condições do juridicamente possível*, a saber, as possibilidades de construção jurídica de casos jurídicos"[127]. As abstrações conceituais da dogmática jurídica e as "abstrações de abstrações"da teoria do direito não se refletem na práxis jurídico-constitucional, na medida em que constelações concretas de interesses impedem uma consistente interdependência das decisões. Daí surgem o desvio retórico da cultura jurídica, assim como, freqüentemente, a discussão constitucional orientada basicamente pelas questões e casos jurídico-constitucionais da experiência estrangeira. Em linguagem psicanalítica poder-se-ia dizer que se trata, então, de reações sublimadoras diante da realidade constitucional rejeitante.

---

127. Luhmann, 1974, p. 19. No mesmo sentido, ver Ferraz Jr., 1980, pp. 99 ss.

Com a incapacidade de (auto-)reflexão consistente do sistema jurídico-constitucional relaciona-se o problema da legitimação. Aqui não quero referir-me simplesmente ao papel legitimatório das teorias jurídicas para o direito enquanto sistema normativo[128]. Pretendo enfatizar que, nos casos de constitucionalização simbólica, a insuficiente reflexão da identidade sistêmica ou a ineficiente definição das "condições do juridicamente possível" pela dogmática constitucional e pela teoria do direito constitui fator negativo da orientação generalizada das expectativas normativas pelo texto constitucional. Não se trata do conceito weberiano de legitimidade racional (moderna) como "crença na legalidade"[129], nem da concepção de legitimidade como reconhecimento de decisões vinculantes (consenso fáctico)[130]. Tam-

---

128. Nesse sentido, afirma Eder (1986, p. 20): "Teorias jurídicas não explicam, elas legitimam o sistema jurídico. Decisivo é sua função legitimatória e não sua verdade."

129. Weber, 1985 [1922], esp. pp. 19 s., 124 e 822 [trad. bras. 2004, vol. I, pp. 22 s. e 141; vol. II, p. 526]; cf. também 1968b [1922], pp. 215 ss. Com posição crítica a respeito, ver Habermas, 1973, pp. 133 ss.; 1982b, vol. I, pp. 354 ss. Divergindo da interpretação dominante, Winckelmann (1952, pp. 72 s. e 75 s.) sustenta o fundamento "racional-valorativo" no conceito weberiano de legitimidade. Por outro lado, Schluchter (1979, pp. 155 ss.) relaciona a noção de "princípios jurídicos" com a "ética da responsabilidade". Contra essas duas interpretações referentes a valores, cf., com razão, respectivamente, Habermas, 1973, pp. 136-8; 1982b, vol. I, p. 361, nota 197. Mas também não é fundamentável a afirmação de Luhmann (1965, p. 140, nota 12) de que Weber veria o problema da legitimidade "somente na efetividade da dominação". Ele mesmo acentua em outra passagem que a legitimidade, segundo Weber, "seria simplesmente a *conseqüência da crença fática no princípio da legitimação*" (p. 144). A efetividade seria, nesse sentido, apenas um indício da legitimidade.

130. Sobre essa concepção dominante, que deve ser distinguida da weberiana, principalmente porque não se refere apenas à crença no *exercício legal* da dominação, mas também considera a crença no *título* jurídico ou nos *princípios* jurídicos do poder, cf. Friedrich, 1960; Heller, 1934, pp. 175 ss., 191 e 221 [trad. bras. 1968, pp. 212 ss., 231 s. e 265]. Nesse contexto, ver, para a distinção entre "legitimidade" como qualidade do título do poder e "legalidade" como qualidade do exercício do poder, Bobbio, 1967, esp. pp. 48 s. Correspondentemente, a legitimidade é reduzida à legalidade no "Estado democrático de direito", na medida em que as "leis" são concebidas como "expressão da vontade popular formada democraticamente" (Preuss, 1984, p. 28). Criticamente a respeito de teorias "participatórias" da legitimação, ver Luhmann, 1987d.

bém não interessam aqui concepções axiológicas ou morais de legitimidade com pretensão de universalidade, como o modelo habermasiano da fundamentação do procedimento jurídico através de uma moral processual[131]. Antes é relevante apontar que, no contexto da constitucionalização simbólica, a orientação ou reorientação das expectativas normativas conforme critérios e procedimentos próprios do sistema jurídico, especialmente do direito constitucional, não se realiza de maneira generalizada e permanente. Do figurino constitucional não decorre legitimação do sistema jurídico no sentido de Luhmann, o que pressuporia uma Constituição envolvida nos três momentos da auto-referência do direito[132]. É inegável que o texto constitucional, enquanto álibi invocado recorrentemente na retórica do poder, serve, em certa medida, como mecanismo substitutivo de legitimação política. Mas daí não decorre uma legitimação estável e generalizada (includente), o que só seria possível se ao texto constitucional correspondessem expectativas normativas congruentemente generalizadas.

A constitucionalização simbólica não importa apenas a falta de auto-referência consistente dos componentes do direito. Envolve também o problema da heterorreferência inadequada do sistema jurídico.

No sentido da teoria luhmanniana dos sistemas autopoiéticos, a referência dos sistemas sociais ao seu ambiente realiza-se através da *função* e da *prestação*. A função é a relação do subsistema social com a sociedade como um todo. A prestação apresenta-se como a referência de um subsistema a outro subsistema da sociedade[133]. Com respeito ao sistema jurídico, a *função* realiza-se primariamente através da orientação congruentemente generalizada de expectati-

---

131. Cf. Habermas, 1987a; 1992, pp. 541 ss. [trad. bras. 2003, vol. II, pp. 193 ss.]. Sobre a sua formulação anterior de um conceito de legitimação com pretensão de verdade, ver 1973, esp. pp. 140 ss.

132. A respeito, cf. Neves, 1992, pp. 212 ss.

133. Cf. Luhmann, 1982, pp. 54 ss.; 1993a, pp. 156 ss.; Luhmann e Schorr, 1988, pp. 34 ss. Ver *supra* Cap. II.1.3.D.

vas normativas, embora também seja função do direito a regulação da conduta[134]. A *prestação* mais genérica do sistema jurídico é a solução de conflitos que não se apresentam mais em condições de ser resolvidos com os critérios e diferenças de cada um dos outros sistemas[135]. Mas o direito também realiza prestações especificamente diferenciadas para os outros sistemas da sociedade, quando, por exemplo, assegura possibilidades de formação de capital na economia, acesso à instrução (sistema educacional), limitações à atividade política[136].

No plano constitucional, a função de congruente generalização de expectativas normativas é possibilitada, na sociedade moderna, mediante a institucionalização dos direitos fundamentais, que constituem a resposta do sistema jurídico às exigências de diferenciação funcional. Mas, como o princípio da diferenciação funcional é inseparável do princípio da inclusão, a função de congruente generalização de expectativas normativas importa a institucionalização constitucional do Estado de bem-estar[137]. Ou seja, através da institucionalização dos direitos fundamentais, a Constituição responde à semântica social dos "direitos humanos", que pressupõe uma sociedade diferenciada em esferas de vidas

---

134. A respeito, ver Luhmann, 1981d; 1987b [1972], pp. 94 ss. Cf. *supra* nota 248 do Cap. I.

135. Teubner, 1982, p. 48.

136. Luhmann, 1981h [1979], p. 440. Correntemente a distinção luhmanniana entre prestação e função não é empregada, de tal maneira que "a função social do direito" pode ser definida como "uma prestação do direito para a sociedade" (Maihofer, 1970, p. 25). A referência de Bobbio (1977, pp. 113-5) a diferentes níveis de função importa indistinção entre função e prestação no sentido aqui utilizado. Por outro lado, ele distingue entre função do direito em relação à "sociedade como totalidade" e função do direito com respeito aos indivíduos como "componentes" dessa totalidade (pp. 111-3). Conforme Schelsky (1970, pp. 57 ss.), no segundo caso trata-se de "função antropológica do direito"; cf. também Maihofer, 1970, pp. 32 ss. Na perspectiva luhmanniana, o homem não faz parte da sociedade, mas sim do "ambiente" dela (cf., p. ex., Luhmann, 1987a [1984], pp. 286 ss.; 1987b [1972], pp. 133 s.; 1997, p. 30).

137. Cf. Neves, 1992, pp. 151 ss. Ver também *supra* Cap. II.1.3.D.*a*.

orientadas por critérios os mais diversos, não subordinada a uma moral socialmente totalizante e hierárquica, fundamentadora do poder[138]; mediante a institucionalização do Estado de bem-estar, a Constituição volta-se para as exigências das massas por maior acesso ou participação nas prestações dos diversos sistemas sociais, sobretudo da política e do direito. Tanto uma como outra forma de institucionalização são imprescindíveis para o êxito do direito em sua função de congruente generalização de expectativas normativas na sociedade moderna.

No nível constitucional, a prestação jurídica relativa à solução de conflitos não resolvidos nos outros sistemas é assegurada com o estabelecimento dos procedimentos constitucionais de resolução de conflitos, o *due process of law*. Como prestação específica do direito perante o sistema político, a Constituição regulamenta o procedimento eleitoral, estabelece a "divisão de poderes" e a distinção entre política (em sentido estrito) e administração, com uma semântica orientada para a imunização do "Estado de direito" perante interesses de dominação particularistas (ver Cap. II.1.3.D.*b* e *c*).

Esse modelo do direito como sistema autopoiético perde significado empírico quando se apresenta o problema da constitucionalização simbólica, típico do Estado periférico (ver item 6 deste capítulo). A insuficiente concretização normativa do texto constitucional, no qual todas as instituições

---

138. Do conceito de direitos fundamentais, constitucionalmente amparados, produtos da sociedade moderna funcionalmente diferenciada, Luhmann (1965, p. 23) distingue a noção de "direitos humanos" como direitos eternos. Mais tarde (1993a, pp. 574 ss.), ele introduz, na perspectiva de um sistema jurídico (da sociedade) mundial, uma nova formulação do conceito, propondo que a discussão deveria concentrar-se nas violações flagrantes e escandalosas da "dignidade humana" e, assim, defendendo uma semântica restritiva dos direitos humanos. Aqui diferencio os direitos fundamentais, incorporados juridicamente à Constituição, da semântica político-social dos "direitos humanos" – também própria da sociedade moderna –, que aponta para a exigência de construção, ampliação e efetivação dos "direitos fundamentais" (nesse sentido, ver Lefort, 1981; Ferry e Renaut, 1992; Lafer, 1988). Mesmo na perspectiva de base principiológica de Alexy (1986), a expressão "direitos fundamentais" refere-se a direitos amparados constitucionalmente.

referidas são proclamadas, é um sintoma da incapacidade do sistema jurídico de responder às exigências do seu "ambiente". Os direitos fundamentais constituem-se, então, em privilégios de minorias, sobrevivendo, para a maioria da população, quase apenas na retórica político-social dos "direitos humanos", tanto dos "ideólogos do sistema de dominação" quanto dos seus críticos. A inclusão através do Estado de bem-estar, proclamado no diploma constitucional, é relevante apenas no discurso da realização das normas programáticas em um futuro remoto. O desrespeito ao *due process of law* constitucionalmente festejado é a rotina da prática dos órgãos estatais (especialmente da polícia) com relação às camadas populares excluídas, que constituem uma grande parte da população. A politização particularista da administração impede a concretização generalizada dos princípios constitucionais da legalidade, "moralidade" e "impessoalidade". A corrupção e as fraudes eleitorais impossibilitam a legitimação constitucional (generalizada) do sistema político, que passa, então, a subordinar-se instavelmente aos interesses particularistas de *cima* e às necessidades concretas de *baixo*, sendo constrangido a adotar mecanismos substitutivos de "legitimações casuísticas" inconstitucionais, como favores, concessões, ajudas e trocas ilícitos.

A incapacidade de heterorreferência adequada do direito em situações de constitucionalização simbólica não é um problema de um sistema operacionalmente autônomo diante do seu ambiente. A questão está vinculada à própria ausência de distinção nítida entre sistema e ambiente, exatamente por falta de "Constituição normativa" como mecanismo de autonomia do direito (Cap. II.1.3.C). O texto constitucional atua basicamente como figura de retórica política, já que não se desenvolve como instância de reflexividade que possibilite a autonomia do código "lícito/ilícito" diante de outros códigos-diferença, especialmente o político ("poder/não-poder") e o econômico ("ter/não-ter"), ou seja, uma vez que não se realiza como Constituição no sentido moderno do Estado de direito. Nesse contexto, a questão da heterorreferência é, primariamente, um problema de (insuficiente) auto-referência.

4. IMPLICAÇÕES SEMIÓTICAS

A constitucionalização simbólica como alopoiese do direito tem relevantes conseqüências para uma leitura semiótica do sistema jurídico. Defina-se o direito como plexo de normas ou cadeia de comunicações, ou mesmo, no sentido de Teubner, como entrelaçamento hipercíclico de norma (estrutura), ato (elemento), procedimento (processo) e dogmática (identidade) jurídicos (cf. *supra* pp. 144 s.), trata-se sempre de um fenômeno intermediado lingüisticamente. Distinguem-se, então, as dimensões sintática, semântica e pragmática do sistema jurídico enquanto linguagem normativa em geral: a) do ponto de vista sintático, ela caracteriza-se pela "estrutura relacional deôntica, sendo o functor específico o dever-ser (*D*), que se triparte em três submodais: o obrigatório (*O*), o proibido (*V*) e o permitido (*P*)"[139]; b) sob o aspecto semântico, dirige-se à realidade com a pretensão de dirigir normativamente a conduta em interferência social; c) na perspectiva pragmática destina-se a orientar normativamente as expectativas dos sujeitos de direito[140]. Mas, para diferenciar-se a linguagem jurídica (especialização da linguagem natural), não é suficiente caracterizá-la como linguagem normativa. Na teoria dos sistemas autopoiéticos, é imprescindível que um único sistema funcional da sociedade disponha da diferença lingüisticamente intermediada entre lícito e ilícito[141].

No caso da constitucionalização simbólica, o problema semiótico apresenta-se quando se constata que à linguagem

---

139. Vilanova, 1977, p. 40.
140. *Ibidem*.
141. Cf. Luhmann, 1993a, pp. 165 ss.; 1986b; 1986a, esp. pp. 125 s.; 1974, p. 72. Ver também *supra* nota 143 do Cap. II.

aparentemente normativo-jurídica dos textos constitucionais não correspondem realmente a estrutura e a função próprias de uma linguagem especificamente jurídica. Não se trata apenas de "deformação" no plano semântico-pragmático, mas também no nível sintático.

Do ponto de vista sintático, deve-se observar em primeiro lugar que, em situações típicas de constitucionalização simbólica, o texto constitucional como plexo de signos não se encontra envolvido relevantemente no complexo de normas do sistema jurídico, tornando-se primariamente um conjunto de símbolos do discurso político. Ou seja, na medida em que lhe falta normatividade, ele perde sua conexão sintática com o sistema jurídico e passa a integrar sintaticamente o sistema político. Isso implica a descaracterização do functor deôntico-jurídico "dever-ser". Os submodais "obrigatório" (O), "proibido" (V) e "permitido" (P) permanecem como "fórmulas" lingüísticas envolvidas no discurso persuasivo do poder. Daí por que esse problema sintático dos modais deônticos constitui, em última análise, uma questão pragmática.

Sob o ângulo semântico, revela-se nas situações típicas de constitucionalização simbólica que o modo-de-referência da linguagem constitucional à realidade não é especificamente normativo-jurídico. Das disposições constitucionais não decorre, de maneira conseqüente, a direção coercitiva da conduta em interferência social. Não cabe aqui a objeção de que só há norma quando está presente a possibilidade de sua violação. No caso de constitucionalização simbólica, trata-se, ao contrário, de um contexto de impossibilidade socialmente condicionada de concretização normativa do texto constitucional[142]. Essa situação resulta não só dos comportamentos da população, geralmente alheios aos direitos e deveres proclamados constitucionalmente, mas também da atitude expressa e sistematicamente inconstitucional dos

---

142. Cf. Neves, 1988, pp. 50 s., tratando da relação entre ineficácia social e pertinência da norma ao ordenamento jurídico.

agentes estatais encarregados de "aplicar" e "impor" o diploma constitucional em um contexto social adverso à concretização normativo-jurídica da Constituição. Quanto ao modo de referência à realidade, a linguagem constitucional funciona basicamente como mecanismo de influência política, tanto na retórica dos defensores do *status quo* quanto no discurso dos grupos interessados em transformações efetivas na relação de poder.

O problema semântico do modo de referência está diretamente vinculado à dimensão pragmática, que, no caso de constitucionalização simbólica, é a mais importante. Bloqueada sistematicamente a concretização constitucional, é evidente que à linguagem constitucional (como linguagem *do* texto e *sobre o* texto da Constituição) não corresponde orientação congruentemente generalizada de expectativas normativas. A normatização constitucional é prejudicada não só pela falta de institucionalização ("consenso suposto"), mas também pela carência de identificação de sentido. O texto constitucional passa fundamentalmente a ser objeto do discurso político. Pragmaticamente, perde sua força comissivo-diretiva, tornando-se fundamentalmente mecanismo de persuasão política. A própria questão sintática da descaracterização do functor deôntico só pode ser compreendida a partir da consideração dessa variável pragmática. Perlocutivamente[143], o discurso constitucionalista, tanto dos detentores do poder quanto dos seus críticos, não se dirige fundamentalmente no sentido de, generalizadamente, obrigar, proibir ou permitir juridicamente, constituindo antes uma linguagem destinada a persuadir e convencer politicamente: por parte dos detentores do poder, persuadir de que estão identificados com a realização (futura) dos "valores constitucionais"; do lado dos críticos da ordem política, con-

---

143. Sobre a distinção entre atos locucionais, ilocucionais e perlocucionais, caracterizados esses últimos pela sua influência nos sentimentos, idéias e ações do(s) orador(es), ouvinte(s) ou outras pessoas, ver Austin, 1980, pp. 94 ss. (esp. p. 101); Habermas, 1982b, vol. I, pp. 388 ss.

vencer de que o "aparelho estatal" desrespeita os "valores constitucionais" proclamados e também de que serão capazes de realizá-los o mais rapidamente possível quando estiverem no poder.

Por fim, cabe também uma aplicação da diferença semiológica entre códigos fracos e códigos fortes[144] ao problema da constitucionalização simbólica como alopoiese do direito. Considerando que a alopoiese do sistema jurídico pressupõe a diferenciação do código sistêmico "lícito/ilícito", intermediado lingüisticamente, é possível afirmar-se que a constitucionalização simbólica implica um código jurídico fraco em face dos códigos binários "poder/não-poder" (político) e "ter/não-ter" (econômico). Esses, códigos fortes, bloqueiam a comunicação consistente e generalizada nos termos da diferença "lícito/ilícito" como código fraco. Assim sendo, prevalece, no plano constitucional, a codificação-decodificação de mensagens políticas (e econômicas) em detrimento da codificação-decodificação de mensagens jurídico-normativas.

5. CONSTITUCIONALIZAÇÃO SIMBÓLICA *VERSUS* JURIDIFICAÇÃO. REALIDADE CONSTITUCIONAL DESJURIDIFICANTE

A ampliação dos temas juridificáveis nos quadros da positivação do direito[145] fez da juridificação um dos problemas críticos do Estado moderno[146]. Conceituada "para fora" como expansão do direito e "para dentro" como seu detalhamento e especialização (condensação)[147], o fenômeno da ju-

---

144. Cf. Eco, 1984, pp. 37-40 [trad. bras. 1991a, pp. 47-50]; e, para uma aplicação jurídica em outro contexto, Ferraz Jr., 1988, pp. 257 s.
145. Luhmann, 1981b [1970], p. 129; 1987b [1972], p. 211; 1983a [1969], p. 144 [trad. bras. 1980, p. 121].
146. Advirta-se, contudo, que a questão da juridificação vai além do direito estatal, tendo em vista que problemas de juridificação no plano global ou internacional ganham cada vez maior significado e passam a ocupar o centro das atenções (cf., entre outros, Wolf, [org.] 1993; Zangl e Zürn [orgs.], 2004).
147. Voigt, 1980, p. 16; Habermas, 1982b, vol. II, p. 524; Werle, 1982, p. 4.

ridificação foi, no âmbito de um intenso debate na Alemanha Ocidental dos anos oitenta, classificado em três tipos básicos: legalização, burocratização e justicialização[148]. Os efeitos juridificantes sobre a sociedade foram, de um lado, avaliados negativamente (alienação, burocratização, "colonização do mundo da vida"), de outro, positivamente (asseguramento da liberdade e do *status*)[149].

O processo de juridificação desenvolveu-se no Estado moderno em quatro fases[150]. Na primeira, a juridificação conduz aos clássicos direitos subjetivos privados, estando vinculada ao conceito de "Estado burguês". Em um segundo período, ela implica a positivação dos direitos subjetivos públicos de caráter liberal, correspondendo ao "Estado burguês de direito". Posteriormente, com o surgimento do Estado democrático de direito, ocorre a emergência dos direitos subjetivos públicos democráticos (juridificação do processo de legitimação) "na forma de direito de voto geral e igual, assim como do reconhecimento da liberdade de organização das associações políticas e partidos"[151]. Por último, apresenta-se a questão da juridificação no âmbito do Estado social e democrático de direito, que trouxe consigo a positivação dos direitos sociais, a intervenção compensatória na estrutura de classes e na economia, a política social do Estado, a regulamentação jurídica das relações familiares e educacionais.

Com vistas a esta última fase, a do chamado "Estado social e democrático de direito", desenvolveu-se o debate sobre a crise de juridificação. Nesta discussão, destacou-se a crítica habermasiana com base na distinção entre o direito

---

148. Voigt, 1980, pp. 18-23; 1993, pp. 77 e 130; Görlitz e Voigt, 1985, pp. 119 s. Werle (1982, pp. 5 s.) defendeu a limitação do conceito de juridificação ao aumento de leis e decretos em determinado período. Contra essa posição ver Voigt, 1983, pp. 18 s., considerando os "aspectos qualitativos" da juridificação.

149. Voigt, 1980, p. 30. A respeito, cf. Bock, 1988, pp. 11 ss.

150. Habermas, 1982b, vol. II, pp. 524 ss., cujo argumento exponho sinteticamente a seguir. Cf. também Teubner, 1984, pp. 301 s.; Voigt, 1983, p. 215; Werle, 1982, pp. 9 s.

151. Habermas, 1982b, vol. II, p. 529.

como meio ["*Medium Recht*"] e o direito como instituição. No primeiro caso, "o direito é combinado de tal forma com os meios [*Medien*] dinheiro e poder, que ele mesmo assume o papel de meio de controle [*Steuerungsmedium*]"[152], como no campo do direito econômico, comercial, empresarial e administrativo. Por "instituições jurídicas", Habermas compreende "normas jurídicas que mediante as referências positivistas a procedimentos não podem ser suficientemente legitimadas"[153]. Tendo em vista que elas pertencem "às ordens legítimas do mundo da vida" (horizonte do agir comunicativo), precisam de "justificação material"[154]. De acordo com esse modelo de análise, o direito como meio teria "força constitutiva", o direito como instituição apenas "função regulativa"[155]. À medida que o direito como meio sistêmico invadisse a esfera regulada informalmente do "mundo da vida", como, p. ex., o direito de família e a legislação do ensino, a juridificação teria efeitos negativos, socialmente desintegradores. Fala-se então de colonização interior do mundo da vida: "A tese da colonização interior afirma que os subsistemas economia e Estado, em face do crescimento capitalista, tornam-se cada vez mais complexos e invadem cada vez mais profundamente a reprodução simbólica do mundo da vida."[156] O direito como meio, expressão sistêmica do agir racional-com-respeito-a-fins (instrumental e estratégico), a serviço da economia e do poder, invadiria a esfera do agir comunicativo, fundada no entendimento e, desta forma, prejudicaria a construção de uma razão intersubjetiva. Por outro lado, porém, a juridificação teria caráter social-integrativo e funcional, quando o direito como instituição desempenhasse um papel regulativo a favor do plexo de ação do

---

152. Habermas, 1982b, vol. II, p. 536.
153. *Ibidem*.
154. *Ibidem*. Acentuando e aprofundando a concepção do direito como "instituição", ver Habermas, 1992. Cf. também *supra* nota 239 do Cap. II.
155. Habermas, 1982b, vol. II, p. 537.
156. Habermas, 1982b, vol. II, p. 539.

mundo da vida, orientado no entendimento, ou servisse como meio de controle dos sistemas de ação da economia e do Estado[157].

Na perspectiva da teoria dos sistemas, o problema da juridificação não é tratado com base no dualismo "sistema e mundo da vida"[158], mas sim através da dicotomia "sistema e ambiente". Conforme este modelo, a juridificação seria definida como "expansão do sistema jurídico com gravame para outros sistemas sociais"[159]. Os problemas da juridificação estariam estritamente ligados à questão da autonomia do sistema jurídico e dos demais sistemas sociais, passando a ser incluídos no tema mais amplo da autopoiese do direito em face da autopoiese dos demais sistemas sociais (economia, política, religião, arte, ciência etc.)[160]. Portanto, eles pressuporiam Constituição normativa como mecanismo de autonomia operacional do sistema jurídico.

No caso de constitucionalização simbólica, que implica falta de autonomia operacional do direito, o problema não é de juridificação, mas sim, ao contrário, de desjuridificação da realidade constitucional. Partindo-se da distinção de Blankenburg entre juridificação no plano das expectativas (produção de "mais normas"jurídicas "em lugar de regulações informais") e no plano da ação (maior eficácia do direito)[161], poder-se-ia formular, então, que, à juridificação no sentido de aumento na produção de normas jurídicas positivas es-

---

157. Cf. Habermas, 1982b, vol. II, pp. 536 ss. Assim sendo, justifica-se em certa medida a crítica de Nahamowitz (1985, esp. p. 42) a Teubner e Willke, na medida em que estes, em sua tentativa anterior de unir a ética do discurso habermasiana à teoria dos sistemas de Luhmann, tiraram conseqüências neoliberais da concepção de juridificação de Habermas (cf. Teubner e Willke, 1984, pp. 24 e 29; Teubner, 1982, pp. 26 s. e 41-4, o qual modificou sua posição mais tarde, 1989, pp. 81 s. e 85 s. [trad. port. 1993, pp. 127-30]).

158. No sentido da diferenciação de sistema e mundo da vida como processo de evolução social, ver Habermas, 1982b, vol. II, pp. 229 ss.; a respeito, Neves, 2006 [2000], pp. 67 ss. Cf. também *supra* Cap. II. 9.

159. Voigt, 1980, p. 27.

160. A respeito, ver Teubner, 1997.

161. Blankenburg, 1980, p. 84.

tatais, opor-se-ia a desjuridificação ao nível da regulação do comportamento. Nesta perspectiva, a desjuridificação seria considerada apenas no plano do "agir" (eficácia). Porém, as tendências desjuridificantes decorrentes da constitucionalização simbólica afetam também o "vivenciar" do direito (as expectativas de comportamento). A pretensa filtragem das expectativas de comportamento mediante a normatização constituinte não é seguida, de maneira alguma, da orientação generalizada das expectativas normativas com base no texto constitucional, quer dizer, não é acompanhada da generalização congruente das expectativas normativo-constitucionais. O vivenciar normativo da população em geral e dos agentes estatais faz implodir a Constituição como ordem básica da comunicação jurídica.

Contra a noção de uma realidade constitucional desjuridificante, poder-se-ia, nos quadros do pluralismo jurídico, apresentar a objeção de que outras formas jurídicas atuariam no lugar do direito positivo com relação à solução de conflitos[162]. Quanto a essa restrição, deve-se advertir que o debate em torno da juridificação e desjuridificação refere-se ao direito positivo como sistema social diferenciado[163]. No caso de constitucionalização simbólica, o código "lícito/ilícito" é sistemática e generalizadamente bloqueado em seu desenvolvimento por critérios políticos e econômicos, de tal maneira que a diferença entre sistema jurídico e ambiente perde nitidez. Enquanto código fraco, o jurídico não se amplia em detrimento de outros códigos sistêmicos. Ao contrário, os códigos fortes "poder/não-poder" e "ter/não-ter" atuam em prejuízo da reprodução constitucionalmente consistente do sistema jurídico. O que há é politização desjuridicizante da realidade constitucional, respaldada evidentemente nas relações econômicas. Parafraseando Habermas, trata-se de "colonização política e econômica" do mundo do direito.

---

162. Cf., p. ex., Sousa Santos, 1977, 1980, 1988 [1980].
163. Cf. Voigt, 1983, p. 20; Habermas, 1982b, vol. II, p. 524, que usa, porém, a expressão "direito escrito".

6. CONSTITUCIONALIZAÇÃO SIMBÓLICA COMO PROBLEMA DA MODERNIDADE PERIFÉRICA

A constitucionalização simbólica como alopoiese do sistema jurídico é um problema fundamentalmente da modernidade periférica[164]. Não utilizo o modelo "centro/periferia" da forma simplificadora ideologizante das "teorias da exploração" dos anos sessenta e setenta[165]. Recorro a essa dicotomia principalmente para enfatizar que se trata de uma e da mesma sociedade mundial[166], não de sociedades tradicionais *versus* sociedades modernas, como se uma diferença de "antes e depois" estivesse na base dos diferenciados níveis de desenvolvimento social. Parto da constatação de que o advento da sociedade moderna está intimamente vinculado a uma profunda desigualdade econômica no desenvolvimento inter-regional[167],

---

164. Para uma abordagem mais abrangente do problema da constitucionalização e da positivação do direito na modernidade periférica, ver Neves, 1992.

165. Cf., p. ex., Frank, 1977. Para um panorama geral sobre os debates dos anos sessenta e setenta em torno da teoria da dependência e do capitalismo periférico, ver, dentro da inumerável literatura, Senghaas (org.), 1972, 1974a, 1979.

166. Sobre a sociedade moderna como "sociedade mundial", orientada primariamente pela economia, a técnica e a ciência, ver Luhmann, 1975c [1971], o qual, entretanto, sem coerência com essa concepção, aplicava o modelo "tradição/modernidade" à diferença entre países em desenvolvimento e países desenvolvidos (cf. 1983a [1969], p. 65, nota 10 [trad. bras. 1980, p. 57, nota 10]; 1987b [1972], p. 96, nota 114; 1965, pp. 101 s.), afastando-se dessa posição mais tarde (cf. 1990a, pp. 212-4; 1997, pp. 145 ss.; 1993a, pp. 571 ss.; Luhmann e De Giorgi, 1992, pp. 45-54); ele abandona igualmente a sua posição anterior do primado da economia, da ciência e da técnica na sociedade moderna (cf. 1981b [1970], pp. 149 s.; 1973b, p. 5; 1981m [1970], p. 32), para enfatizar a horizontalidade dos sistemas autopoiéticos, propondo, assim, uma radicalização da tese da autopoiese (cf., p. ex., 1988c, esp. p. 27; 1997, esp. pp. 747 s. e 762 s.; a respeito, Neves, 1992, pp. 33 e 75, nota 23). Cf. também Heintz, 1982. Analogamente, mas em outra perspectiva, Wallerstein (1979) fala de capitalismo como sistema mundial. Para o tratamento do tema no âmbito da discussão sobre globalização, cf. Giddens, 1991, pp. 63-78. Teubner (1996b, p. 258, nota 1 [trad. bras. 2003, p. 12, nota 12]) adverte para o caráter equívoco do conceito de globalização. Cf. também *infra* "Perspectiva". Por fim, ver Neves, 2006 [2000], pp. 215 ss.

167. A respeito, ver Hopkins e Wallerstein, 1979. Este problema está associado diretamente à divisão regional do trabalho, que, segundo Durkheim (1986 [1893], p. 164), "desenvolve-se a partir do século XIV".

trazendo conseqüências significativas na reprodução de todos os sistemas sociais, principalmente no político e no jurídico, estatalmente organizados. Claro que se trata aproximativamente de conceitos típico-ideais no sentido weberiano, os quais, como "utopias" gnosiológicas, nunca são encontrados em forma pura na realidade social, servindo antes como esquema de sua interpretação com ênfase unilateral em determinados elementos mais relevantes à abordagem[168]. Não cabe desconhecer, pois, que a sociedade mundial de hoje é multifacetada e possibilita a aplicação do esquema "centro e periferia" em vários níveis[169]. Parece-me, porém, que a distinção entre modernidade central e periférica é analiticamente frutífera, na medida em que, definindo-se a complexidade social e o desaparecimento de uma moral imediatamente válida para todas as esferas da sociedade como características da modernidade, verifica-se que, em determinadas regiões estatalmente delimitadas (países periféricos), não houve de maneira nenhuma a efetivação adequada da autonomia sistêmica de acordo com o princípio da diferenciação funcional nem a constituição de uma esfera pública fundada na generalização institucional da cidadania, características (ao menos aparentes) de outras regiões estatalmente organizadas (países centrais)[170]. O fato de haver graus diversos quanto à diferenciação funcional exigida pela complexidade

---

168. Weber, 1973 [1904], pp. 190 s. Na concepção do tipo ideal "os elementos considerados não essenciais ou casuais para a constituição da hipótese" não são tomados em conta (Weber, 1973 [1904], pp. 201 s.). Mas enquanto em Weber (1973 [1904], p. 208) o conceito de tipo ideal baseia-se na "noção fundamental da teoria do conhecimento moderna que remonta a Kant, de que os conceitos são e apenas podem ser meios mentais para o controle espiritual do empiricamente dado", ou seja, remonta à concepção do sujeito transcendental, concebo o tipo ideal como estrutura cognitiva de seleção das ciências sociais em relação à realidade, que, diante delas, apresenta-se autônoma e mais complexa. Cf. Neves, 1992, p. 110; 1994b, p. 66; em uma perspectiva estritamente sistêmico-teórica, Luhmann, 1987a [1984], p. 51.

169. Cf., p. ex., Galtung, 1972, pp. 35 ss.; Wallerstein, 1979; Hopkins e Wallerstein, 1979; Senghaas, 1974b, p. 21.

170. Neves, 1992, esp. pp. 16 s. e 75-81; 1994b, pp. 66 s.

social e quanto à construção da cidadania como exigência do desaparecimento da moral hierárquico-material pré-moderna não invalida o potencial analítico dos conceitos de modernidade central e modernidade periférica, antes aponta para sua função de estrutura de seleção cognitiva das ciências sociais.

A bifurcação no desenvolvimento da sociedade moderna (mundial) resultou para os países periféricos em uma crescente e veloz complexificação social, sem que daí surgissem sistemas sociais capazes de estruturar ou determinar adequadamente a emergente complexidade (cf. nota 119 deste capítulo). Nas palavras de Atlan, à variedade do ambiente não há resposta sistêmica mediante redundância (cf. nota 123 deste capítulo). Os respectivos sistemas não se desenvolvem, pois, com suficiente autonomia operacional. Com isso, relaciona-se o problema da "heterogeneidade estrutural", cuja discussão remonta às teorias da dependência e do capitalismo periférico dos anos sessenta e setenta[171]. Em uma releitura, pode-se afirmar aqui que a questão das grandes disparidades no interior de todos os sistemas sociais e também entre eles, a que se referia o conceito controvertido de "heterogeneidade estrutural", implica um difuso sobrepor-se e intrincar-se de códigos e critérios/programas tanto entre os subsistemas sociais quanto no interior deles, enfraquecendo ou impossibilitando o seu funcionamento de maneira generalizadamente includente[172]. Daí surge o problema da "marginalidade" ou "exclusão"[173], que, a rigor, é um

---

171. Para um panorama, ver Nohlen e Sturm, 1982.

172. Cf. Neves, 1992, p. 78. Parece-me que também pode ser lido nesse sentido o "enfoque de entrelaçamento" proposto pelos teóricos do desenvolvimento da Universidade de Bielefeld nos anos oitenta; a respeito, cf. Evers, 1987; Schmidt-Wulffen, 1987.

173. Sobre "marginalidade" na discussão dos anos sessenta e setenta em torno de dependência e capitalismo periférico, ver, em diferentes perspectivas, Cardoso, 1979, pp. 140-85; Amin, 1973, pp. 208-14; Quijano, 1974; Sunkel, 1972, pp. 271 ss. Sobre "inclusão/exclusão" no sentido da teoria dos sistemas, ver Luhmann, 1981j, pp. 25 ss.; 1993a, pp. 582 ss.; 1995a; 1997, pp. 168 ss. e 618 ss.; 2000c, pp. 233 ss., 242 s. e 301 ss.; 2005, pp. 80 ss. e 275 ss.; cf. *supra* pp. 76-8.

problema de "subintegração" nos sistemas funcionais da sociedade. Emergem, então, relações de "subintegração" e "sobreintegração" nos diversos subsistemas sociais, bloqueando-lhes a reprodução autopoiética[174]. A subintegração significa dependência dos critérios do sistema (político, econômico, jurídico etc.) sem acesso às suas prestações. A "sobreintegração" implica acesso aos benefícios do sistema sem dependência de suas regras e critérios.

Embora a distinção típico-ideal entre "centro" e "periferia" da sociedade moderna tenha fundamentos econômicos, ela pressupõe a segmentação territorial do sistema político-jurídico em Estados[175]. Quanto à modernidade periférica, o problema estrutural desde o seu surgimento vincula-se à falta de suficiente autonomia operacional dos sistemas jurídico e político, bloqueados *externamente* por injunções diretas (isto é, não mediatizadas por suas próprias operações) de critérios dos demais sistemas sociais, principalmente do econômico. Na linguagem da teoria dos sistemas, os mecanismos de filtragem seletiva do direito positivo (princípios da legalidade, da constitucionalidade etc.) e do sistema político (eleições livres, secretas e universais, organização partidária etc.) não funcionam adequadamente em relação às pressões bloqueantes do código binário de preferência "ter/não-ter", como também do código do amor, da religião, da amizade etc. *Internamente*, por sua vez, não há um funcionamento satisfatório da Constituição como "acoplamento estrutural" entre direito e política, ou seja, como mecanismo

---

Conforme acentua Heintz em seu estudo sobre a sociedade mundial (1982, p. 45), "a estrutura internacional de estratificação transforma-se em direção a um aumento da população marginalizada nos países em desenvolvimento".

174. Cf. Neves, 1992, pp. 78 s. e 94 ss.; 1994a.

175. "É por fundamentos políticos que se persiste na segmentação regional do sistema político da sociedade mundial em Estados, apesar de permanente perigo de guerra; e são fundamentos econômicos que forçam a diferenciação da sociedade em centro e periferia, em regiões superdesenvolvidas e regiões carentes de desenvolvimento" (Luhmann, 1986a, p. 168). Nesse sentido é possível designar-se a sociedade mundial como sistema internacional estratificado de desenvolvimento; cf. Heintz, 1982, pp. 17 s. e 33 ss.

de interpenetração e interferência entre dois sistemas autônomos (ver Cap. II.1.3.A), antes um bloqueio recíproco, principalmente no sentido da politização desdiferenciante do sistema jurídico[176]. Portanto, nesse contexto, direito e política constituem sistemas alopoieticamente determinados, na medida em que não se reproduzem operacionalmente por diferenças, critérios e elementos próprios, mas são difusa e instavelmente invadidos, na sua reprodução operacional, por diferenças, critérios e elementos de outros sistemas sociais.

Mesmo se admitindo que os critérios de filtragem destinados a garantir a autonomia do direito e do sistema político, como, p. ex., o princípio da igualdade perante a lei e o das eleições democráticas, constituem ilusões ideológicas na modernidade central, concordando-se com Claus Offe que se trata de mecanismos de encobrimento de relações concretas de dominação[177], deve-se reconhecer que, na modernidade periférica, nem mesmo nesse sentido eles funcionam adequadamente: entre outras, as injunções particularistas da dominação econômica realizam-se de forma desnuda, destruindo abertamente e com tendências generalizantes a legalidade no plano jurídico e os procedimentos democráticos na esfera política. Também entre política e direito, a aplicação controladora e limitante do código "lícito/ilícito" como segundo código do sistema político (cf. nota 56 deste capítulo), característica do "Estado de direito", não se realiza de forma satisfatória, sendo claramente constatada a ingerência ilícita sistemática do poder *sobre* o direito ou mesmo, nos períodos autoritários, a subordinação dos critérios de licitude/ilicitude aos órgãos supremos de poder, baseada nas chamadas "leis de exceção", casuisticamente postas em vigor e revogadas.

---

176. A respeito, ver Neves, 1992, esp. pp. 180 s. Não se nega aqui ingenuamente que essa situação seja "funcional" em outras perspectivas e para determinados setores. Mas não é funcional no sentido de "inclusão" de toda a população nos respectivos sistemas autônomos da sociedade (cf. Luhmann, 1981j, p. 35, em relação especificamente ao sistema político; mais tarde, porém, ele modifica a sua posição – cf. *supra* notas 90 e 95 do Cap. II).

177. Cf. Offe, 1977, pp. 92 ss.

Pressuposto que o Estado periférico caracteriza-se pelo pêndulo entre instrumentalismo e nominalismo constitucional[178], interessa aqui a função predominantemente simbólica das "Constituições nominalistas". Não se desconhece que as "Constituições instrumentalistas" também desempenham funções simbólicas; entretanto, o que as distingue é que atuam, antes de tudo, como simples instrumentos ("armas") jurídicos dos "donos do poder". As Constituições nominalistas dos Estados periféricos implicam a falta de concretização normativo-jurídica do texto constitucional em conexão com a relevância simbólica dele no discurso constitucionalista do poder (constitucionalização simbólica). Nas relações de subintegração e sobreintegração político-jurídica, não se desenvolve Constituição como horizonte normativo-jurídico do sistema político[179]. Na prática jurídica do "sobrecidadão", as disposições constitucionais são utilizadas, abusadas ou rejeitadas conforme a constelação concreta de interesses políticos[180]. No agir e vivenciar do "subcidadão" a Constituição apresenta-se antes como complexo de restrições oficiais corporificadas nos órgãos e agentes estatais, não como estrutura constitutiva de direitos fundamentais. Tal ausência de concretização normativo-jurídica generalizada do texto constitucional relaciona-se com um discurso fortemente constitucionalista na práxis política. De parte dos agentes governamentais, vinculados em regra à "sobrecidadania", o discurso político aponta para a identificação do governo ou do Estado com os "valores" consagrados no documento constitucional. Sendo evidente que tais valores

---

178. Neves, 1992, pp. 89-109 e 144-6.
179. Cf. em outro contexto Luhmann, 1983a [1969], p. 196 [trad. bras. 1980, p. 159].
180. A propósito, poder-se-ia sugerir – levando-se a formulação ao extremo – uma analogia com o jogo simbólico da criança, no qual não existe nenhuma responsabilidade real em face das regras e dos papéis correspondentes, de tal sorte que os participantes, a qualquer momento, podem interromper o jogo livremente, alternando-lhe as regras ou desviando-se do respectivo padrão de conduta (Müller e Sottong, 1993, p. 98; a respeito, Piaget, 1959, pp. 118-20 e 126-49 [trad. bras. 1975, pp. 146 s. e 155-82]).

não encontram o mínimo de respaldo na realidade constitucional desjuridificante do presente, os agentes de poder desenvolvem a retórica de sua realização no futuro (remoto). A constitucionalização atua como álibi: o "Estado" apresenta-se como identificado com os valores constitucionais, que não se realizam no presente por "culpa" do subdesenvolvimento da "sociedade". Já na retórica dos grupos interessados em transformações reais nas relações de poder, os quais pretendem freqüentemente representar a "subcidadania", invocam-se os direitos proclamados no texto constitucional para denunciar a "realidade constitucional inconstitucional" e atribuir ao Estado/governo dos "sobrecidadãos" a "culpa" pela não-realização generalizada dos direitos constitucionais, que seria possível estivesse o Estado/governo em outras mãos. A essa retórica constitucionalista subjaz muitas vezes uma concepção voluntarista e instrumentalista do direito.

É evidente que nas condições de constitucionalização simbólica do Estado periférico, caracterizado por relações de "subintegração" e "sobreintegração" não só no sistema político-jurídico, mas também nos sistemas econômico, educacional, de saúde etc., tornam-se inadequados – com muito mais razão do que em relação à legislação simbólica no Estado de bem-estar do Ocidente desenvolvido – o tratamento e a solução do problema da ineficácia da legislação constitucional com base no esquema instrumental "meio-fim" das "pesquisas de implementação"[181]. Em primeiro lugar porque a constitucionalização simbólica afeta abrangentemente as dimensões social, temporal e material do sistema jurídico, não apenas aspectos setoriais. Mas sobretudo porque a concretização normativa do texto constitucional pressuporia uma radical revolução nas relações de poder.

---

181. A respeito, Mayntz, 1983, 1988. Para uma reinterpretação sistêmico-teórica da problemática da implementação com referência à relação entre política e direito, ver Luhmann, 1981l, pp. 166 ss.

7. CONSTITUCIONALIZAÇÃO SIMBÓLICA NA EXPERIÊNCIA BRASILEIRA. UMA REFERÊNCIA EXEMPLIFICATIVA

Estabelecido que a constitucionalização simbólica como alopoiese do sistema jurídico é um problema típico do Estado periférico, cabe, por fim, uma breve referência exemplificativa ao caso brasileiro. Em trabalho anterior já propus uma interpretação da experiência constitucional brasileira como círculo vicioso entre instrumentalismo e nominalismo constitucional[182]. Não é este o local para uma nova abordagem interpretativa do desenvolvimento constitucional brasileiro. Aqui interessa considerar, em traços gerais, como apoio empírico da argumentação precedente, a função hipertroficamente simbólica das "Constituições nominalistas" brasileiras de 1824, 1934, 1946 e 1988. Conforme já afirmei no item anterior de maneira genérica, não se nega, com isso, que as "Constituições instrumentalistas" de 1937 e 1967/1969 tenham exercido funções simbólicas: a primeira, p. ex., através da declaração dos direitos sociais, que atingia apenas uma pequena parcela da população; os documentos constitucionais de 1967/1969, mediante as declarações de direitos individuais e sociais não respaldadas na realidade constitucional. Mas, em ambos os casos, desvinculava-se, a partir de dispositivos da própria "carta política" ou de leis constitucionais de exceção, o chefe supremo do executivo de qualquer controle ou limitação jurídico-positiva[183]. A legislação constitucional, casuisticamente modificada de acordo com a conjuntura de interesses dos "donos do poder", tornava-se basicamente, então, simples instrumento jurídico dos gru-

---

182. Neves, 1992, pp. 116-46.
183. Na Carta de 1937, tal situação decorria do art. 186 (declarava o estado de emergência) em combinação com o art. 178 (dissolução dos órgãos legislativos) e o art. 180 (atribuição do poder legislativo central exclusivamente ao Presidente da República), como também das sucessivas leis constitucionais emitidas pelo Chefe de Estado. No sistema constitucional de 1964, a ilimitação jurídico-positiva do órgão executivo supremo resultava dos atos institucionais, especialmente do AI5.

pos políticos dominantes, atuava como uma "arma"na luta pelo poder. O que distinguia fundamentalmente o sistema de relação entre política e direito era, portanto, o "instrumentalismo constitucional", de maneira alguma a constitucionalização simbólica.

Apesar de tolerar a escravidão[184], estabelecer um sistema eleitoral censitário amplamente excludente (arts. 92 a 95) e adotar a figura do Poder Moderador (arts. 98 a 101), resquício absolutista, a "Carta" imperial de 1824 tinha traços liberais, expressos sobretudo na declaração de direitos individuais contida no seu art. 179. Mas os direitos civis e políticos previstos no texto constitucional alcançaram um nível muito limitado de realização. Também os procedimentos constitucionais submeteram-se a uma profunda "deturpação" no processo de concretização. Para exemplificar, basta apontar a generalização da fraude eleitoral[185], a que se encontrava intimamente vinculada a prática pseudoparlamentarista desenvolvida durante o 2º Reinado, da qual resultava uma inversão no processo de "formação da vontade estatal"[186]. Nesse contexto, a noção de constitucionalidade não encontrava espaço na práxis dos próprios agentes estatais.

---

184. É verdade que a escravidão não se baseava explicitamente no texto constitucional de 1824. Contudo, através da distinção entre cidadãos "ingênuos" e "libertos" (art. 6º, inciso 1º), a escravidão foi reconhecida indiretamente. Nos seus comentários a esse dispositivo, Pimenta Bueno (1857, pp. 450-3) estranhamente não faz nenhuma referência a essa questão. Tampouco se encontra qualquer alusão em Sousa (1867, pp. 40-5) e Rodrigues (1863, p. 10).

185. Segundo Calógeras (1980, p. 270), para a vitória eleitoral, "qualquer processo, por mais fraudulento fosse, era admitido", sendo "considerada por todos, indistintamente, única falta moral para o partido no poder, o perder a eleição". A respeito da deformação do procedimento eleitoral no Império, ver Faoro, 1984 [1958], pp. 364-87; 1976, pp. 127-63. Cf. também Tôrres, 1957, pp. 283 ss.

186. Tal situação é usualmente expressa mediante o famoso Sorites do Senador Nabuco de Araújo: "O Poder Moderador pode chamar a quem quiser para organizar ministérios; esta pessoa faz a eleição, porque há de fazê-la; esta eleição faz a maioria" (*apud* Nabuco, 1936 [1897-1899], p. 81). Faoro (1976, p. 132) manifesta-se criticamente com relação aos limites dessa formulação, considerando a influência do poder local e das oligarquias partidárias; cf. também Tôrres, 1962, pp. 99 s.

Não só através da atividade legislativa ordinária incompatível com dispositivos constitucionais possuidores de supremacia formal nos termos do art. 178, mas sobretudo na prática "informal" dos eventuais governantes, não se concebia a Constituição como horizonte jurídico da ação político-administrativa[187]. Daí por que nunca se desenvolveu o controle da constitucionalidade de leis, que, de acordo com o texto constitucional, poderia ter sido exercido pelo Poder Moderador[188]; e, quando dele se tem notícia, trata-se de "controle inconstitucional da constitucionalidade" de atos legislativos locais através de simples avisos ministeriais[189].

A falta de concretização normativa do texto constitucional não implicava sua falta de relevância simbólica na realidade do jogo de poder imperial. Nesse sentido já observava Gilberto Amado: "É claro que a 'Constituição' erguida no alto, sem contato nenhum com ela [a população], não poderia ser senão uma ficção, um símbolo da retórica destinada ao uso dos oradores."[190] Na mesma linha de interpretação, Faoro acentua que a Constituição se reduzia "a uma promessa e a um painel decorativo"[191]. Na perspectiva da teoria da ação, ela seria caracterizada como uma "promessa insincera" (cf. Cap. II.9.), não como expressão da "boa intenção" dos "donos do poder". Na perspectiva mais abrangente da teoria dos sistemas, configurava-se a subordinação imediata do sistema jurídico ao código do poder, mediante a utiliza-

---

187. Cf. Neves, 1992, pp. 196 s.
188. Teria sido, porém, um controle político, amparado no art. 98 da Constituição, que atribuía ao Imperador o poder de "incessantemente" velar "sobre a manutenção, equilíbrio e harmonia dos mais poderes". Nos termos da estrutura do texto constitucional, não poderia ter sido desenvolvido o controle judicial conforme o modelo norte-americano, tendo em vista que a figura do Poder Moderador era incompatível com um autêntico *judicial review*. Nesse sentido, cf. Bittencourt, 1968, p. 28; Mendes, 1990, p. 170. Em sentido contrário, cf. Pontes de Miranda, 1973, p. 620.
189. Rodrigues, 1863, pp. 183-8.
190. Amado, 1917, p. 30.
191. Faoro, 1976, p. 63. Com semelhantes formulações, cf. Leal, 1915, pp. 146 e 149.

ção "simbólico-legitimadora" do texto constitucional pelo sistema político, tudo isso por falta dos pressupostos sociais para a positivação (como autonomia operacional) do direito. Tal situação não implicava, de modo algum, a irrelevância da Carta constitucional como "um painel decorativo", uma vez que o "mundo falso" da "Constituição" atuava muito eficientemente no "mundo verdadeiro" das relações reais de poder[192]. Não só na retórica constitucionalista dos governantes, mas também no discurso oposicionista de defesa dos valores constitucionais ofendidos na práxis governamental, a Carta imperial desempenhou uma importante função político-simbólica[193]. A ineficácia jurídica do texto constitucional era compensada pela sua eficiência política como mecanismo simbólico de "legitimação".

Com a Constituição de 1891, não se reduz o problema da discrepância entre texto constitucional e realidade do processo de poder. Ao contrário, as declarações mais abrangentes de direitos, liberdades e princípios liberais importavam uma contradição ainda mais intensa entre o documento constitucional e a estrutura social do que na experiência imperial[194]. A permanente deturpação ou violação da Constituição em todo o período em que ela esteve formalmente em vigor (1891-1930)[195] pode ser apontada como o mais importante traço da realidade político-jurídica da Primeira República. Constituem expressões significativas da falta de concretização normativa do texto constitucional: a fraude elei-

---

192. Faoro, 1976, p. 175.
193. Nesse sentido, afirma Faoro em sua interpretação político-sociológica da obra literária de Machado de Assis: "A Constituição só seria venerada pelos políticos em oposição, que, no governo – por ser governo – violavam, assenhoreando-se dos instrumentos de poder que ela só nominalmente limitava. O exercício do governo seria sempre a Constituição violada – daí o brado pitoresco e oco da oposição: 'Mergulhemos no Jordão constitucional'" (1976, pp. 65 s.).
194. Atento a esse problema, embora em outra perspectiva, Buarque de Holanda (1988, p. 125) observava que, com a implantação da República, o Estado "desenraizou-se" ainda mais do país. Segundo Faoro (1976, p. 64), fortificou-se o "arbítrio".
195. Cf. Pacheco, 1958, pp. 240 ss.

toral como regra do jogo político controlado pelas oligarquias locais[196]; a degeneração do presidencialismo no chamado "neopresidencialismo"[197], principalmente através das declarações exorbitantes do estado de sítio[198]; a deformação do federalismo mediante a "política dos governadores"[199] e a decretação abusiva da intervenção federal nos Estados[200].

Entre os críticos conservadores, adeptos de um Estado autoritário, corporativista e nacionalista, o problema da falta de concretização normativa do texto constitucional de 1891 foi denunciado como contradição entre "idealismo da Constituição" e "realidade nacional"[201]. Porém, em suas críticas ao "idealismo utópico" do legislador constituinte, a significação simbólica do documento constitucional não foi considerada com exatidão, mas sim, ao contrário, acentuada a ingenuidade de "suas boas intenções"[202]. Não pertence à discussão se o "idealismo utópico"só foi adotado no documento constitucional na medida em que a realização dos respectivos princípios ficou adiada para um futuro remoto, de tal maneira que o *status quo* não era ameaçado. Além do mais, não se pode excluir que a "Constituição nominalista"de 1891 atuava como meio de identificação simbólica da experiência político-jurídica nacional com a norte-americana (EUA), construindo-se a imagem de um Estado brasileiro tão "democrático" e "constitucional" como o seu modelo. No mínimo, a invocação retórica aos valores liberais e democráticos consagrados no documento constitucional funcionava como álibi dos "donos do poder"perante a realidade social ou como "prova"de suas "boas intenções".

---

196. A respeito, ver Neves, 1992, pp. 170 s.
197. Sobre esse conceito, ver Loewenstein, 1975, pp. 62-6.
198. Cf. Barbosa, 1933, vol. II, pp. 373 ss.; 1933, vol. III, pp. 323 ss.
199. A respeito da chamada "política dos governadores", ver, p. ex., Faoro, 1985 [1958], pp. 563 ss.; Carone, 1969, pp. 103 ss.; 1971, pp. 177 ss. Cardoso (1985, pp. 47 ss.) designa-a de "pacto oligárquico".
200. Cf. Barbosa, 1934, p. 17.
201. Nesse sentido, ver principalmente Vianna, 1939, pp. 77 ss.; Torres, 1978 [1914].
202. Cf., p. ex., Vianna, 1939, pp. 81, 91 e 111.

A afirmação dos valores social-democráticos em uma sociedade caracterizada por relações de subintegração e sobreintegração é a nova variável simbólica que surge com o modelo constitucional de 1934[203]. Em face das tendências autoritárias que se manifestavam durante o período em que a nova Constituição esteve formalmente em vigor, que resultaram no golpe de 1937, não se desenvolveu amplamente uma experiência de constitucionalização simbólica.

A constitucionalização simbólica de base social-democrática é retomada com o texto constitucional de 1946. Sintomática aqui é a relação dos valores social-democráticos proclamados e a força majoritária na constituinte e principal base de sustentação do sistema constitucional de 1946, o Partido Social Democrático, vinculado estreitamente às oligarquias rurais. Tal situação contraditória entre interesses subjacentes e valores democráticos solenemente adotados pode ser mais bem compreendida quando se considera que a realização do modelo constitucional é transferida para um futuro incerto e atribuída aos próprios detentores do poder[204]. Portanto, não decorre dessa aparente contradição ameaça ao *status quo*. Nesse contexto, cabe falar de "liberdade de decretar a democracia"[205], mas não conforme uma interpretação estritamente baseada nas intenções dos agentes políticos[206]: a conexão de ações proporcionadora da constitucionalização simbólica de 1946 era condicionada por variáveis estruturais que tornavam possível a "liberdade" de, sem risco, "decretar" a democracia social. O texto constitucional, equiparável aos seus modelos da Europa Ocidental, só funcionava como símbolo político enquanto não emergiam tendências sociais para a sua concretização normativa generalizada.

---

203. Ao falar-se de "advento do Estado social brasileiro" com a Constituição de 1934 (Bonavides e Andrade, 1989, pp. 325-7), não se considera o problema da constitucionalização simbólica.
204. Almino, 1980, p. 305; 1985, pp. 70 s.
205. Almino, 1980, pp. 66-94.
206. Em sentido contrário orienta-se o enfoque de Almino, 1985, p. 77.

A constitucionalização simbólica de orientação social-democrática é restabelecida e fortificada com o texto constitucional de 1988. Com o esgotamento do longo período de "constitucionalismo instrumental" autoritário iniciado em 1964, a identificação simbólica com os valores do constitucionalismo democrático deixou de ser relevante politicamente apenas para os críticos do antigo regime, passando a ser significativa também para os grupos que lhe deram sustentação. À crença pré-constituinte na restauração ou recuperação da legitimidade[207] estava subjacente um certo grau de "idealismo constitucional". O contexto social da Constituição a ser promulgada[208] já apontava para limites intransponíveis à sua concretização generalizada. Nada impedia, porém, uma retórica constitucionalista por parte de todas as tendências políticas; ao contrário, parece que, quanto mais as relações reais de poder afastavam-se do modelo constitucional social-democrático, tanto mais radical era o discurso constitucionalista.

Suposto que, diante da exigência de diferenciação funcional e de inclusão na sociedade moderna, é *função* jurídica da Constituição institucionalizar os direitos fundamentais e o Estado de bem-estar (Cap. II.1.3.D.*a*), não caberiam restrições ao texto constitucional, no qual as declarações de direitos individuais, sociais e coletivos são das mais abrangentes[209]. Também quanto à *prestação*, seja no que se refere ao estabelecimento de procedimentos constitucionais para a solução jurídica de conflitos (*due process of law*) ou à previsão de mecanismos específicos de regulação jurídica da ati-

---

207. Faoro, 1981; Faria, 1985.
208. Sobre a situação social do país no período imediatamente pré-constituinte, ver Jaguaribe *et al.*, 1986; NEPP-Unicamp, 1986; 1988.
209. Ou seja, tanto as "liberdades negativas" quanto as "liberdades positivas" (Berlin, 1975; Passerin d'Entrèves, 1962, pp. 279-310; Macpherson, 1990 [1973], pp. 95 s.; Taylor, 1988; Habermas, 1992, pp. 325 ss. [trad. bras. 2003, vol. I, pp. 331 ss.]), tanto os "*droits-libertés*" como os "*droit-créances*" (Ferry e Renaut, 1992, pp. 26-32), por fim, os "direitos humanos de primeira, segunda e terceira geração" (Lafer, 1988, pp. 125-34) estão amplamente previstos no texto constitucional.

vidade política (Cap. II.1.3.D.*b* e *c*), o texto constitucional é suficientemente abrangente. O problema surge no plano da concretização constitucional. A prática política e o contexto social favorecem uma concretização restrita e excludente dos dispositivos constitucionais. A questão não diz respeito apenas à ação da população e dos agentes estatais (eficácia), mas também à vivência dos institutos constitucionais básicos. Pode-se afirmar que para a massa dos "subintegrados" trata-se principalmente da falta de identificação de sentido das determinações constitucionais[210]. Entre os agentes estatais e os setores "sobreintegrados", o problema é basicamente de institucionalização ("consenso suposto") dos respectivos valores normativos constitucionais[211]. Nessas condições não se constrói nem se amplia a cidadania (art. 1º, inciso II) nos termos do princípio constitucional da igualdade (art. 5º, *caput*), antes se desenvolvem relações concretas de "subcidadania" e "sobrecidadania"em face do texto constitucional[212].

Os problemas de heterorreferência são inseparáveis das questões concernentes à auto-referência do sistema jurídico ao nível constitucional (cf. item 3 deste capítulo). O bloqueio permanente e generalizado do código "lícito/ilícito" pelos códigos "ter/não-ter"(economia) e "poder/não-poder" (política) implica uma prática jurídico-política estatal e extra-estatal caracterizada pela ilegalidade. Quanto à constitucionalidade, as dificuldades não se referem apenas à incompatibilidade de certos atos normativos dos órgãos superiores do Estado com dispositivos constitucionais, como, p. ex., no caso do uso abusivo das medidas provisórias pelo Chefe do Executivo[213]; o problema não se restringe à "cons-

---

210. Cf., p. ex., Lesbaupin, 1984, investigando a falta de consciência clara dos "direitos humanos" nas "classes populares".
211. Velho (1980, p. 363) refere-se a um exemplo muito expressivo: a queixa de um político quanto ao absurdo que seria o fato de o voto de sua lavadeira ter o mesmo valor do seu.
212. Fala-se, então, paradoxalmente, de cidadão de primeira, segunda e terceira classe (cf., p. ex., Velho, 1980, p. 362; Weffort, 1981, pp. 141-4, com base em Bendix, 1969 [1964], pp. 88 s.]).
213. A respeito, cf. Ferraz Jr., 1990.

titucionalidade do direito", mas reside antes na "juridicidade da Constituição"[214], ou seja, na (escassa) normatividade jurídica do texto constitucional. A insuficiência de legalidade (auto-referência elementar) e constitucionalidade (reflexividade) é condicionada e condiciona, por fim, a reflexão jurídico-conceitualmente inadequada do sistema constitucional[215]; diante da "realidade constitucional desjuridificante", não é possível que se desenvolva uma dogmática jurídico-constitucional capaz de definir eficientemente as "condições do juridicamente possível" e, pois, de atuar satisfatoriamente como "controle de consistência" da prática decisória constitucional. Por tudo isso, o texto constitucional não se concretiza como mecanismo de orientação e reorientação das expectativas normativas e, portanto, não funciona como instituição jurídica de legitimação generalizada do Estado (cf. item 3 deste capítulo).

Nessas circunstâncias de "realidade constitucional desjuridificante", não parece apropriado interpretar os mecanismos "não oficiais" de solução de conflitos de interesse, principalmente aqueles que se desenvolvem entre os subintegrados, como alternativas jurídico-pluralistas ao "legalismo"[216]. Trata-se, em regra, de reações à falta de legalidade. Também não se pode aplicar, nessas condições, o modelo do pós-modernismo jurídico[217], que, negando a unidade do direito como *cadeia* operacionalmente diferenciada, sustenta que o sistema jurídico se constrói pluralisticamente como *rede* de comunicações, importando incerteza e instabilidade construtivas (cf. subitem 1.3. deste capítulo). O problema da "desjuridificação da realidade constitucional" implica, no

---

214. Luhmann, 1992, p. 3.
215. Não se trata apenas do problema heterorreferencial da construção de "conceitos jurídicos socialmente adequados" (Luhmann, 1974, pp. 49 ss.), mas também do problema auto-referencial da construção de um modelo conceitual juridicamente adequado (Neves, 1992, pp. 205 ss.).
216. Cf. em sentido diverso Sousa Santos, 1988 [1980], p. 25; 1977, pp. 89 ss.
217. Ao qual aderiu Sousa Santos, 1987, para dar respaldo à sua concepção de pluralismo jurídico.

caso brasileiro, a insegurança destrutiva com relação à prática de solução de conflitos e à orientação das expectativas normativas[218].

A falta de concretização normativo-jurídica do texto constitucional está associada à sua função simbólica. A identificação retórica do Estado e do governo com o modelo democrático ocidental encontra respaldo no documento constitucional. Em face da realidade social discrepante, o modelo constitucional é invocado pelos governantes como álibi: transfere-se a "culpa" para a sociedade "desorganizada e "atrasada", "descarregando-se" de "responsabilidade" o Estado ou o governo constitucional. No mínimo, transfere-se a realização da Constituição para um futuro remoto e incerto. No plano da reflexão jurídico-constitucional, essa situação repercute "ideologicamente", quando se afirma que a Constituição de 1988 é "a mais programática" entre todas as que tivemos e se atribui sua legitimidade à promessa e esperança de sua realização no futuro: "a promessa de uma sociedade socialmente justa, a esperança de sua realização"[219]. Confunde-se, assim, a categoria dogmática das normas programáticas, realizáveis dentro do respectivo contexto jurídico-social, com o conceito de constitucionalização simbólica, indissociável da insuficiente concretização normativa do texto constitucional.

Mas a função hipertroficamente simbólica do texto constitucional não se refere apenas à retórica "legitimadora" dos governantes (em sentido amplo). Também no discurso político dos críticos do sistema de dominação, a invocação aos valores proclamados no texto constitucional desempenha relevante papel simbólico. Por exemplo, a retórica político-social dos "direitos humanos", paradoxalmente, é tanto mais intensa quanto menor o grau de concretização normativa do texto constitucional.

Nesse contexto, as propostas permanentes e repetidas de reformas constitucionais abrangentes desempenham an-

---

218. A respeito, Neves, 1992, esp. pp. 102 s. e 191.
219. Ferraz Jr., 1989, p. 58.

tes uma função simbólica[220]. A responsabilidade pelos graves problemas sociais e políticos é, então, atribuída à Constituição, como se eles pudessem ser solucionados mediante as respectivas emendas ou revisões constitucionais. Dessa maneira, não apenas se desconhece que leis constitucionais não podem resolver imediatamente os problemas da sociedade, mas também se oculta o fato de que os problemas jurídicos e políticos que freqüentemente se encontram na ordem do dia estão associados à deficiente concretização normativo-jurídica do texto constitucional existente, ou seja, residem antes na falta das condições sociais para a realização de uma Constituição inerente à democracia e ao Estado de direito do que nos próprios dispositivos constitucionais. No âmbito da retórica do reformismo constitucional, os programas de governo ficam reduzidos a programas de reforma da Constituição; estes são freqüentemente executados (quer dizer, as emendas constitucionais são aprovadas e promulgadas), contudo as respectivas estruturas sociais e relações de poder permanecem intocáveis. Não raramente, o discurso do poder invoca a "desconstitucionalização" como panacéia ou vara de condão, isto é, como solução mágica para todos os problemas constitucionais. Recorre-se aqui acriticamente ao vigoroso debate sobre juridificação no Estado democrático de direito do Ocidente desenvolvido. Assim, não só se despercebe que a concretização da Constituição sintética de 1891 ainda foi mais problemática, mas sobretudo também se desconsidera que o problema no Brasil – como já foi salientado acima (item 5 deste capítulo) – reside antes na realidade política desjuridificante e na realidade jurídica desconstitucionalizante. Sua solução não pode ser remetida a uma pretensa desconstitucionalização ou desjuridificação no plano do texto constitucional, devendo ser relacionada em primeiro lugar à constitucionalização da realidade jurídica e à juridificação das relações políticas.

À constitucionalização simbólica, embora relevante no jogo político, não se segue, principalmente na estrutura

---

220. A respeito, ver Neves, 1996.

excludente da sociedade brasileira, "lealdade das massas", que pressuporia um Estado de bem-estar eficiente (cf. Cap. II.10.). À medida que se ampliam extremamente a falta de concretização normativa do diploma constitucional e, simultaneamente, o discurso constitucionalista do poder, intensifica-se o grau de desconfiança no Estado. A autoridade pública cai em descrédito. A inconsistência da "ordem constitucional" desgasta o próprio discurso constitucionalista dos críticos do sistema de dominação. Desmascarada a farsa constitucionalista, seguem-se o cinismo das elites e a apatia do público. Tal situação pode levar à estagnação política. É possível que, como reação, recorra-se ao "realismo constitucional" ou "idealismo objetivo", em contraposição ao "idealismo utópico" existente[221]. Entretanto, como ensinaram as experiências de "constitucionalismo instrumental" de 1937 e 1964, o recurso a essa semântica autoritária não implicará, seguramente, a "reconciliação do Estado com a realidade nacional", mas, antes, a *identificação* excludente do sistema jurídico estatal com as "ideologias" e interesses dos detentores eventuais do poder. Nesse caso, serão impostas "regras do silêncio" ditatoriais, negando-se a possibilidade de críticas generalizadas ao sistema de poder, típica da constitucionalização simbólica.

Principalmente por isso não se deve interpretar a constitucionalização simbólica como um jogo de soma zero na luta política pela ampliação ou restrição da cidadania, equiparando-a ao "instrumentalismo constitucional" das experiências autocráticas[222]. Enquanto não estão presentes "regras do silêncio" democráticas nem ditatoriais, o contexto da constitucionalização simbólica proporciona o surgimento de movimentos e organizações sociais envolvidos criticamente na realização dos valores proclamados solenemente no texto constitucional e, portanto, integrados na luta polí-

---

221. Cf. Vianna, 1939, esp. pp. 7 ss. e 303 ss.; Reale, 1983, p. 67; Torres, 1978 [1914], pp. 160 ss., utilizando a expressão "política orgânica".
222. Em sentido diverso, cf. Loewenstein, 1956, p. 224.

tica pela ampliação da cidadania. Sendo assim, é possível a construção de uma esfera pública pluralista que, apesar de sua limitação, seja capaz de articular-se com sucesso em torno dos procedimentos democráticos previstos no texto constitucional. Não se pode excluir a possibilidade, porém, de que a realização dos valores democráticos expressos no documento constitucional pressuponha um momento de ruptura com a ordem de poder estabelecida, com implicações politicamente contrárias à diferenciação e à identidade/autonomia do direito. Isso se torna tanto mais provável à proporção que os procedimentos previstos no texto constitucional sejam deformados no decorrer do processo de concretização e não se operacionalizem como mecanismos estatais de legitimação.

*Perspectiva: Constitucionalização
simbólica da sociedade mundial?
Periferização do centro?*

As exposições precedentes partiram da premissa de que predominou uma bifurcação da sociedade mundial moderna em centro e periferia, de tal maneira que a constitucionalização simbólica – diferentemente da legislação simbólica – pôde ser caracterizada como um problema específico da modernidade periférica (cf. Cap. III.6.). Agora, entretanto, cabe questionar se os recentes desenvolvimentos da sociedade mundial não levarão a um quadro em que o problema da constitucionalização simbólica estender-se-á aos Estados da modernidade central. Essa possibilidade está relacionada com a tendência a uma periferização paradoxal do centro[1].

Com o emprego da palavra-chave equívoca "globalização" aponta-se nas últimas três décadas – no âmbito de uma sociedade mundial que vem desenvolvendo-se há quatro séculos – para as novas propensões expansionistas do código econômico, que começam a ter efeitos destrutivos também no direito e na política dos países centrais e, portanto, podem levar à perda da força normativa da Constituição e, assim, à constitucionalização simbólica. A respeito, manifestam-se sobretudo preocupações com o crescente atrofiamento das prestações do Estado de bem-estar.

---

1. Analogamente – mas em outra perspectiva – Beck refere-se à "brasilianização da Europa" (1997, pp. 266-8) ou "brasilianização do Ocidente" (Beck, 1999, pp. 7 ss. e 94 ss.).

No presente contexto, não se trata de discutir o modelo prescritivo, neoliberal da "globalização", segundo o qual se recomenda, em nome da eficiência econômica, o desmonte dos mecanismos do Estado de bem-estar, mas sim de indagar se, como e até que ponto o processo real de expansão hipertrófica do código econômico ("globalização econômica") em detrimento da autonomia dos sistemas político e jurídico pode consolidar-se ou ser controlado.

Ao desmonte do Estado de bem-estar por força da globalização econômica e ao perigo daí resultante para a democracia nos países desenvolvidos, Habermas reage com a proposta de uma "política interna mundial" que, com base em "uma solidariedade cosmopolita", exploraria novas instituições e procedimentos capazes de impor condições limitantes à reprodução global da economia[2]. Embora seja uma versão revisada da concepção kantiana da possibilidade de paz entre as "repúblicas" mediante "um federalismo de Estados livres"[3], não se trata de uma visão assentada nas instituições tradicionais da política internacional ou do direito internacional público, mas sim de uma perspectiva de auto-regulação da sociedade global por uma política interna mundial de caráter "transnacional". Além disso, Habermas volta-se com ênfase à "transferência para instâncias supranacionais de funções que, até o momento, os Estados sociais realizaram no âmbito nacional"[4], ou seja, à "geração de um regime global de bem-estar"[5]. Esse projeto normativo parece-me discutível em face das condições reais do desenvolvimento da sociedade mundial no presente. Em primeiro lugar, não se retiram as devidas conseqüências do fato incontroverso de que o Estado de bem-estar só pôde desenvolver-se "em algumas regiões privilegiadas e nas condições

---

2. Habermas, 1998a, esp. pp. 77-80. Cf. também 1998b, esp. pp. 84 ss. e 156 ss. [trad. bras. 2001, pp. 69 ss. e 131 ss.]; 2004, pp. 113 ss.; 2005.
3. Kant, 1993 [1795], p. 208.
4. Habermas, 1998a, p. 75; 1998b, p. 86 [trad. bras. 2001, pp. 70 s.].
5. Habermas, 1998a, p. 80.

propícias do pós-guerra"[6] e de que a "interdependência assimétrica entre os países desenvolvidos, os recentemente industrializados e os subdesenvolvidos"[7] permanece intocável e, antes, agravou-se. A orientação includente do Estado de bem-estar no Ocidente desenvolvido não surgiu isolada da ampla exclusão na periferia da sociedade mundial. O problema que se apresenta na atualidade é exatamente a propagação de ondas de exclusão aos países centrais no contexto da "globalização econômica", portanto, a expansão destrutiva do código econômico também em relação aos sistemas jurídico e político dos Estados democráticos da Europa Ocidental e da América do Norte, o que está intimamente associado à perda de normatividade (força normativa) das Constituições social-democráticas lastreadas no modelo de Estado de direito, ainda intocáveis, porém, no seu significado político-simbólico. A implausibilidade de uma solução político-global para os impactos destrutivos da chamada "globalização econômica" sobre o Estado de direito, a democracia e o Estado de bem-estar não reside apenas no fato de que a política internacional e o direito internacional público constituem mecanismos frágeis de regulação em face da força do código econômico no plano da sociedade mundial; ademais, a política, enquanto subsistema social encarregado de decisões coletivamente vinculantes, ainda permanece fundamentalmente segmentada em Estados como unidades delimitadas territorialmente[8]. Além disso, a sociedade mundial, apesar da ampla diferenciação, pluralidade e fragmentação, ainda é orientada primariamente pela economia (e, correspondentemente, pela técnica e pela ciência) (cf. *supra* nota 166 do Cap. III). A novidade da "globalização econômica" encontra-se antes na tendência a uma expansão hipertrófica do código econômico, em detrimento da autonomia constitucionalmente fundada do direito e da política,

---

6. Habermas, 1998a, p. 73; 1998b, p. 84 [trad. bras. 2001, p. 69].
7. Habermas, 1998a, p. 76; 1998b, p. 87 [trad. bras. 2001, p. 71].
8. Cf. Luhmann, 1998, ou 2000a, pp. 189-227.

também nos países centrais. Por fim cabe observar que, em um contexto altamente conflituoso, a noção habermasiana de "solidariedade compulsória" no "sentido de uma cidadania mundial"[9], antes de poder contribuir para a construção de mecanismos conseqüentes de resolução de conflitos e solução de problemas, desempenha um papel "ideológico".

Ao projeto de regulação político-mundial para os problemas emergentes da "globalização", proposto por Habermas, opõe-se o modelo pós-moderno dos sistemas globais plurais, esboçado por Teubner[10]. Partindo da fragmentação da sociedade mundial em diferentes âmbitos autônomos de comunicação, Teubner critica a concepção de uma sociedade global ou de uma ordem jurídica mundial fundada na política, referindo-se ironicamente ao escrito de Kant "À paz perpétua" como antecessor da *Pax Americana* proposta por Clinton[11]. Ele sustenta, então, que, em comparação com "outros processos globalizantes fragmentados", a política "não apenas perdeu o seu papel de liderança", mas também "regrediu nitidamente": "Na via da globalização, a política foi claramente ultrapassada pelos outros sistemas sociais [...]."[12] Além disso, salienta: "Apesar de toda a internacionalidade da política e de todo o direito internacional público, o ponto principal da política e do direito reside ainda hoje no Estado nacional."[13] Por outro lado, Teubner distancia-se com razão do modelo que reduz a sociedade mundial à economia mundial. Ao contrário, refere-se interessantemente a diversas *global villages* que se reproduzem como sistemas autônomos: não apenas a economia, mas igualmente "a ciência, a cultura, a técnica, o sistema de saúde, a previdência social, o transporte, o sistema militar, a mídia e o turismo auto-reproduzem-se atualmente como "sistemas

---

9. Habermas, 1998a, pp. 77 e 80.
10. Teubner, 1996b [trad. bras. 2003]. Cf. também 1996c; 2000 [trad. bras. 2005b]; 2003.
11. Teubner, 1996b, p. 258 [trad. bras. 2003, p. 12].
12. Teubner, 1996b, pp. 258 s. [trad. bras. 2003, p. 12].
13. Teubner, 1996b, p. 259 [trad. bras. 2003, p. 12].

mundiais"no sentido de Wallerstein e fazem, dessa maneira, concorrência à política internacional dos Estados nacionais, com sucesso"[14]. Daí Teubner retira os elementos para construir uma atraente concepção do pluralismo jurídico global. Mas em sua própria exposição pós-moderna podem ser percebidos sintomas dos limites empíricos desse pluralismo fundado na fragmentação da sociedade mundial em diferentes esferas parciais autônomas: 1) a abordagem concentra-se no direito econômico mundial, especificamente na *lex mercatoria*, destacando-a entre outras *law's global villages*[15]; 2) a respeito, acentua-se a falta de autonomia da *lex mercatoria* em face dos processos econômicos globais[16] e chama-se a atenção para as perspectivas negativas "de uma evolução jurídica independente da *lex mercatoria*", porque "a variação e a seleção autônomas da *lex mercatoria* são tão subdesenvolvidas que a formação desse direito ficará atrelada à evolução externa do sistema econômico, sem, contudo, engendrar uma evolução autônoma"[17]. Ademais, Teubner – tendo em vista que a *lex mercatoria* como um sistema insuficientemente autônomo é extremamente vulnerável às pressões políticas[18] – recorre novamente, por fim, à concepção predominantemente normativa da repolitização desse tipo de direito econômico mundial, por via da qual os mecanismos dessa ordem jurídica entrariam mais nitidamente "no campo de visão do debate e controle *públicos*"[19]. Nessa perspectiva, não se enfrenta teoricamente o problema empírico persistente da expansão hipertrófica do código econômico com impactos destrutivos sobre a (ausente) autoprodução da política e do direito (nem a questão dos efeitos heteronomizantes do código político sobre a reprodução do direito) nos países periféricos; tampouco se consideram ade-

---

14. Teubner, 1996b, p. 259 [trad. bras. 2003, p. 13].
15. Teubner, 1996b, pp. 264 ss. [trad. bras. 2003, pp. 15 ss.].
16. Teubner, 1996b, p. 279 [trad. bras. 2003, p. 24].
17. Teubner, 1996b, p. 280 [trad. bras. 2003, p. 25].
18. Teubner, 1996b, p. 279 [trad. bras. 2003, p. 24].
19. Teubner, 1996b, p. 283 [trad. bras. 2003, p. 27] (grifo meu).

quadamente as tendências recentes à influência destrutiva da "economicização"sobre o Estado de direito, a democracia e o regime de bem-estar nos países centrais. Antes, aponta-se para tendências a um pluralismo jurídico global e, ancorado nisso, constroem-se novas perspectivas de um desenvolvimento jurídico "inoficial".

Partindo de que "o acoplamento estrutural do sistema político e do sistema jurídico através da Constituição não tem correspondência no plano da sociedade mundial"[20], viso aqui a uma questão inteiramente diversa: em que medida a "globalização econômica" – quer dizer, as tendências expansivas do código econômico no plano global –, apesar de toda a pluralidade e fragmentação na sociedade mundial, pode levar também nos países centrais à destruição da autonomia dos sistemas jurídico e político ("oficiais") segmentados em Estados, isto é, provocar impactos destrutivos sobre a Constituição como acoplamento estrutural entre política e direito nos Estados de direito consolidados da Europa Ocidental e da América do Norte? Especificando melhor a questão, trata-se de saber até que ponto as Constituições dos Estados democráticos e sociais de direito podem perder intensamente normatividade jurídica no contexto da "globalização econômica" e, com isso, tornar-se Constituições (hipertroficamente) simbólicas.

Essa questão, a ser contemplada em virtude dos indícios de desenvolvimentos no sentido de uma periferização paradoxal do centro na sociedade mundial moderna, está relacionada com o desmonte ou superação do clássico *welfare state*, sem que novos mecanismos de inclusão sejam esboçados clara e seriamente para a construção de uma sociedade de bem-estar fundada nos diversos subsistemas sociais, mesmo apenas nas respectivas regiões do tradicional Estado de bem-estar. O problema redunda na iminente possibilidade de que as formas de exclusão até o presente típicas dos paí-

---

20. Luhmann, 1993a, p. 582; acompanhando-o, Teubner, 1996b, p. 260 [trad. bras. 2003, p. 13]; 1996c, p. 248.

ses periféricos propaguem-se sobre a modernidade central. Nessa hipótese, não se trata mais tão-somente de "exclusão secundária", mas sim de "exclusão primária"[21]. No primeiro caso, não se provoca a destruição nem se põe em questão a validade do código jurídico, "ele restringe 'apenas' a abrangência efetiva da sua vigência"[22]. No segundo, a exclusão é tão disseminada e, portanto, o respectivo problema de tal maneira agravado que se produzem conseqüências destrutivas generalizadas para a validade de um código jurídico diferenciado e de uma Constituição como acoplamento estrutural entre política e direito, característica do Estado de direito. Não se trata aqui, portanto, da metadiferença branda "inclusão/exclusão", que, segundo Luhmann, "mediatizaria" os códigos dos sistemas funcionais, ou seja, seria transversal à diferenciação funcional da sociedade e, dessa maneira, à diferenciação do direito e à ordem constitucional[23], antes de fenômenos generalizados de exclusão, que põem em questão e ameaçam de destruição a diferenciação funcional, a autonomia do direito e a normatividade constitucional. A rigor, nesse contexto, não cabe falar de "exclusão" social, como se na sociedade moderna pudesse existir isolamento alopátrico de comunicações entre grupos da população. Também não me parece apropriado diferença entre "setor de inclusão" (no qual "os homens contam como pessoas") e "setor de exclusão"(no qual "os homens não são mais percebidos enquanto pessoas, mas sim como corpos")[24], como se fosse possível distinguir claramente entre ambos. O problema reside na generalização das relações de sobreintegração e subintegração nos diversos subsistemas da sociedade. (Essas são compreendidas aqui não como posições hierárquicas em face dos sistemas funcionais, fundadas principiológica ou axiologicamente, mas sim como situações con-

---

21. Müller, 1997, pp. 50 ss. [trad. bras. 1998, pp. 96 ss.].
22. Müller, 1997, p. 51 [trad. bras. 1998, p. 98].
23. Luhmann, 1997, p. 632; 1993a, p. 583. Cf. *supra* nota 95 do Cap. II.
24. Luhmann, 1997, pp. 632 ss.; 1995a, pp. 259 ss., esp. p. 262; 1993a, pp. 584 s.

dicionadas facticamente, a saber, ser integrado neles "por cima" ou "por baixo", com a conseqüência de que a reprodução autônoma do direito é bloqueada.) Nesse caso, o pólo sobreintegrado tem acesso às prestações positivas destes, sem ser, ao mesmo tempo, dependente de suas prestações negativas (coações e regras); o pólo subintegrado, ao contrário, é dependente das prestações, sem ter acesso a elas. Assim sendo, há em ambos os pólos inclusão insuficiente ou exclusão parcial (cf. *supra* pp. 76-8, 172 s. e 175 s.). No âmbito do direito, isso significa que os sobreintegrados têm acesso aos direitos (e aos remédios jurídicos ou procedimentos judiciais), sem realmente assumirem nem cumprirem os deveres e responsabilidades impostos pelo sistema jurídico (impunidade), enquanto os subintegrados, contrariamente, não dispõem de acesso efetivo aos direitos nem aos remédios jurídicos ou às vias judiciais, embora permaneçam rigidamente subordinados aos deveres, responsabilidades e punições restritivas de liberdade. Na sociedade mundial supercomplexa, evidentemente não há o absolutamente subintegrado ou sobreintegrado, pois as posições correspondentes não se baseiam em princípios ou normas firmes como nas sociedades pré-modernas, mas sim dependem de condições fácticas da reprodução das comunicações; mas existem amplas partes da população que se apresentam regularmente em um dos pólos das relações de subintegração e sobreintegração. Para os sobrecidadãos e subcidadãos a Constituição não se apresenta como horizonte do seu agir e vivenciar jurídicos: os primeiros usam, desusam ou abusam da Constituição conforme as constelações concretas de poder; aos últimos são estranhos os direitos e garantias fundamentais constitucionalmente amparados. Disso resulta, como já salientei acima, que a generalização de relações de sobreintegração e subintegração nos subsistemas da sociedade, aqui especialmente na política e no direito, leva à implosão da Constituição como ordem básica das comunicações jurídicas e políticas. Caso se dissemine mundialmente por via das tendências "globalizantes" de desenvolvimento, o problema pode então muito provavelmente associar-se a Constituições simbólicas, ou seja, ao sobrepeso ou à hipertrofia do significado simbólico do texto constitucional em detrimento de sua normatividade, também nos Estados democráticos e sociais de direito da Europa Ocidental e da América do Norte, por força da tradição cultural.

Podem ser paralisadas ou amortecidas as tendências recentes à periferização do centro, à disseminação mundial de relações generalizadas de subintegração e sobreintegração nos subsistemas da sociedade e, nesse contexto, à conversão das Constituições fundadoras do Estado democrático de direito e de bem-estar na Europa Ocidental e na América do Norte em Constituições simbólicas? São muito negativas as perspectivas de uma solução global do problema mediante uma transformação das relações econômicas assimétricas entre regiões do globo terrestre em relações simétricas. Por sua vez, o projeto de transferência das instituições do Estado de bem-estar, que dominaram até hoje em regiões muito limitadas, para o plano global, mediante política externa ou interna mundial, isto é, através de um "regime global de bem-estar", parece ser demasiado inocente ou carregado "ideologicamente", desde que se considerem as disparidades extremas de desenvolvimento social e econômico e a "exclusão" persistente da maioria da população na sociedade mundial complexa e conflituosa de hoje. No horizonte de perspectiva, saídas poderão ser encontradas antes no plano regional dos Estados de direito da Europa, da América do Norte e da Ásia (Japão). No âmbito dos respectivos territórios estatais, é possível que, em reação ao desmonte do *Estado* de bem-estar, os diversos subsistemas da sociedade construam e desenvolvam mecanismos de inclusão no contexto de uma "privatização" alternativa, a saber, não centrada na economia, e, destarte, conduzam a novas condições de bem-estar. Nessa hipótese, a Constituição estabelecerá os contornos normativo-jurídicos da *sociedade* de bem-estar nos correspondentes planos regionais. Mas há claros indícios de que essa solução só poderá ser bem-sucedida se estiver associada a medidas rigorosas de restrição à imigração, contrárias à onda de "refugiados da exclusão" provenientes de outras regiões do globo terrestre. Não se despercebe aqui que, no âmbito de experiências específicas e singulares de desenvolvimento econômico em áreas determinadas, essa via de solução seja acessível a outros países. Entretanto, não se deve excluir a possibilidade – e, com isso, não estou pensando em termos fatalistas – de que, no contexto de uma "globalização econômica" radical, isto é, da economicização da sociedade mundial, suceda uma propagação incontrolada da "exclusão" primária sobre os países centrais, até o momento ainda estruturados no regime de bem-estar, implicando a fragilização ou a substituição da diferença "centro/periferia" – fundada na economia e possibilitada por força da segmentação da sociedade mundial em Estados – mediante a fortificação da diferença "exclusão/inclusão" no plano global; portanto, a possibilidade de que, sob a influência do expansionismo "imperialista" do código econômico ou mecanismo monetário (intimamente vinculado à técnica e à ciência), imponha-se a disseminação das relações generalizadas de subintegração e sobreintegração ao nível mundial, com impactos destrutivos sobre a diferenciação funcional da sociedade, a ordem constitucional democrática e social dos Estados de direito e, enfim, a autonomia dos diversos subsistemas da sociedade. Em conseqüência disso, os diplomas constitucionais que proclamam os direitos fundamentais (construídos com base na diferenciação funcional) e as instituições do Estado de bem-estar (orientadas para a inclusão) poderiam manter apenas uma normatividade jurídica muito ínfima no plano mundial e seriam antes postos na condição de desempenhar um papel hipertroficamente político-simbólico.

BIBLIOGRAFIA

ABÉLÈS, Marc; ROSSADE, Werner (orgs.) (1993). *Politique Symbolique en Europe/Symbolische Politik in Europa*. Berlim: Duncker & Humblot.
ALCHOURRÓN, Carlos E.; BULYGIN, Eugenio (1974). *Introducción a la Metodología de las Ciencias Jurídicas y Sociales*. Buenos Aires: Astrea.
ALEXY, Robert (1983). *Theorie der Juristischen Argumentation: Die Theorie des rationalen Diskurses als Theorie der juristischen Begründung*, Frankfurt sobre o Meno: Suhrkamp.
_____ (1986). *Theorie der Grundrechte*. Frankfurt sobre o Meno: Suhrkamp.
ALMINO, João (1980). *Os democratas autoritários: liberdades individuais, de associação política e sindical na Constituinte de 1946*. São Paulo: Brasiliense.
_____ (1985). *Era uma vez uma constituinte*. São Paulo: Brasiliense.
ALTHUSSER, Louis (1976). "Idéologie et appareils idéologiques d'État (Notes pour une recherche)". *In*: Louis Althusser. *Positions (1964-1975)*. Paris: Éditions Sociales, pp. 67-125.
AMADO, Gilberto (1917). *As instituições políticas e o meio social no Brazil*. Rio de Janeiro: Imprensa Nacional.
AMIN, Samir (1973). *Le Développement Inégal. Essai sur les Formations Sociales du Capitalisme Périphérique*. Paris: Éditions de Minuit.
APEL, Karl-Otto (1988). "Das Apriori der Kommunikationsgemeinschaft und die Grundlagen der Ethik". *In*: Karl-Otto Apel. *Transformation der Philosophie*. 4.ª ed. Frankfurt sobre o Meno: Suhrkamp, vol. 2, pp. 358-435.
ARISTÓTELES (1951). *Política*. Edição bilíngüe. Trad. esp. Julián Marías e Maria Araujo. Madri: Instituto de Estudios Políticos.

ARISTÓTELES (1968). *Politik*. Trad. al., org. Nelly Tsouyoupoulos e Ernesto Grassi. Reinbek bei Hamburg: Rowohlt.

ARNOLD, Thurman W. (1935). *The Symbols of Government*. New Haven: Yale University Press [5.ª impressão, 1948].

_____ (1971). "El derecho como simbolismo". *In*: Vilhelm Aubert (org.). *Sociología del Derecho*. Trad. esp. J. V. Roberts. Caracas: Tiempo Nuevo.

ATLAN, Henri (1979). *Entre le cristal et la fumée: Essai sur l'organisation du vivant*. Paris: Seuil.

AUBERT, Vilhelm (1967). "Einige soziale Funktionen der Gesetzgebung". *In*: Ernst E. Hirsch e Manfred Rehbinder (orgs.). *Studien und Materialien zur Rechtssoziologie* (*Kölner Zeitschrift für Soziologie und Sozialpsychologie*, número especial [*Sonderheft*] 11). Colônia/Opladen: Westdeutscher Verlag, pp. 284-309.

AUSTIN, J. L. (1968). "Performative und Konstatierende Äußerung". *In*: Rüdiger Bubner (org.). *Sprache und Analysis: Texte zur englischen Philosophie der Gegenwart*. Göttingen: Vandenhoeck & Ruprecht, pp. 140-53.

_____ (1980). *How to do things with words: the William James Lectures delivered at Harvard University in 1955*. 2.ª ed. Oxford/Nova York: Oxford University Press.

BAECKER, Dirk *et al.* (orgs.) (1987). *Theorie als Passion: Niklas Luhmann zum 60. Geburtstag*. Frankfurt sobre o Meno: Suhrkamp.

BARBALET, J. M. (1988). *Citizenship: Rights, Struggle and Class Inequality*. Milton Keynes: Open University Press.

BARBOSA, Ruy (1933-1934). *Comentários à Constituição Federal brasileira*. Org. Homero Pires. São Paulo: Livraria Acadêmica/Saraiva, 1933 (vols. II e III), 1934 (vol. IV).

BARTHES, Roland (1964). "Éléments de sémiologie". *In*: *Communications* 4. Paris: Seuil, pp. 91-135 [trad. bras.: *Elementos de semiologia*. São Paulo: Cultrix, s.d.].

BECK, Ulrich (1997). *Was ist Globalisierung? Irrtümer des Globalismus – Antworten auf Globalisierung*. Frankfurt sobre o Meno: Suhrkamp.

BENDIX, Reinhard (1969). *Nation-Building and Citizenship. Studies of our Changing Social Order*. Garden City, Nova York: Anchor [1.ª ed. 1964].

BERLIN, Isaiah (1975). "Two Concepts of Liberty" (1958). *In*: Isaiah Berlin. *Four Essays on Liberty*. Londres/Oxford/Nova York: Oxford University Press, pp. 118-72 [reimpressão da 1.ª edição de 1969].

BERTALANFFY, Ludwig von (1957). "Allgemeine Systemtheorie: Wege zu einer neuen mathesis universalis". *In*: *Deutsche Universitätszeitung*, n.ºˢ 5/6. Bonn: Deutsche Universitätszeitung, pp. 8-12.

BISCARETTI DI RUFFÌA, Paolo (1973). *Derecho Constitucional*. Trad. esp. Pablo Lucas Verdú. Reimpressão. Madri: Technos.
_____ (1974). *Introduzione al Diritto Costituzionale Comparato*. 3.ª ed. Milão: Giuffrè.
BITTENCOURT, C. A. Lúcio (1968). *O controle jurisdicional da constitucionalidade das leis*. 2.ª ed. Rio de Janeiro: Forense.
BLANKE, Thomas (1987). "Kritik der systemfunktionalen Interpretation der Demonstrationsfreiheit". *In: Kritische Justiz* 20. Baden-Baden: Nomos, pp. 157-65.
BLANKENBURG, Erhard (1977). "Über die Unwirksamkeit von Gesetzen". *In: Archiv für Rechts- und Sozialphilosophie* 63. Wiesbaden: Steiner, pp. 31-58.
_____ (1980). "Recht als gradualisiertes Konzept – Begriffsdimensionen der Diskussion um Verrechtlichung und Entrechtlichung". *In*: E. Blankenburg; E. Klausa; H. Rottleuthner (orgs.). *Alternative Rechtsformen und Alternativen zum Recht (Jahrbuch für Rechtssoziologie und Rechtstheorie,* vol. 6). Opladen: Westdeutscher Verlag, pp. 83-98.
BOBBIO, Norberto (1967). "Sur le principe de légitimité". *In: Annales de Philosophie Politique* 7. Paris: Presses Universitaires de France, pp. 47-60.
_____ (1976). "Quale socialismo?". *In: Il marxismo e lo Stato: Il dibattito aperto nella sinistra italiana sulle tesi di Norberto Bobbio (Quaderni di Mondoperario* 4). Roma: Mondoperario, pp. 199-215 [trad. bras.: "Qual socialismo?". *In: O marxismo e o Estado*. Rio de Janeiro: Graal, pp. 233-51].
_____ (1977). *Dalla struttura alla funzione: Nuovi studi di teoria del diritto*. Milão: Edizioni di Comunità.
BOCK, Michael (1988). *Recht ohne Mass: Die Bedeutung der Verrechtlichung für Person und Gemeinschaft*. Berlim: Reimer.
BÖCKENFÖRDE, Ernst-Wolfgang (1983). "Geschichtliche Entwicklung und Bedeutungswandel der Verfassung". *In: Festschrift für Rudolf Gmür*. Bielefeld: Gieseking, pp. 7-19.
BONAVIDES, Paulo (1972). *Do Estado liberal ao Estado social*. 3.ª ed. Rio de Janeiro: FGV.
BONAVIDES, Paulo; ANDRADE, Paes de (1989). *História constitucional do Brasil*. Brasília: [Senado Federal]/[Rio de Janeiro:] Paz e Terra.
BORDES, Jacqueline (1967). *Politeia dans la pensée grecque jusqu'à Aristote*. Paris: "Les Belles Lettres".

BORGES, José Souto Maior (1975). *Lei complementar tributária*. São Paulo: Revista dos Tribunais/Educ.

BOURDIEU, Pierre (1966). "Condition de classe et position de classe". *In*: *Archives européennes de Sociologie*, vol. VII, n.º 2. Paris: Plon, pp. 201-23 [trad. bras.: "Condição de classe e posição de classe". *In*: Pierre Bourdieu. *A economia das trocas simbólicas*. Org. Sergio Miceli. São Paulo: Perspectiva, 1974a, pp. 3-25].

_____ (1971). "Genèse et structure du champ religieux". *In*: *Revue française de Sociologie*, vol. XII, n.º 3. Paris: Editions du CNRS, pp. 295-334 [trad. bras.: "Gênese e estrutura do campo religioso". *In*: Pierre Bourdieu. *A economia das trocas simbólicas*. Org. Sergio Miceli. São Paulo: Perspectiva, 1974b, pp. 27-78].

_____ (1982). *Ce que parler veut dire: l'économie des échanges linguistiques*. Paris: Fayard.

_____ (1989). *La noblesse d'État: Grandes écoles et esprit de corps*. Paris: Éditions de Minuit.

_____; PASSERON, Jean-Claude (1970). *La reproduction: éléments pour une théorie du système d'enseignement*. Paris: Éditions de Minuit [trad. bras.: *A reprodução: elementos para uma teoria do sistema de ensino*. Rio de Janeiro: Francisco Alves, 1975].

BRODOCZ, André (2003). *Die symbolische Dimension der Verfassung: Ein Beitrag zur Institutionentheorie*. Opladen: Westdeutscher Verlag.

BRYDE, Brun-Otto (1982). *Verfassungsentwicklung: Stabilität und Dynamik im Verfassungsrecht der Bundesrepublik Deutschland*. Baden-Baden: Nomos.

_____ (1987). "Recht und Verwaltung nach der Unabhängigkeit – Entwicklungstendenzen". *In*: Hans F. Illy; Brun-Otto Bryde (orgs.). *Staat, Verwaltung und Recht in Afrika 1960-1985*. Berlim: Duncker & Humblot, pp. 27-40.

_____ (1993). "Effektivität von Recht als Rechtsproblem: Vortrag gehalten vor der Juristischen Gesellschaft zu Berlin am 17. März 1993". *Schriftenreihe der Juristischen Gesellschaft zu Berlin*, n.º 135. Berlim/Nova York: Walter de Gruyter.

BUARQUE DE HOLANDA, Sérgio (1988). *Raízes do Brasil*. 20.ª ed. Rio de Janeiro: José Olympio [1.ª ed. 1936].

BÜHL, Walter L. (1989). "Grenzen der Autopoiesis". *In*: *Kölner Zeitschrift für Soziologie und Sozialpsychologie* 39. Opladen: Westdeutscher Verlag, pp. 225-53.

BULYGIN, Eugenio (1965). "Der Begriff der Wirksamkeit". *In*: Ernesto Garzón Valdés (org.). *Lateinamerikanische Studien zur Rechtsphilosophie (Archiv für Rechts- und Sozialphilosophie*, número suple-

mentar [*Beiheft*] 41; nova série, n.º 4). Neuwied am Rhein/Berlim: Luchterhand, pp. 39-58.
BURDEAU, Georges (1962). "Zur Auflösung des Verfassungsbegriffs". *In*: *Der Staat* 1. Berlim: Duncker & Humblot, pp. 389-404.
BUZAID, Alfredo (1958). *Da ação direta de declaração de inconstitucionalidade no direito brasileiro*. São Paulo: Saraiva.
CALÓGERAS, J. Pandiá (1980). *Formação histórica do Brasil*. 8.ª ed. São Paulo: Nacional [1.ª ed. 1930].
CAMPOS, Francisco (1956). *Direito constitucional*. Rio de Janeiro/São Paulo: Freitas Bastos, vol. 1.
CANOTILHO, J. J. Gomes (1991). *Direito constitucional*. 5.ª ed. Coimbra: Almedina.
CAPELLA, Juan-Ramón (1968). *El derecho como lenguaje: un análisis lógico*, Barcelona: Ariel.
CARBONNIER, Jean (1976). *Flexible Droit. Textes pour une Sociologie du Droit sans Rigueur*. 3.ª ed. Paris: Librairie Générale de Droit et de Jurisprudence.
_____ (1978). *Sociologie juridique*, Paris: Presses Universitaires de France [trad. port.: *Sociologia jurídica*. Coimbra: Almedina, 1979].
CARDOSO, Fernando Henrique (1979). *O modelo político brasileiro e outros ensaios*. 4.ª ed. São Paulo/Rio de Janeiro: Difel.
_____ (1985). "Dos governos militares a Prudente-Campos Sales". *In*: Boris Fausto (org.). *História geral da civilização brasileira*. 4.ª ed. São Paulo: DIFEL, tomo III, vol. 1, pp. 13-50.
CARNAP, Rudolf (1948). *Introduction to Semantics*. Cambridge, Massachusetts: Harvard University Press.
_____ (1954). *Einführung in die symbolische Logik mit besonderer Berücksichtigung ihrer Anwendungen*. Viena: Springer-Verlag.
CARONE, Edgard (1969). *A Primeira República (1889-1930): texto e contexto*. São Paulo: DIFEL.
_____ (1971). *A República Velha (evolução política)*. São Paulo: DIFEL.
CARRÉ DE MALBERG, R. (1922). *Contribution à la Théorie générale de l'État*, Paris: Sirey, vol. II.
CARRIÓ, Genaro R. (1986). *Notas sobre derecho y lenguaje*. 3.ª ed. Buenos Aires: Abeledo-Perrot.
CASSIRER, Ernst (1944). *An Essay on Man: An Introduction to a Philosophy of Human Culture*. New Haven: Yale University Press [trad. bras.: *Antropologia filosófica – ensaio sobre o homem: introdução a uma filosofia da cultura humana*. São Paulo: Mestre Jou, 1972].
_____ (1988). *Philosophie der symbolischen Formen*. 9.ª ed. Darmstadt: Wissenschaftliche Buchgesellschaft, vol. I [reimpressão da 2.ª edição de 1953].

CASTORIADIS, Cornelius (1975). *L'Institution imaginaire de la société*. Paris: Éditions du Seuil [trad. bras.: *A instituição imaginária da sociedade*. 3.ª ed. Rio de Janeiro: Paz e Terra, 1991].

CHERESKY, Isidoro (1980). "Democracia y autoritarismo en los capitalismos dependientes. Bases para un proyecto de investigación – Los casos de Argentina y Brasil". *In*: *Revista Mexicana de Sociología*. México: Unam, vol. XLII, n.º 3, pp. 1071-103.

CHRISTENSEN, Ralph (1989). "Der Richter als Mund des sprechenden Textes. Zur Kritik des gestezespositivistischen Textmodells". *In*: Müller (org.). 1989, pp. 47-91.

COOLEY, Thomas M. (1898). *The General Principles of Constitutional Law in the United States of America*. 3.ª ed. Boston: Little, Brown, and Company.

COPI, Irving M. (1961). *Introduction to Logic*. 2.ª ed. Nova York: Macmillan [trad. bras.: *Introdução à lógica*. 2.ª ed. São Paulo: Mestre Jou, 1978].

COSSIO, Carlos (1964). *La Teoría Egológica del Derecho y el Concepto Jurídico de Libertad*. 2.ª ed. Buenos Aires: Abeledo-Perrot.

DERRIDA, Jacques (1967). *De la Grammatologie*. Paris: Éditions de Minuit.

_____ (1994). *Force de loi: Le "Fondement mystique de l'autorité"*. Paris: Galilée.

DÖRNER, Andreas (1995). *Politischer Mythos und symbolische Politik: Sinnstiftung durch symbolische Formen am Beispiel des Hermannsmythos*. Opladen: Westdeutscher Verlag.

DREIER, Ralf (1981). "Zu Luhmanns systemtheoretischer Neuformulierung des Gerechtigkeitsproblems". *In*: R. Dreier. *Recht – Moral – Ideologie: Studien zur Rechtstheorie*. Frankfurt sobre o Meno: Suhrkamp, pp. 270-85.

DURKHEIM, Emile (1986). *De la division du travail social*. Paris: Presses Universitaires de France [1.ª ed. Paris, 1893].

DUVERGER, Maurice (org.) (1966). *Constitutions et Documents Politiques*. Paris: Presses Universitaires de France.

DWORKIN, Ronald (1991). *Taking Rights Seriously*. 6.ª ed. Londres: Duckworth [1.ª ed. 1977] [trad. bras.: *Levando os direitos a sério*. São Paulo: Martins Fontes, 2002].

ECO, Umberto (1984). *Semiotica e filosofia del linguaggio*. Turim: Einaudi [trad. bras.: *Semiótica e filosofia da linguagem*. São Paulo: Ática, 1991a].

_____ (1991b): *Trattato di semiotica generale*. 12.ª ed. Milão: Bompiani [1.ª ed. 1975] [trad. bras.: *Tratado geral de semiótica*. São Paulo: Perspectiva, 1980].

EDELMAN, Murray (1967). *The Symbolic Uses of Politics*. Urbana/Chicago/Londres: University of Illinois Press.
_____ (1977). *Political Language: Words That Succeed and Policies That Fail*. Nova York/São Francisco/Londres: Academic Press.
EDER, Klaus (1980). *Die Entstehung staatlich organisierter Gesellschaften: Ein Beitrag zu einer Theorie sozialer Evolution*. Frankfurt sobre o Meno: Suhrkamp.
_____ (1986). "Prozedurale Rationalität: Moderne Rechtsentwicklung jenseits von formaler Rationalisierung". *In: Zeitschrift für Rechtssoziologie* 7. Opladen: Westdeutscher Verlag, pp. 1-30.
EHRLICH, Eugen (1967). *Grundlegung der Soziologie des Rechts*. 3.ª ed. Berlim: Duncker & Humblot [reimpressão inalterada da 1.ª edição de 1913].
ENGELS, Friedrich (1985). "Herrn Eugen Dührings Umwälzung der Wissenschaft" (Anti-Dühring)". *In*: K. Marx e F. Engels. *Ausgewählte Werke*. 11.ª ed. Berlim: Dietz Verlag, vol. V, pp. 5-356 [1.ª ed. 1877-1878].
_____ (1986a). "Engels an Conrad Schmidt in Berlin (Brief vom 27.10.1890)". *In*: K. Marx e F. Engels. *Ausgewählte Werke*. 12.ª ed. Berlim: Dietz Verlag, vol. VI, pp. 558-66.
_____ (1986b). "Engels an Franz Mehring in Berlin (Brief vom 14.07.1893)". *In*: K. Marx e F. Engels. *Ausgewählte Werke*. 12.ª ed. Berlim: Dietz Verlag, vol. VI, pp. 595-600.
_____ (1988). "Die Lage Englands. II. Die englische Konstitution". *In*: K. Marx e F. Engels. *Werke*. 15.ª ed. Berlim: Dietz Verlag, vol. I, pp. 569-92 [originalmente *in*: *Vorwärts!*, n.º 75, de 18/9/1844].
EVERS, Hans-Dieter (1987). "Subsistenzproduktion, Markt und Staat. Der sogenannte Bielefelder Verflechtungsansatz". *In: Geographische Rundschau* 39. Braunschweig: Westermann, pp. 136-40.
FALCÃO NETO, Joaquim de Arruda (1984). "Justiça social e justiça legal: conflitos de propriedade no Recife". *In*: Joaquim de Arruda Falcão Neto (org.). *Conflito de direito de propriedade: invasões urbanas*. Rio de Janeiro: Forense, pp. 79-101.
FAORO, Raymundo (1976). *Machado de Assis: a pirâmide e o trapézio*. 2.ª ed. São Paulo: Nacional/Secretaria de Cultura, Ciência e Tecnologia do Estado de São Paulo.
_____ (1981). *Assembléia Constituinte: a legitimidade recuperada*. São Paulo: Brasiliense.
_____ (1984-1985). *Os donos do poder: formação do patronato político brasileiro*. 6.ª ed. Porto Alegre: Globo, vol. 1: 1984, vol. 2: 1985 [1.ª ed. 1958].

FARIA, José Eduardo (1985). *A crise constitucional e a restauração da legitimidade*. Porto Alegre: Fabris.

_____ (1988). *Eficácia jurídica e violência simbólica: o direito como instrumento de transformação social*. São Paulo: Edusp.

FERRAZ JR., Tércio Sampaio (1980). *Função social da dogmática jurídica*. São Paulo: Revista dos Tribunais.

_____ (1988). *Introdução ao estudo do direito – técnica, decisão, dominação*. São Paulo: Atlas.

_____ (1989). "Legitimidade na Constituição de 1988". *In*: Tércio Sampaio Ferraz Jr. et al. *Constituição de 1988: legitimidade, vigência e eficácia, supremacia*. São Paulo: Atlas, pp. 13-58.

_____ (1990). "Sobre a reedição de medidas provisórias". *In*: Tércio Sampaio Ferraz Jr. *Interpretação e estudos da Constituição de 1988*. São Paulo: Atlas, pp. 93-4.

FERRY, Luc; RENAUT, Alain (1992). *Philosophie politique 3 – Des droits de l'homme à l'idée républicaine*. Paris: Presses Universitaires de France [1ª ed. 1985].

FIRTH, Raymond (1973). *Symbols: Public and Private*. Ithaca, Nova York: Cornell University Press.

FRANK, André Gunder (1977). *Sobre el subdesarrollo capitalista*. Trad. esp. Angel Abad. Barcelona: Anagrama.

FRANKENBERG, Günter (1996). "Why Care? – The Trouble with Social Rights". *In*: Habermas *et al.*, 1996, pp. 1365-90.

FREUD, Sigmund (1969). "Vorlesungen zur Einführung in die Psychoanalyse" (1916-1917 [1915-1917]). *In*: *Freud – Studienausgabe*. Frankfurt sobre o Meno: Fischer, vol. I, pp. 33-445 [trad. bras.: *Introdução à psicanálise*. Rio de Janeiro: Guanabara, s.d.].

_____ (1972). *Die Traumdeutung* (1900). *Freud-Studienausgabe*. Frankfurt sobre o Meno: Fischer, vol. II.

FRIEDMAN, Lawrence M. (1972). "Einige Bemerkungen über eine allgemeine Theorie des rechtsrelevanten Verhaltens". *In*: Manfred Rehbinder e Helmut Schelsky (orgs.). *Zur Effektivität des Rechts (Jahrbuch für Rechtssoziologie und Rechtstheorie*, vol. III). Düsseldorf: Bertelsmann, pp. 206-23.

FRIEDRICH, Carl Joachim (1960). "Die Legitimität in politischer Perspektive". *In*: *Politische Vierteljahresschrift* 1. Opladen: Westdeutscher Verlag, pp. 119-32.

GADAMER, Hans-Georg (1990). *Wahrheit und Methode: Grundzüge einer philosophischen Hermeneutik*. 6ª ed. Tübingen: Mohr [1ª ed. 1960].

GALTUNG, Johan (1972). "Eine strukturelle Theorie des Imperialismus". *In*: Senghaas (org.). 1972, pp. 29-104.

GARCÍA-PELAYO, Manuel (1950). *Derecho constitucional comparado*. Madri: Revista de Occidente.
_____ (1991). "Ensayo de una Teoría de los Símbolos Políticos". *In*: Manuel García-Pelayo. *Obras completas*. Madri: Centro de Estudios Constitucionales, vol. I, pp. 987-1031.
GARRN, Heino (1969). "Rechtswirksamkeit und faktische Rechtsgeltung. Ein Beitrag zur Rechtssoziologie". *In*: *Archiv für Rechts- und Sozialphilosophie* 55. Wiesbaden: Steiner, pp. 161-81.
GEIGER, Theodor (1970). *Vorstudien zu einer Soziologie des Rechts*. 2ª ed. Neuwied/Berlim: Luchterhand.
GHIGLIANI, Alejandro E. (1952). *Del "control" jurisdiccional de constitucionalidad*. Buenos Aires: Depalma.
GIDDENS, Anthony (1982). *Class Division, Class Conflict and Citizenship Rights*. *In*: Anthony Giddens. *Profiles and Critiques in Social Theory*. Londres: Macmillan, pp. 164-80.
_____ (1996). *The Consequences of Modernity*. Cambridge: Polity Press.
GLASYRIN, Viktor Wassiljewitsch *et al.* (1982). *Effektivität der Rechtsnormen. Theorie und Forschungsmethoden*. Trad. al. Leon Nebenzahl e Alfred Reissner. Berlim: Staatsverlag der DDR.
GÖRLITZ, Axel; VOIGT, Rüdiger (1985). *Rechtspolitologie: Eine Einführung*. Opladen: Westdeutscher Verlag.
GREIMAS, Algirdas Julien; COURTÉS, Joseph (1979). *Sémiotique: Dictionnaire raisonné de la théorie du langage*. Paris: Hachette [trad. bras.: *Dicionário de semiótica*. São Paulo: Cultrix, s.d.].
GREIMAS, Algirdas Julien; LANDOWSKI, Éric (1976). "Analyse sémiotique d'un discours juridique: la loi commerciale sur les sociétés et les groupes de sociétés". *In*: A. J. Greimas. *Sémiotique et sciences sociales*. Paris: Éditions du Seuil, pp. 79-128 [trad. bras.: "Análise semiótica de um discurso jurídico: a lei comercial sobre as sociedades e os grupos de sociedades". *In*: A. J. Greimas. *Semiótica e ciências sociais*. São Paulo: Cultrix, 1981, pp. 69-113].
GRIMM, Dieter (1987a). "Entstehungs- und Wirkungsbedingungen des modernen Konstitutionalismus". *In*: Dieter Simon (org.). *Akten des 26. Deutschen Rechtshistorikertages: Frankfurt am Main, 22. bis 26. September 1986*. Frankfurt sobre o Meno: Klostermann, pp. 45-76.
_____ (1987b): "Die sozialgeschichtliche und verfassungsrechtliche Entwicklung zum Sozialstaat". *In*: Dieter Grimm. *Recht und Staat der Bürgerlichen Gesellschaft*. Frankfurt sobre o Meno: Suhrkamp, pp. 138-61.

GRIMM, Dieter (1989). "Verfassung". *In*: Görres-Gesellschaft (org.). *Staatslexikon: Recht • Wirtschaft • Gesellschaft*. 7.ª ed. Friburgo/Basiléia/Viena: Herder, vol. V, colunas 633-43.
_____ (org.) (1990). *Wachsende Staatsaufgaben – sinkende Steuerungsfähigkeit des Rechts*, com a colaboração de Evelyn Hagenah. Baden-Baden: Nomos.
_____ (1995). "Konstitution, Grundgesetz(e) von der Aufklärung bis zur Gegenwart". *In*: H. Mohnhaupt e D. Grimm. 1995, pp. 100-41.
_____ (2004). "Integration durch Verfassung: Absichten und Aussichten im europäischen Konstitutionalisierungsprozess". *In*: *Leviathan: Zeitschrift für Sozialwissenschaft* 32/4. Wiesbaden: Verlag für Sozialwissenschaften, pp. 448-63.
GRIMMER, Klaus (1976). "Zur Dialektik von Staatsverfassung und Gesellschaftsordnung". *In*: *Archiv für Rechts- und Sozialphilosophie* 62. Wiesbaden: Steiner, pp. 1-26.
GROENENDIJK, C. A. (1987). "Vom Ausländer zum Mitbürger: Die symbolische und faktische Bedeutung des Wahlrechts für ausländische Immigranten". *In*: *Zeitschrift für Ausländerrecht und Ausländerpolitik* 1/1987. Baden-Baden: Nomos, pp. 21-5.
GÜNTHER, Gotthard (1976). "Cybernetic Ontology and Transjunctional Operations". *In*: Gotthard Günther. *Beiträge zur Grundlegung einer operationsfähigen Dialektik*. Hamburgo: Meiner, vol. 1, pp. 249-328.
GÜNTHER, Klaus (1988). *Der Sinn für Angemessenheit: Anwendungsdiskurse in Moral und Recht*. Frankfurt sobre o Meno: Suhrkamp.
GUSFIELD, Joseph R. (1967). "Moral Passage: The Symbolic Process in Public Designations of Deviance". *In*: *Social Problems*, vol. 15, n.º 2. Detroit, Michigan: Society for the Study of Social Problems, pp. 175-88.
_____ (1986). *Symbolic Crusade: Status Politics and the American Temperance Movement*. 2.ª ed. Urbana/Chicago: University of Illinois Press [1.ª ed. 1963].
HÄBERLE, Peter (1980a). *Die Verfassung des Pluralismus: Studien zur Verfassungstheorie der offenen Gesellschaft*. Königstein/Ts.: Athenäum.
_____ (1980b). "Die offene Gesellschaft der Verfassungsinterpreten: Ein Beitrag zur pluralistischen und _prozessualen_ Verfassungsinterpretation". *In*: Peter Häberle. 1980a, pp. 79-105 [originalmente *in*: *Juristische Zeitung*, 1975, pp. 297-305].
HABERMAS, Jürgen (1969). *Technik und Wissenschaft als _Ideologie_*. Frankfurt sobre o Meno: Suhrkamp [trad. bras. parcial *in*: Walter Benjamin, Max Horkheimer, Theodor W. Adorno e Jürgen Haber-

mas. *Textos escolhidos*. São Paulo: Abril Cultural, 1980, pp. 301-43, col. "Os Pensadores"].

HABERMAS, Jürgen (1971a). "Theorie der Gesellschaft oder Sozialtechnologie? Eine Auseinandersetzung mit Niklas Luhmann". *In*: J. Habermas e N. Luhmann. *Theorie der Gesellschaft oder Sozialtechnologie – Was leistet die Systemforschung?* Frankfurt sobre o Meno: Suhrkamp, pp. 142-290.

_____ (1971b). "Vorbereitende Bemerkungen zu einer Theorie der Kommunikativen Kompetenz". *In*: J. Habermas e N. Luhmann. *Theorie der Gesellschaft oder Sozialtechnologie – Was leistet die Systemforschung?* Frankfurt sobre o Meno: Suhrkamp, pp. 101-41.

_____ (1973). *Legitimationsprobleme im Spätkapitalismus*. Frankfurt sobre o Meno: Suhrkamp.

_____ (1978). *Theorie und Praxis: Sozialphilosophische Studien*. Frankfurt sobre o Meno: Suhrkamp [1.ª ed. Neuwied am Rhein/Berlim, 1963].

_____ (1982a). *Zur Rekonstruktion des Historischen Materialismus*. 3.ª ed. Frankfurt sobre o Meno: Suhrkamp [1.ª ed. 1976].

_____ (1982b). *Theorie des Kommunikativen Handelns*. 2.ª ed. Frankfurt sobre o Meno: Suhrkamp, 2 vols. [1.ª ed. 1981] [trad. esp.: *Teoría de la acción comunicativa*. Madri: Taurus, 1978, 2 vols.].

_____ (1983). *Moralbewußtsein und Kommunikatives Handeln*. Frankfurt sobre o Meno: Suhrkamp [trad. bras.: *Consciência moral e agir comunicativo*. Rio de Janeiro: Tempo Brasileiro, 1989].

_____ (1986a). "Was heißt Universalpragmatik? (1976)". *In*: J. Habermas. *Vorstudien und Ergänzungen zur Theorie des Kommunikativen Handelns*. 2.ª ed. Frankfurt sobre o Meno: Suhrkamp, pp. 353-440 [trad. esp.: "¿Qué significa pragmática universal? (1976)". *In*: J. Habermas. *Teoría de la Acción Comunicativa: Complementos y Estudios Previos*. 2.ª ed. Madri: Cátedra, 1994, pp. 299-368].

_____ (1986b). "Wahrheitstheorien (1972)". *In*: Jürgen Habermas. *Vorstudien und Ergänzungen zur Theorie des Kommunikativen Handelns*. Frankfurt sobre o Meno: Suhrkamp, pp. 127-83 [trad. esp.: "Teorías de la verdad (1972)". *In*: J. Habermas. *Teoría de la Acción Comunicativa: Complementos y Estudios Previos*. 2.ª ed. Madri: Cátedra, 1994, pp. 113-58].

_____ (1987a). "Wie ist Legitimität durch Legalität möglich?". *In*: *Kritische Justiz* 20. Baden-Baden: Nomos, pp. 1-16.

_____ (1987b). "Hannah Arendts Begriff der Macht (1976)". *In*: J. Habermas. *Philosophisch-politische Profile*. Frankfurt sobre o Meno: Suhrkamp, pp. 228-48 [trad. bras.: "O conceito de poder de Hannah

Arendt". *In*: J. Habermas. *Habermas: Sociologia*. São Paulo: Ática, pp. 100-18].

HABERMAS, Jürgen (1988a). *Nachmetaphysisches Denken: Philosophische Aufsätze*. Frankfurt sobre o Meno: Suhrkamp [trad. bras.: *Pensamento pós-metafísico: estudos filosóficos*. Rio de Janeiro: Tempo Brasileiro, 1990].

_____ (1988b). *Der philosophische Diskurs der Moderne*. Frankfurt sobre o Meno: Suhrkamp [trad. port.: *O discurso filosófico da modernidade*. Lisboa: Dom Quixote, 1990].

_____ (1990). *Strukturwandel der Öffentlichkeit: Untersuchungen zu einer Kategorie der bürgerlichen Gesellschaft*. Frankfurt sobre o Meno: Suhrkamp [1.ª ed. Neuwied: Luchterhand, 1962].

_____ (1992). *Faktizität und Geltung: Beiträge zur Diskurstheorie des Rechts und des demokratischen Rechtsstaats*. Frankfurt sobre o Meno: Suhrkamp [trad. bras.: *Direito e democracia: entre facticidade e validade*. 2.ª ed. Rio de Janeiro: Tempo Brasileiro, 2003, 2 vols.; trad. esp.: *Facticidad y validez: Sobre el derecho y el estado democrático de derecho en términos de teoría del discurso*. Madri: Trotta, 1998; trad. ital.: *Fatti e Norme: Contributi a una teoria discorsiva del diritto e della democrazia*. Milão: Guerini, 1996; trad. ingl.: *Between Facts and Norms: Contributions to a Discourse Theory of Law and Democracy*. Cambridge: Polity Press, 1997].

_____ (1996). *Die Einbeziehung des Anderen: Studien zur politischen Theorie*. Frankfurt sobre o Meno: Suhrkamp [trad. bras.: *A inclusão do outro: estudos de teoria política*. 2.ª ed. São Paulo: Loyola, 2004].

_____ (1997). *Vom sinnlichen Eindruck zum symbolischen Ausdruck*. Frankfurt sobre o Meno: Suhrkamp.

_____ (1998a). "Jenseits des Nationalstaats? Bemerkungen zu Folgeproblemen der wirtschaftlichen Globalisierung". *In*: Ulrich Beck (org.). *Politik der Globalisierung*. Frankfurt sobre o Meno: Suhrkamp, pp. 67-84.

_____ (1998b). *Die postnationale Konstellation: Politische Essays*. Frankfurt sobre o Meno: Suhrkamp [trad. bras.: *A constelação pós-nacional: ensaios políticos*. São Paulo: Littera Mundi, 2001].

_____ (2004). "Hat die Konstitutionalisierung des Völkerrechts noch eine Chance?". *In*: J. Habermas. *Der gespaltene Westen: Kleine Politische Schriften X*. Frankfurt sobre o Meno: Suhrkamp, pp. 113-93.

_____ (2005). "Eine politische Verfassung für die pluralistische Weltgesellschaft?". *In*: J. Habermas. *Zwischen Naturismus und Religion: Philosophische Aufsätze*. Frankfurt sobre o Meno: Suhrkamp, pp. 324-65.

HABERMAS, Jürgen *et al.* (1996). *Habermas on Law and Democracy: Critical Exchanges.* Cardozo Law Review, vol. 17, n.ᵒˢ 4-5. Nova York: Benjamin N. Cardozo School of Law – Yeshiva University, mar. 1996.

HAFERKAMP, Hans; SCHMID, Michael (orgs.) (1987). *Sinn, Kommunikation und soziale Differenzierung: Beiträge zu Luhmanns Theorie sozialer Systeme.* Frankfurt sobre o Meno: Suhrkamp.

HART, H. L. A. (1983). "Serf-Referring Laws". *In:* H. L. A. Hart. *Essays in Jurisprudence and Philosophy.* Oxford: Clarendon Press, pp. 170-8 [originalmente *in:* *Festskrift till Karl Olivecrona.* Estocolmo, 1964, pp. 307-16].

HAYEK, F. A. (1983). *The Constitution of Liberty.* Londres: Routledge & Kegan Paul, 1960 [trad. bras.: *Os fundamentos da liberdade.* Brasília: UnB/São Paulo: Visão].

HEGEL, G. W. F. (1986). *Grundlinien der Philosophie des Rechts oder Naturrecht und Staatswissenschaft im Grundrisse: mit Hegels eigenhändigen Notizen und den mündlichen Zusätzen* (Werke 7). Frankfurt sobre o Meno: Suhrkamp [1.ª ed. Berlim, 1821].

HEGENBARTH, Rainer (1981). "Symbolische und instrumentelle Funktionen moderner Gesetze". *In: Zeitschrift für Rechtspolitik* 14. Munique/Frankfurt sobre o Meno: Beck, pp. 202-4.

HEINTZ, Peter (1982). *Die Weltgesellschaft im Spiegel von Ereignissen.* Diessenhofen: Rüegger.

HELD, David (1989). "Citizenship and Autonomy". *In:* David Held. *Political Theory and the Modern State.* Cambridge: Polity Press, pp. 214-42.

HELLER, Hermann (1934). *Staatslehre.* Org. Gerhart Niemeyer. Leiden: A. W. Sijthoff [trad. bras.: *Teoria do Estado.* São Paulo: Mestre Jou, 1968].

HESSE, Konrad (1980). *Grundzüge des Verfassungsrechts der Bundesrepublik Deutschland.* 12.ª ed. Heidelberg/Karlsruhe: Müller.

_____ (1984). "Die normative Kraft der Verfassung". *In:* Konrad Hesse. *Ausgewählte Schriften.* Org. P. Häberle e A. Hollerbach. Heidelberg: Müller, pp. 3-18 [trad. bras.: *A força normativa da Constituição.* Porto Alegre: Fabris, 1991].

HOFFMANN-RIEM, Wolfgang (1981). "Fernsehkontrolle als Ritual? – Überlegungen zur staatlichen Kontrolle im amerikanischen Fernsehen". *In: Juristenzeitung* 36/3. Tübingen: Mohr, pp. 73-82.

_____ (1985). "Deregulierung als Konsequenz des Marktrundfunks – Vergleichende Analyse der Rundfunkrechtsentwicklung in den USA –". *In: Archiv des Öffentlichen Rechts* 110. Tübingen: Mohr, pp. 528-76.

HOFSTADTER, Douglas R. (1979). *Gödel, Escher, Bach: an Eternal Golden Braid*. Hassocks: The Harvester Press [trad. bras.: *Gödel, Escher, Bach: um entrelaçamento de gênios brilhantes*. Brasília: UnB/São Paulo: Imprensa Oficial, 2001].
HOLLERBACH, Alexander (1969). "Ideologie und Verfassung". *In*: W. Maihofer (org.). 1969, pp. 37-61.
HOLMES, Stephen (1988). "Gag rules or the politics of omission". *In*: Jon Elster e Rune Slagstad (orgs.). *Constitutionalism and democracy (Studies in rationality and social change)*. Cambridge: Cambridge University Press, pp. 19-58.
HOPKINS, Terence; WALLERSTEIN, Immanuel (1979). *Grundzüge der Entwicklung des modernen Weltsystems*. *In*: Senghaas (org.). 1979, pp. 151-200.
HORKHEIMER, Max; ADORNO, Theodor W. (1969). *Dialektik der Aufklärung: Philosophische Fragmente*. Frankfurt sobre o Meno: Fischer [1.ª ed. 1947] [trad. bras.: *Dialética do esclarecimento: fragmentos filosóficos*. Rio de Janeiro: Zahar, 1985].
HUSSERL, Edmund (1982). *Die Krisis der europäischen Wissenschaften und die transzendentale Phänomenologie*. Org. Elisabeth Ströker. 2.ª ed. Hamburgo: Meiner.
JAGUARIBE, Hélio *et al.* (1986). *Brasil, 2000 – para um novo pacto social*. Rio de Janeiro: Paz e Terra.
JEAMMAUD, Antoine (1983). "En torno al problema de la efectividad del derecho". *In*: *Contradogmáticas*, vol. I, n.ºˢ 2/3. Santa Cruz do Sul: FISCS/Almed, pp. 50-77.
JEAND'HEUR, Bernd (1989). "Gemeinsame Probleme der Sprach- und Rechtswissenschaft aus der Sicht der Strukturierenden Rechtslehre". *In*: Müller (org.). 1989, pp. 17-26.
JELLINEK, Georg (1966). *Allgemeine Staatslehre*. Reimpressão da 3.ª edição. Bad Homburg v. d. Höhe/Berlim/Zurique: Gehlen [trad. esp.: *Teoría General del Estado*. Buenos Aires: Albatroz, 1973].
JUNG, C. G. (1960). *Psychologische Typen*. 9.ª ed. Zurique/Stuttgart: Rascher Verlag [trad. bras.: *Tipos psicológicos*. Petrópolis: Vozes, 1991].
KALINOWSKI, Georges (1965). *Introduction a la logique juridique: éléments de sémiotique juridique, logique des normes et logique juridique*. Paris: Librairie Générale de Droit et de Jurisprudence.
KANT, Immanuel (1993). "Zum ewigen Frieden. Ein Philosophischer Entwurf". *In*: I. Kant. *Werkausgabe*, vol. XI: *Schriften zur Anthropologie, Geschichtsphilosophie, Politik und Pädagogik 1*. Org. Wilhelm Weischedel. 10.ª ed. Frankfurt sobre o Meno: Suhrkamp, pp. 191-251 [1.ª ed. Königsberg, 1795].

KARGL, Walter (1991). "Gesellschaft ohne Subjekte oder Subjekte ohne Gesellschaft? Kritik der rechtssoziologischen Autopoiese-Kritik". *In*: *Zeitschrift für Rechtssoziologie* 12. Opladen: Westdeutscher Verlag, pp. 120-41.

KASPRZIK, Brigitta (1985). "Ist die Rechtspositivismusdebatte beendbar? Zur Rechtstheorie Niklas Luhmanns". *In*: *Rechtstheorie* 16. Berlim: Duncker & Humblot, pp. 367-81.

KELSEN, Hans (1925). *Allgemeine Staatslehre*. Bad Homburg v. d. Höhe/Berlim/Zurique: Gehlen [reimpressão inalterada: 1966] [trad. esp.: *Teoría General del Estado*. México: Nacional, 1979].

_____ (1946). *General Theory of Law and State*. Trad. ingl. A. Wedberg. Cambridge, Massachusetts: Harvard University Press [trad. bras.: *Teoria geral do direito e do Estado*. 4.ª ed. São Paulo: Martins Fontes, 2005].

_____ (1960). *Reine Rechtslehre*. 2.ª ed. Viena: Franz Deuticke [reimpressão inalterada: 1983] [trad. bras.: *Teoria pura do direito*. 7.ª ed. São Paulo: Martins Fontes, 2006].

_____ (1979). *Allgemeine Theorie der Normen*. Org. Kurt Ringhofer e Robert Walter. Viena: Mainz.

_____ (1980). *Compendio de Teoría General del Estado*. Trad. esp. Luis Recaséns Siches e Justino de Azcárate. 2.ª ed. México: Nacional.

KERCHOVE, Michel van de (1991). "La dimension symbolique du droit pénal et les limites de son instrumentalisation". *In*: Charles-Albert Morand (org.). *L'État propulsif: Contribution à l'étude des instruments d'action de l'État*. Paris: Publisud, pp. 107-15.

KINDERMANN, Harald (1988). "Symbolische Gesetzgebung". *In*: Dieter Grimm e Werner Maihofer (orgs.). *Gesetzgebungstheorie und Rechtspolitik* (*Jahrbuch für Rechtssoziologie und Rechtstheorie* 13). Opladen: Westdeutscher Verlag, pp. 222-45.

_____ (1989). "Alibigesetzgebung als symbolische Gesetzgebung". *In*: Rüdiger Voigt (org.). 1989a, pp. 257-73.

KISS, Gábor (1986). *Grundzüge und Entwicklung der Luhmannschen Systemtheorie*. Stuttgart: Enke.

KOCH, Hans-Joachim (1977). "Einleitung: Über juristisch-dogmatisches Argumentieren im Staatsrecht". *In*: Hans-Joachim Koch (org.). *Seminar "Die juristische Methode im Staatsrecht": Über Grenzen von Verfassungs- und Gesetzesbindung*. Frankfurt sobre o Meno: Suhrkamp, pp. 13-157.

KÖNIG, Klaus (1982). "Zur Evaluation der Gesetzgebung". *In*: Harald Kindermann (org.). *Studien zu einer Theorie der Gesetzgebung*. Berlim/Heidelberg/Nova York: Springer-Verlag, pp. 306-15.

KRAMER, Ernst A. (1972): "Integrative und repressive Wirksamkeit des Rechts". *In*: Manfred Rehbinder e Helmut Schelsky (orgs.). *Zur Effektivität des Rechts (Jahrbuch für Rechtssoziologie und Rechtstheorie*, vol. III). Düsseldorf: Bertelsmann, pp. 247-57.

KRAWIETZ, Werner; WELKER, Michael (orgs.) (1992). *Kritik der Theorie sozialer Systeme: Auseinandersetzungen mit Luhmanns Hauptwerk*. 2.ª ed. Frankfurt sobre o Meno: Suhrkamp.

KRÜGER, Herbert (1966). *Allgemeine Staatslehre*. 2.ª ed. Stuttgart/Berlim/Colônia/Mainz: Kohlhammer Verlag.

_____ (1968). "Verfassung und Recht in Übersee". *In*: *Verfassung und Recht in Übersee* 1. Hamburgo: Hamburger Gesellschaft für Völkerrecht und Auswärtige Politik, pp. 3-29.

LACAN, Jacques (1966). *Écrits*. Paris: Éditions du Seuil.

_____ (1975). "L'ordre symbolique". *In*: *Le Séminaire de Jacques Lacan*. Org. Jacques-Alain Miller. Livro I: *Les écrits techniques de Freud (1953-1954)*. Paris: Éditions du Seuil, pp. 245-58 [trad. bras.: "A ordem simbólica". *In*: *O seminário de Jacques Lacan*. Livro 1: *Os escritos técnicos de Freud (1953-1954)*. Rio de Janeiro: Zahar, 1979, pp. 251-65].

_____ (1978). "L'univers symbolique". *In*: *Le Séminaire de Jacques Lacan*. Org. Jacques-Alain Miller. Livro II: *Le Moi dans la théorie de Freud et dans la technique de la psychanalyse (1954-1955)*. Paris: Éditions du Seuil, pp. 39-53 [trad. bras.: "O universo simbólico". *In*: *O seminário de Jacques Lacan*. Livro 2: *O eu na teoria de Freud e na técnica da psicanálise (1954-1955)*. Rio de Janeiro: Zahar, 1985, pp. 41-56].

_____ (1981). *Le Séminaire de Jacques Lacan*. Org. Jacques-Alain Miller, Livre III: *Les psychoses (1955-1956)*. Paris: Éditions du Seuil [trad. bras.: *O seminário de Jacques Lacan*. Livro 3: *As psicoses (1955-1956)*. 2.ª ed. Rio de Janeiro: Zahar, 1988].

LADEUR, Karl-Heinz (1983). "'Abwägung' – ein neues Rechtsparadigma? Von der Einheit der Rechtsordnung zur Pluralität der Rechtsdiskurse". *In*: *Archiv für Rechts- und Sozialphilosophie* 69. Wiesbaden: Steiner, pp. 463-83.

_____ (1984). *"Abwägung" – ein neues Paradigma des Verwaltungsrechts: von der Einheit der Rechtsordnung zum Rechtspluralismus*. Frankfurt sobre o Meno/Nova York: Campus.

_____ (1985). "Perspektiven einer post-modernen Rechtstheorie: Zur Auseinandersetzung mit N. Luhmanns Konzept der "'Einheit des Rechtssystems'". *In*: *Rechtstheorie* 16. Berlim: Duncker & Humblot, pp. 383-427.

LADEUR, Karl-Heinz (1986). "'Prozedurale Rationalität' – Steigerung der Legitimationsfähigkeit oder der Leistungsfähigkeit des Rechtssystems?". *In*: *Zeitschrift für Rechtssoziologie* 7. Opladen: Westdeutscher Verlag, pp. 265-74.
_____ (1987). "Ein Vorschlag zur dogmatischen Neukonstruktion des Grundrechts aus Art. 8 GG als Recht auf "Ordnungsstörung". *In*: *Kritische Justiz* 20. Baden-Baden: Nomos, pp. 150-7.
_____ (1990). "Selbstorganisation sozialer Systeme und Prozeduralisierung des Rechts: Von der Schrankenziehung zur Steuerung von Beziehungsnetzen". *In*: Dieter Grimm (org.). 1990, pp. 187-216.
_____ (1991). "Gesetzinterpretation, 'Richterrecht' und Konventionsbildung in Kognitivistischer Perspektive – Handeln unter Ungewißheitsbedingungen und richterliches Entscheiden". *In*: *Archiv für Rechts- und Sozialphilosophie* 77. Stuttgart: Steiner, pp. 176-94.
_____ (1992). *Postmoderne Rechtstheorie*. Berlim: Duncker & Humblot.
_____ (1995). *Das Umweltrecht der Wissensgesellschaft: Von der Gefahrenabwehr zum Risikomanagement*. Berlim: Duncker & Humblot.
LAFER, Celso (1988). *A reconstrução dos direitos humanos: um diálogo com o pensamento de Hannah Arendt*. São Paulo: Companhia das Letras.
LALANDE, André (org.) (1992). *Vocabulaire technique et critique de la Philosophie*. Paris: Quadrige/Presses Universitaires de France, vol. 2 [edição original, em fascículos, *in*: *Bulletin de la Société Française de Philosophie*, 1902-1923].
LAMOUNIER, Bolivar (1981). "Representação política: a importância de certos formalismos". *In*: Bolivar Lamounier, Francisco G. Weffort e Maria Victoria Benevides (orgs.). *Direito, cidadania e participação*. São Paulo: T. A. Queiroz, pp. 230-57.
LAPLANCHE, Jean; PONTALIS, J.-B. (1967). *Vocabulaire de la Psychanalyse*. Paris: Presses Universitaires de France [12.ª ed. 1994] [trad. bras.: *Vocabulário de psicanálise*. 8.ª ed. São Paulo: Martins Fontes, 1985].
LARENZ, Karl (1979). *Methodenlehre der Rechtswissenschaft*. 4.ª ed. Berlim/Heidelberg/Nova York: Springer-Verlag [1.ª ed. 1960] [trad. port.: *Metodologia da ciência do direito*. Lisboa: Fundação Calouste Gulbenkian, 1978].
LASSALLE, Ferdinand (1987). "Über Verfassungswesen" (1862). *In*: *Reden und Schriften*. Org. Hans Jürgen Friederici. Colônia: Röderberg, pp. 120-47 [trad. bras.: *Que é uma Constituição?* Porto Alegre: Villa Martha, 1980].

LASSWELL, Harold (1949). "The Language of Power". *In*: Harold Lasswell *et al. Language of Politics: Studies in Quantitative Semantics*. Nova York: George W. Stewart, Publisher, pp. 3-19 [trad. bras.: "A linguagem do poder". *In*: Harold Lasswell *et al. A linguagem da política*. 2.ª ed. Brasília: UnB, 1982, pp. 7-20].

LEAL, Aurelino (1915). *História constitucional do Brazil*. Rio de Janeiro: Imprensa Nacional.

LEFORT, Claude (1981). "Droit de l'homme et politique". *In*: Claude Lefort. *L'Invention Démocratique: Les limites de la domination totalitaire*. Paris: Fayard, pp. 45-83 [trad. bras.: "Direitos do homem e política". *In*: *A invenção democrática: os limites do totalitarismo*. 2.ª ed. São Paulo: Brasiliense, pp. 37-69].

LEMAIRE, Anika (1977). *Jacques Lacan*. 6.ª ed. Bruxelas: Pierre Mardaga [trad. bras.: *Jacques Lacan: uma introdução*. 4.ª ed. Rio de Janeiro: Campus, 1989].

LENK, Klaus (1976). "Zur instrumentalen Funktion des Rechts bei gesellschaftlichen Veränderungen". *In*: *Verfassung und Recht in Übersee* 9. Hamburgo: Hamburger Gesellschaft für Völkerrecht und Auswärtige Politik, pp. 139-56.

LENK, Kurt (org.) (1972). *Ideologie. Ideologiekritik und Wissenssoziologie*. 6.ª ed. Darmstadt/Neuwied: Luchterhand.

LESBAUPIN, Ivo (1984). *As classes populares e os direitos humanos*. Petrópolis: Vozes

LÉVI-STRAUSS, Claude (1958). *Anthropologie Structurale*. Paris: Plon [trad. bras.: *Antropologia estrutural*. Rio de Janeiro: Tempo Brasileiro].

_____ (1973). "Introduction a l'œuvre de Marcel Mauss". *In*: Marcel Mauss. *Sociologie et Anthropologie*. 5.ª ed. Paris: Presses Universitaires de France, vol. I., pp. IX-LII [1.ª ed. 1950] [trad. bras.: "Introdução à obra de Marcel Mauss". *In*: Marcel Mauss. *Sociologia e antropologia*. São Paulo: EPU/Edusp, 1974, vol. I, pp. 1-36].

LOEWENSTEIN, Karl (1942). *Brazil under Vargas*. Nova York: Macmillan.

_____ (1956). "Gedanken Über den Wert von Verfassungen in unserem revolutionären Zeitalter". *In*: Arnold J. Zurcher (org.). *Verfassungen nach dem zweiten Weltkrieg*. Trad. al. Ebba Vockrodt. Meisenheim am Glan: Hain, pp. 210-46.

_____ (1975). *Verfassungslehre*. Trad. al. Rüdiger Boerner. 3.ª ed. Tübingen: Mohr.

LUHMANN, Niklas (1962). "Wahrheit und Ideologie: Vorschläge zur Wiederaufnahme der Diskussion". *In*: *Der Staat* 1. Berlim: Duncker & Humblot, pp. 431-48.

LUHMANN, Niklas (1965). *Grundrechte als Institution: Ein Beitrag zur politischen Soziologie*. Berlim: Duncker & Humblot.

_____ (1971). "Systemtheoretische Argumentationen: Eine Entgegnung auf Jürgen Habermas". *In*: J. Habermas e N. Luhmann. *Theorie der Gesellschaft oder Sozialtechnologie – Was Leistet die Systemforschung?* Frankfurt sobre o Meno: Suhrkamp, pp. 291-405.

_____ (1973a). *Zweckbegriff und Systemrationalität: Über die Funktion von Zwecken in sozialen Systemen*. Frankfurt sobre o Meno: Suhrkamp.

_____ (1973b). "Politische Verfassungen im Kontext des Gesellschaftssystems". *In*: *Der Staat* 12 (Berlim: Duncker & Humblot), pp. 1-22 u. 165-82.

_____ (1974). *Rechtssystem und Rechtsdogmatik*. Stuttgart: Kohlhammer [trad. esp.: *Sistema Jurídico y Dogmática Jurídica*. Madri: Centro de Estudios Constitucionales, 1983].

_____ (1975a). "Einführende Bemerkungen zu einer Theorie symbolisch generalisierter Kommunikationsmedien". *In*: N. Luhmann, *Soziologische Aufklärung 2: Aufsätze zur Theorie der Gesellschaft*. Opladen: Westdeutscher Verlag, pp. 170-92.

_____ (1975b). "Komplexität". *In*: N. Luhmann. *Soziologische Aufklärung 2: Aufsätze zur Theorie der Gesellschaft*. Opladen: Westdeutscher Verlag, pp. 204-20.

_____ (1975c). "Die Weltgesellschaft". *In*: N. Luhmann. *Soziologische Aufklärung 2: Aufsätze zur Theorie der Gesellschaft*. Opladen: Westdeutscher Verlag, pp. 51-71 [originalmente *in*: *Archiv für Rechts- und Sozialphilosophie* 57 (1971), pp. 1-35].

_____ (1980). *Gesellschaftsstruktur und Semantik: Studien zur Wissenssoziologie der modernen Gesellschaft*. Frankfurt sobre o Meno: Suhrkamp, vol. I.

_____ (1981a). *Ausdifferenzierung des Rechts: Beiträge zur Rechtssoziologie und Rechtstheorie*. Frankfurt sobre o Meno: Suhrkamp [trad. ital.: *La differenziazione del diritto: Contributi alla sociologia e alla teoria del diritto*. Bolonha: Il Mulino, 1990].

_____ (1981b). "Positivität des Rechts als Voraussetzung einer modernen Gesellschaft". *In*: N. Luhmann. 1981a, pp. 113-53 [originalmente *in*: *Jahrbuch für Rechtssoziologie und Rechtstheorie* I (1970), pp. 175-202].

_____ (1981c). "Funktionale Methode und Juristische Entscheidung". *In*: N. Luhmann. 1981a, pp. 273-307 [originalmente *in*: *Archiv des öffentlichen Rechts* 94 (1969), pp. 255-76].

LUHMANN, Niklas (1981d). "Die Funktion des Rechts: Erwartungssicherung oder Verhaltenssteuerung". *In*: N. Luhmann. 1981a, pp. 73-91 [originalmente *in*: *Archiv für Rechts- und Sozialphilosophie*, número suplementar (*Beiheft*) 8. Wiesbaden, 1974, pp. 31-45].

_____ (1981e). "Erleben und Handeln". *In*: N. Luhmann. *Soziologische Aufklärung 3: Soziales System. Gesellschaft, Organisation*. Opladen: Westdeutscher Verlag, pp. 67-80.

_____ (1981f). "Schematismen der Interaktion". *In*: N. Luhmann. *Soziologische Aufklärung 3: Soziales System, Gesellschaft, Organisation*. Opladen: Westdeutscher Verlag, pp. 81-100.

_____ (1981g). "Machtkreislauf und Recht in Demokratien". *In*: *Zeitschrift für Rechtssoziologie* 2. Opladen: Westdeutscher Verlag, pp. 158-67.

_____ (1981h). "Selbstreflexion des Rechtssystems: Rechtstheorie in gesellschaftstheoretischer Perspektive". *In*: N. Luhmann. 1981a, pp. 419-50 [originalmente *in*: *Rechtstheorie* 10 (1979), pp. 159-85].

_____ (1981i). "Systemtheoretische Beiträge zur Rechtstheorie". *In*: N. Luhmann. 1981a, pp. 241-72 [originalmente *in*: *Jahrbuch für Rechtssoziologie und Rechtstheorie* 2 (1972), pp. 255-76].

_____ (1981j). *Politische Theorie im Wohlfahrtsstaat*. Munique: Olzog [trad. esp.: *Teoría política en el Estado de Bienestar*. Madri: Alianza, 1994].

_____ (1981k). "Gerechtigkeit in den Rechtssystemen der modernen Gesellschaft". *In*: N. Luhmann. 1981a, pp. 374-418 [originalmente *in*: *Rechtstheorie* 4 (1973), pp. 131-67].

_____ (1981l). "Rechtszwang und politische Gewalt". *In*: N. Luhmann. 1981a, pp. 154-72.

_____ (1981m). "Die Evolution des Rechts". *In*: N. Luhmann. 1981a, pp. 11-34 [originalmente *in*: *Rechtstheorie* 1 (1970), pp. 3-22].

_____ (1982). *Funktion der Religion*. Frankfurt sobre o Meno: Suhrkamp.

_____ (1983a). *Legitimation durch Verfahren*. Frankfurt sobre o Meno: Suhrkamp [1.ª ed. Neuwied/Berlim: Luchterhand, 1969] [trad. bras.: *Legitimação pelo procedimento*. Brasília: UnB, 1980; trad. ital.: *Procedimenti Giuridici e Legittimazione Sociale*. Milão: Giuffrè, 1995].

_____ (1983b). "Die Einheit des Rechtssystems". *In*: *Rechtstheorie* 14. Berlim: Duncker & Humblot, pp. 129-54.

_____ (1984a). "Reflexive Mechanismen". *In*: N. Luhmann. *Soziologische Aufklärung 1: Aufsätze zur Theorie sozialer Systeme*. 5.ª ed. Opladen: Westdeutscher Verlag, pp. 92-112 [originalmente *in*: *Soziale Welt* 17 (1966), pp. 1-23].

LUHMANN, Niklas (1984b). "The Self-Reproduction of the Law and its Limits". *In*: F. A. de Miranda Rosa (org.). *Direito e mudança social*. Rio de Janeiro: OAB-RJ, pp. 107-28.

_____ (1984c). "Positives Recht und Ideologie". *In*: N. Luhmann. *Soziologische Aufklärung 1: Aufsätze zur Theorie sozialer Systeme*. 5.ª ed. Opladen: Westdeutscher Verlag, pp. 178-203 [originalmente *in*: *Archiv für Rechts- und Sozialphilosophie* 53 (1967), pp. 531-71].

_____ (1985). "Einige Probleme mit 'reflexivem Recht'". *In*: *Zeitschrift für Rechtssoziologie* 6. Opladen: Westdeutscher Verlag, pp. 1-18.

_____ (1986a). *Ökologische Kommunikation: Kann die moderne Gesellschaft sich auf ökologische Gefährdungen einstellen?* Opladen: Westdeutscher Verlag.

_____ (1986b). "Die Codierung des Rechtssystems". *In*: *Rechtstheorie* 17. Berlim: Duncker & Humblot, pp. 171-203.

_____ (1986c). *Die soziologische Beobachtung des Rechts*. Frankfurt sobre o Meno: Metzner.

_____ (1987a). *Soziale Systeme: Grundriß einer allgemeinen Theorie*. Frankfurt sobre o Meno: Suhrkamp [1.ª tiragem, 1984] [trad. esp.: *Sistemas sociales: lineamientos para una teoría general*. 2.ª ed. Barcelona: Anthropos/México: Universidad Iberoamericana/Santafé de Bogotá: Ceja, 1998; trad. ital.: *Sistemi sociali: Fondamenti di una teoria generale*. Bolonha: Il Mulino, 1990; trad. ingl.: *Social System*. Stanford: Stanford University Press, 1995].

_____ (1987b). *Rechtssoziologie*. 3.ª ed. Opladen: Westdeutscher Verlag [1.ª ed. Reinbek bei Hamburg: Rowohlt, 1972, 2 vols.].

_____ (1987c). "Autopoiesis als soziologischer Begriff". *In*: H. Haferkamp e M. Schmid (orgs.). 1987, pp. 307-24.

_____ (1987d). "Partizipation und Legitimation: Die Ideen und die Erfahrungen". *In*: N. Luhmann. *Soziologische Aufklärung 4: Beiträge zur funktionalen Differenzierung der Gesellschaft*. Opladen: Westdeutscher Verlag, pp. 152-60.

_____ (1988a). *Macht*. 2.ª ed. Stuttgart: Enke.

_____ (1988b). "Positivität als Selbstbestimmtheit des Rechts". *In*: *Rechtstheorie* 19. Berlim: Duncker & Humblot, pp. 11-27.

_____ (1988c). *Die Wirtschaft der Gesellschaft*. Frankfurt sobre o Meno: Suhrkamp.

_____ (1989). "Le droit comme système social". *In*: *Droit et Société*, n.ºˢ 11-2. Paris/Vaucresson: LGDJ/CRIV, pp. 53-66.

_____ (1990a). "Verfassung als evolutionäre Errungenschaft". *In*: *Rechtshistorisches Journal* 9. Frankfurt sobre o Meno: Löwenklau, pp. 176-220.

LUHMANN, Niklas (1990b). "Interesse und Interessenjurisprudenz im Spannungsfeld von Gesetzgebung und Rechtsprechung". *In*: *Zeitschrift für Neuere Rechtsgeschichte* 12. Viena: Manz, pp. 1-13.

_____ (1990c). *Paradigma lost: über die ethische Reflexion der Moral: Rede anläßlich der Verleihung des Hegel-Preises 1989*, incluída a *"Laudatio"* de Robert Spaemann, Frankfurt sobre o Meno: Suhrkamp.

_____ (1990d). *Die Wissenschaft der Gesellschaft*. Frankfurt sobre o Meno: Suhrkamp.

_____ (1991a). "Der Gleichheitssatz als Form und als Norm". *In*: *Archiv für Rechts- und Sozialphilosophie* 77. Stuttgart: Steiner, pp. 435-45.

_____ (1991b). "Steuerung durch Recht? Einige klarstellende Bemerkungen". *In*: *Zeitschrift für Rechtssoziologie* 12. Opladen: Westdeutscher Verlag, pp. 142-6.

_____ (1991c). "Selbstorganisation und Information im politischen System". *In*: *Selbstorganisation: Jahrbuch für Komplexität in den Natur-, Sozial- und Geisteswissenschaften* 2. Berlim: Duncker & Humblot, pp. 11-26.

_____ (1992). "Zur Einführung". *In*: Neves. 1992, pp. 1-4.

_____ (1993a). *Das Recht der Gesellschaft*. Frankfurt sobre o Meno: Suhrkamp [trad. esp.: *El Derecho de la Sociedad*. México: Universidad Iberoamericana, 2002; trad. ingl.: *Law as Social System*. Oxford: Oxford University Press, 2004].

_____ (1993b). "The Code of Moral". *In*: *Cardozo Law Review*, vol. 14, n.ºs 3-4. Nova York: Cardozo Law School, jan. 1993, pp. 995-1009.

_____ (1995a). "Inklusion und Exklusion". *In*: N. Luhmann. *Soziologische Aufklärung 6: Die Soziologie und der Mensch*. Opladen: Westdeutscher Verlag, pp. 237-64.

_____ (1995b). "Probleme mit operativer Schließung". *In*: N. Luhmann. *Soziologische Aufklärung 6: Die Soziologie und der Mensch*. Opladen: Westdeutscher Verlag, pp. 12-24.

_____ (1996a). *Die Kunst der Gesellschaft*. 2.ª ed. Frankfurt sobre o Meno: Suhrkamp.

_____ (1996b). "Quod Omnes Tangit: Remarks on Jürgen Habermas's Legal Theory". *In*: J. Habermas *et al.* 1996, pp. 883-99.

_____ (1997). *Die Gesellschaft der Gesellschaft*. Frankfurt sobre o Meno: Suhrkamp, 2 tomos.

_____ (1998). "Der Staat des politischen Systems: Geschichte und Stellung in der Weltgesellschaft". *In*: Ulrich Beck (org.). *Perspektiven der Weltgesellschaft*. Frankfurt sobre o Meno: Suhrkamp, pp. 345-80.

LUHMANN, Niklas (2000a). *Die Politik der Gesellschaft*. Frankfurt sobre o Meno: Suhrkamp.
_____ (2000b). *Organisation und Entscheidung*. Frankfurt sobre o Meno: Suhrkamp.
_____ (2000c). *Die Religion der Gesellschaft*. Frankfurt sobre o Meno: Suhrkamp.
_____ (2002). *Einführung in die Systemtheorie*. Org. Dirk Baecker. Heidelberg: Carl-Auer-Systeme [trad. esp.: *Introducción a la teoría de Sistemas*. México: Universidad Iberoamericana/Guadalajara: ITESO/Barcelona: Anthropos, 1996].
_____ (2005). *Einführung in die Theorie der Gesellschaft*. Org. Dirk Baecker. Heidelberg: Carl-Auer-Systeme.
_____; SCHORR, Eberhard (1988). *Reflexionsprobleme im Erziehungssystem*. Frankfurt sobre o Meno: Suhrkamp.
LYONS, John (1968). *Introduction to Theoretical Linguistics*. Cambridge: Cambridge University Press [trad. bras.: *Introdução à lingüística teórica*. São Paulo: Nacional/Edusp, 1979].
MACPHERSON, C. B. (1990). *Democratic Theory: Essays in Retrieval*. 6.ª ed. Oxford: Oxford University Press (Clarendon Press) [1.ª ed. 1973].
MADDOX, Graham (1989). "Constitution". *In*: T. Ball, J. Farr e R. L. Hanson (orgs.). *Political Innovation and Conceptual Change*. Cambridge: Cambridge University Press, pp. 50-67.
MAIHOFER, Werner (org.) (1969). *Ideologie und Recht*. Frankfurt sobre o Meno: Klostermann.
_____ (1970). "Die gesellschaftliche Funktion des Rechts". *In*: R. Lautmann, W. Maihofer e H. Schelsky (orgs.). *Die Funktion des Rechts in der Modernen Gesellschaft (Jahrbuch für Rechtssoziologie und Rechtstheorie*, vol. I). Bielefeld: Bertelsmann, pp. 11-36.
MÄNICKE-GYÖNGYÖSI, Krisztina (org.) (1996). *Öffentliche Konfliktdiskurse um Restitution von Gerechtigkeit, politische Verantwortung und nationale Identität: Institutionenbildung und symbolische Politik in Ostmitteleuropa – In memoriam Gábor Kiss*. Frankfurt sobre o Meno: Peter Lang.
MARCUSE, Herbert (1967). "Der eindimensionale Mensch: Studien Zur Ideologie der fortgeschrittenen Industriegesellschaft". Trad. al. Alfred Schmidt. Neuwied/Berlin: Luchterhand.
MARSHALL, T. H. (1976). *Class, Citizenship, and Social Development*. Westport, Connecticut: Greenwood Press [reimpressão da edição de Nova York, 1964] [1.ª ed. 1949].

MARX, Karl (1988). "Zur Judenfrage". *In*: K. Marx e F. Engels. *Werke*. 15ª ed. Berlim: Dietz Verlag, vol. 1, pp. 347-77 [originalmente *in*: *Deutsch-Französische Jahrbücher*. Paris, 1844].

_____; ENGELS, Friedrich (1990). "Die deutsche Ideologie. Kritik der neuesten deutschen Philosophie in ihren Repräsentanten Feuerbach, B. Bauer und Stirner, und des deutschen Sozialismus in seinen verschiedenen Propheten (1845-1846)". *In*: K. Marx e F. Engels. *Werke*. 9ª ed. Berlim: Dietz Verlag, vol. 3, pp. 9-530.

MASSING, Otwin (1989). "Identität als Mythopoem. Zur politischen Symbolisierungsfunktion verfassungsgerichtlicher Spruchweisheiten". *In*: Rüdiger Voigt (org.). 1989a, pp. 235-56.

MATURANA, Humberto R. (1982). *Erkennen: Die Organisation und Verkörperung von Wirklichkeit. Ausgewählte Arbeiten zur biologischen Epistemologie*. Trad. al. Wolfgang K. Köck. Braunschweig/Wiesbaden: Vieweg.

_____; VARELA, Francisco J. (1980). *Autopoiesis and Cognition: The Realization of the Living*. Dordrecht: D. Reidel Publishing Company.

_____ (2001). *A árvore do conhecimento: as bases biológicas da compreensão humana*. São Paulo: Palas Athena [original: *El Árbol del Conocimiento*, 1984].

MAYHEW, Leon H. (1968). "Introduction: A Case Study in Institutionalization". *In*: L. H. Mayhew. *Law and Equal Opportunity: A Study of the Massachusetts Commission Against Discrimination*. Cambridge, Massachusetts: Harvard University Press, pp. 1-31.

MAYNTZ, Renate (1983). "Zur Einleitung: Probleme der Theoriebildung in der Implementationsforschung". *In*: R. Mayntz (org.). *Implementation politischer Programme II: Ansätze zur Theoriebildung*. Opladen: Westdeutscher Verlag, pp. 7-24.

_____ (1988). "Berücksichtigung von Implementationsproblemen bei der Gesetzesentwicklung. Zum Beitrag der Implementationsforschung zur Gesetzgebungstheorie". *In*: D. Grimm e W. Maihofer (orgs.). *Gesetzgebungstheorie und Rechtspolitik (Jahrbuch für Rechtssoziologie und Rechtstheorie* 13). Opladen: Westdeutscher Verlag, pp. 130-50.

MCILWAIN, Charles Howard (1940). *Constitutionalism Ancient and Modern*. Ithaca, Nova York: Cornell University Press.

MECHAM, J. Lloyd (1959). "Latin American Constitutions: Nominal and Real". *In*: *The Journal of Politics* 21. Nova York: AMS Press, pp. 258-75.

MELLO, José Luiz de Anhaia (1968). *Da separação de poderes à guarda da Constituição; as cortes constitucionais*. São Paulo: Revista dos Tribunais.

MELO FRANCO, Afonso Arinos de (1958-1960). *Curso de direito constitucional brasileiro*. Rio de Janeiro: Forense, vol. 1: 1958; vol. 2: 1960.

MENDES, Gilmar Ferreira (1990). *Controle de constitucionalidade: aspectos jurídicos e políticos*. São Paulo: Saraiva.

MERTON, Robert K. (1968). *Social Theory and Social Structure*. Nova York/Londres: The Free Press/Collier-Macmillan [1ª ed. 1949].

MIAILLE, Michel (1980). *L'État du Droit. Introduction à une critique du droit constitutionnel*. Grenoble: Presses Universitaires de Grenoble/François Maspero.

MIRANDA, Jorge (1980). *Textos históricos do direito constitucional*. Lisboa: Imprensa Nacional/Casa da Moeda.

MOHNHAUPT, Heinz (1995). "Konstitution, Status, Leges fundamentales von der Antike bis zur Aufklärung". *In*: H. Mohnhaupt e D. Grimm. 1995, pp. 1-99.

MOHNHAUPT, Heinz; GRIMM, Dieter (1995). *Verfassung: Zur Geschichte des Begriffs von der Antike bis zur Gegenwart; zwei Studien*. Berlim: Duncker & Humblot.

MONTESQUIEU (1973). *De l'Esprit des Lois*. Paris: Garnier, vol. I [1ª ed. 1748] [trad. bras.: *O espírito das leis*. Brasília: UnB, 1982].

MORRIS, Ch. W. (1938). "Foundations of the Theory of Signs". *In*: *International Encyclopedia of Unified Science*, vol. I, nº 2. Chicago: Chicago University Press (12ª impressão, 1966).

MÜLLER, Friedrich (1975). *Recht – Sprache – Gewalt: Elemente einer Verfassungstheorie I*. Berlim: Duncker & Humblot.

_____ (org.) (1989). *Untersuchungen zur Rechtslinguistik: Interdisziplinäre Studien zu praktischer Semantik und strukturierender Rechtslehre in Grundfragen der juristischen Methodik*. Berlim: Duncker & Humblot.

_____ (1990a). *Die Positivität der Grundrechte: Fragen einer praktischen Grundrechtsdogmatik*. 2ª ed. Berlim: Duncker & Humblot.

_____ (1990b). *Essais zur Theorie von Recht und Verfassung*. Org. Ralph Christensen. Berlim: Duncker & Humblot.

_____ (1994). *Strukturierende Rechtslehre*. 2ª ed. Berlim: Duncker & Humblot.

_____ (1995). *Juristische Methodik*. 6ª ed. Berlim: Duncker & Humblot.

_____ (1997). *Wer ist das Volk? Die Grundfrage der Demokratie – Elemente einer Verfassungstheorie VI*. Berlim: Duncker & Humblot [trad. bras.: *Quem é o povo? A questão fundamental da democracia*. São Paulo: Max Limonad, 1998].

MÜLLER, Michael; SOTTONG, Hermann (1993). *Der symbolische Rausch und der Kode: Zeichenfunktionen und ihre Neutralisierung.* Tübingen: Stauffenburg Verlag.

MÜNCH, Richard (1985). "Die Sprachlose Systemtheorie. Systemdifferenzierung und Integration durch Indifferenz". In: *Zeitschrift für Rechtssoziologie* 6. Opladen: Westdeutscher Verlag, pp. 19-28.

NABUCO, Joaquim (1936). *Um estadista do Império: Nabuco de Araújo – sua vida, suas opiniões, sua época* [1897-1899]. São Paulo/Rio de Janeiro: Nacional/Civilização Brasileira, vol. II.

NAGERA, Humberto (org.) (1981). *Conceitos psicanalíticos básicos da teoria dos sonhos.* Trad. bras. A. Cabral. São Paulo: Cultrix.

NAHAMOWITZ, Peter (1985). "Reflexives Recht: Das unmögliche Ideal eines post-interventionistischen Steuerungskonzepts". In: *Zeitschrift für Rechtssoziologie* 6. Opladen: Westdeutscher Verlag, pp. 29-44.

_____ (1990). "Autopoietische Rechtstheorie: mit dem baldigen Ableben ist zu rechnen – Kritische Anmerkungen zu: Gunther Teubner, Recht als autopoietisches System". In: *Zeitschrift für Rechtssoziologie* 11. Opladen: Westdeutscher Verlag, pp. 137-55.

NARR, Wolf-Dieter; OFFE, Claus (orgs.) (1975a). *Wohlfahrtsstaat und Massenloyalität.* Colônia: Kippenheuer & Witsch.

_____ (1975b). "Einleitung". In: Narr e Offe (orgs.). 1975a, pp. 9-46.

NEPP/Unicamp (Núcleo de Estudos em Políticas Públicas/Universidade Estadual de Campinas) (1986). *Brasil 1985: Relatório sobre a situação social do país.* Campinas: Unicamp, vol. I.

_____ (1988). *Brasil 1986: Relatório sobre a situação social do país.* Campinas: Unicamp.

NERSESIANTS, Vladik (1982). "El derecho como factor del desarollo social". In: *Memoria del X Congreso Mundial Ordinario de Filosofía del Derecho y Filosofía Social.* México: Unam, vol. 9, pp. 175-8.

NEVES, Marcelo (1988). *Teoria da inconstitucionalidade das leis.* São Paulo: Saraiva.

_____ (1992). *Verfassung und Positivität des Rechts in der peripheren Moderne: Eine theoretische Betrachtung und eine Interpretation des Falls Brasilien.* Berlim: Duncker & Humblot.

_____ (1994a). *Entre subintegração e sobreintegração: a cidadania inexistente.* In: *DADOS – Revista de Ciências Sociais,* vol. 37, n° 2. Rio de Janeiro: Instituto Universitário de Pesquisas do Rio de Janeiro, pp. 253-76.

_____ (1994b). "A crise do Estado: da modernidade central à modernidade periférica – Anotações a partir do pensamento filosófico e sociológico alemão". *In*: *Revista de Direito Alternativo* 3. São Paulo: Acadêmica, pp. 64-78.

NEVES, Marcelo (1995). "Do pluralismo jurídico à miscelânea social: o problema da falta de identidade da(s) esfera(s) de juridicidade na modernidade periférica e suas implicações na América Latina". *In*: *Direito em Debate*, ano 5, n.º 5. Ijuí: Universidade de Ijuí, jan./jun. 1995, pp. 7-37.

_____ (1996). "Symbolische Konstitutionalisierung und faktische Entkonstitutionalisierung: Wechsel von bzw. Änderungen in Verfassungstexten und Fortbestand der realen Machtverhältnisse". *In*: *Verfassung und Rechts in Übersehe* 29/3. Baden-Baden: Nomos, pp. 309-23.

_____ (2002). "Gerechtigkeit und Differenz in einer komplexen Weltgesellschaft". *In*: *Archiv für Rechts- und Sozialphilosophie* 88. Stuttgart: Franz Steiner, pp. 323-48.

_____ (2006). *Entre Têmis e Leviatã: uma relação difícil – O Estado Democrático de Direito a partir e além de Luhmann e Habermas*. São Paulo: Martins Fontes [original: *Zwischen Themis und Leviathan: Eine Schwierige Beziehung – Eine Rekonstruktion des demokratischen Rechtsstaats in Auseinandersetzung mit Luhmann und Habermas*. Baden-Baden: Nomos, 2000].

NOHLEN, Dieter; STURM, Roland (1982). "Über das Konzept der strukturellen Heterogenität". *In*: Dieter Nohlen e Franz Nuscheler (orgs.). *Handbuch der Dritten Welt*. 2.ª ed. Vol. I: *Unterentwicklung und Entwicklung: Theorien, Strategien, Indikatoren*. Hamburgo: Hoffmann und Campe, pp. 92-116.

NOLL, Peter (1972). "Gründe für die soziale Unwirksamkeit von Gesetzen". *In*: Manfred Rehbinder e Helmut Schelsky (orgs.). *Zur Effektivität des Rechts (Jahrbuch für Rechtssoziologie und Rechtstheorie*, vol. III). Düsseldorf: Bertelsmann, pp. 259-69.

_____ (1981). "Symbolische Gesetzgebung". *In*: *Zeitschrift für Schweizerisches Recht* (nova série) 100. Basiléia: Helbing & Lichtenhahn, pp. 347-64.

OFFE, Claus (1976). "Editorial". *In*: Murray Edelman. *Politik als Ritual: die symbolische Funktion staatlicher Institutionen und politischen Handelns*. Trad. al. H. Fliessbach. Org. Claus Offe. Frankfurt sobre o Meno/Nova York: Campus, 1976, pp. VII-X.

_____ (1977). *Strukturprobleme des Kapitalistischen Staates: Aufsätze zur Politischen Soziologie*. 4.ª ed. Frankfurt sobre o Meno: Suhrkamp.

ÖHLINGER, Theo (1975). *Der Stufenbau der Rechtsordnung: Rechtstheoretische und ideologische Aspekte*. Viena: Manz.

OLIVECRONA, Karl (1962). "Legal Language and Reality". *In*: Ralph A. Newman (org.). *Essays in Jurisprudence in Honor of Roscoe Pound*. Indianapolis: Bobbs-Merrill, pp. 151-91 [trad. esp.: *Lenguaje jurídico y realidad*. Buenos Aires: Centro Editor de América Latina].

OST, François (1986). "Entre ordre et désordre: le jeu du droit. Discussion du paradigme autopoïétique appliqué au droit". *In*: *Archives de Philosophie du Droit* 31. Paris: Sirey, pp. 133-62.

PACHECO, Cláudio (1958). *Tratado das Constituições brasileiras*. Rio de Janeiro/São Paulo: Freitas Bastos, vol. I.

PARSONS, Talcott (1964). *Social Structure and Personality*. Londres: Free Press.

_____ (1967). "Recht und soziale Kontrolle". *In*: Ernst. E. Hirsch e Manfred Rehbinder (orgs.). *Studien und Materialien zur Rechtssoziologie* (Kölner Zeitschrift für Soziologie und Sozialpsychologie, volume especial [*Sonderheft*] 11). Colônia/Opladen: Westdeutscher Verlag, pp. 121-34.

PASSERIN D'ENTRÈVES, Alessandro (1962). *La Dottrina dello Stato: Elementi di Analisi e di Interpretazione*. Turim: Giappichelli.

PAWLIK, Michael (1994). "Die Lehre von der Grundnorm als eine Theorie der Beobachtung zweiter Ordnung". *In*: *Rechtstheorie* 25. Berlim: Duncker & Humblot, pp. 451-7.

PEIRCE, Charles S. (1955). *Philosophical Writings*. Org. J. Buchler. Nova York: Dover.

_____ (1977). *Semiótica*. Trad. bras. J. T. Coelho Netto. São Paulo: Perspectiva.

_____ (1985). "Über Zeichen". *In*: Charles Peirce. *Die Festigung der Überzeugung und andere Schriften*. Trad. al. Elisabeth Walther. Frankfurt sobre o Meno/Berlim/Viena: Ullstein, pp. 143-67.

PIAGET, Jean (1959). *La formation du symbole chez l'enfant: imitation, jeu et rêve, image et représentation*. 2.ª ed. Neuchatel/Paris: Delachaux et Niestlé [trad. bras.: *A formação do símbolo na criança: imitação, jogo e sonho, imagem e representação*. 2.ª ed. Rio de Janeiro/Brasília: Zahar/INL, 1975].

PIMENTA BUENO, José Antonio (1857). *Direito publico brazileiro e analyse da Constituição do Império*. Rio de Janeiro: Villeneuve.

PINTO FERREIRA, [Luiz] (1962). *Princípios gerais do direito constitucional moderno*. 4.ª ed. São Paulo: Saraiva, vol. 1.

_____ (1975). *Teoria geral do Estado*. 3.ª ed. São Paulo: Saraiva, vol. 1.

PONTES DE MIRANDA, [F. C.] (1932). *Os fundamentos actuaes do direito constitucional*. Rio de Janeiro: Empresa de Publicações Technicas.

PONTES DE MIRANDA, [F. C.] (1960). *Comentários à Constituição de 1946*. Rio de Janeiro: Borsoi, vol. 1.
_____ (1970/1973). *Comentários à Constituição de 1967 com a Emenda nº 1 de 1969*. 2ª ed. São Paulo: Revista dos Tribunais, vol. I, 1970; vol. II (2ª tiragem), 1973.
_____ (1972). *Sistema de ciência positiva do direito*. Vol. I: *Introdução à ciência do direito*. 2ª ed. Rio de Janeiro: Borsoi.
_____ (1974). *Tratado de direito privado*. 2ª ed. Rio de Janeiro: Revista dos Tribunais, tomos I e II.
POULANTZAS, Nicos (1967). "A propos de la théorie marxiste du droit". *In*: *Archives de Philosophie du Droit* 12. Paris: Sirey, pp. 145-62.
_____ (1978). *L'Etat, le Pouvoir, le Socialisme*. Paris: Presses Universitaires de France [trad. bras.: *O Estado, o poder, o socialismo*. 2ª ed. Rio de Janeiro: Graal, 1985].
PREUSS, Ulrich K. (1984). *Politische Verantwortung und Bürgerloyalität: Von den Grenzen der Verfassung und des Gehorsams in der Demokratie*. Frankfurt sobre o Meno: Fischer.
_____ (1989). "Perspektiven von Rechtsstaat und Demokratie". *In*: *Kritische Justiz* 22. Baden-Baden: Nomos, pp. 1-12.
QUIJANO, Anibal (1974). "Marginaler Pol der Wirtschaft und marginalisierte Arbeitskraft". *In*: Senghaas (org.). 1974a, pp. 298-341.
RAWLS, John (1990). *A Theory of Justice*. Oxford: Oxford University Press [1ª ed. 1972] [trad. bras.: *Uma teoria da justiça*. 2ª ed. São Paulo: Martins Fontes, 2002].
REALE, Miguel (1968). *O direito como experiência (Introdução à epistemologia jurídica)*. São Paulo: Saraiva.
_____ (1983). "Momentos decisivos do constitucionalismo brasileiro". *In*: *Revista de Informação Legislativa*, ano 20, nº 77. Brasília: Senado Federal, pp. 57-68.
REISINGER, Leo (1982). "Der Staatsbegriff Kelsens und Luhmanns Theorie sozialer Systeme". *In*: *Rechtstheorie*, número suplementar [*Beiheft*] 4. Berlim: Duncker & Humblot, pp. 483-90.
RITTER, Ernst-Hasso (1968). "Die Verfassungswirklichkeit – Eine Rechtsquelle?". *In*: *Der Staat* 7. Berlim: Duncker & Humblot, pp. 352-70.
RODRIGUES, José Carlos (1863). *Constituição política do império do Brazil* [...]. Rio de Janeiro: Laemmert.
RONNEBERGER, Franz (1968). "Verfassungswirklichkeit als politisches System". *In*: *Der Staat* 7. Berlim: Duncker & Humblot, pp. 409-29.
ROSENFELD, Michel (1998). *Just Interpretations: Law between Ethics and Politics*. Berkeley/Los Angeles: University of California Press.

ROSS, Alf (1959). *On Law and Justice*. Berkeley/Los Angeles: University of California Press.
_____ (1968). *Directives and Norms*. Londres: Routledge & Kegan Paul/Nova York: Humanities Press.
_____ (1969). "On Self-Reference and a Puzzle in Constitutional Law". *In*: *Mind* 78. Oxford: Blackwell, pp. 1-24.
ROTTLEUTHNER, Hubert (1981). *Rechtstheorie und Rechtssoziologie*. Freiburg/Munique: Alber.
ROUSSEAU, Jean-Jacques (1975). "Du contrat social; ou Principes du droit politique" [1762]. *In*: Jean-Jacques Rousseau. *Du contrat social et autres oeuvres politiques*. Paris: Garnier, pp. 235-336 [trad. bras.: "Do contrato social ou Princípios do direito político". *In*: *Do contrato social... [e outros escritos]*. 2ª ed. São Paulo: Abril Cultural, pp. 1-145, col. "Os Pensadores"].
RUBINSTEIN, David (1988). "The concept of justice in sociology". *In*: *Theory and Society* 17. [Dordrecht:] Kluver Academic Publishers, pp. 527-50.
RUSSELL, Bertrand (1994). "Mathematical Logic as based on the Theory of Types" [1908]. *In*: *Logic and Knowledge – Essays 1901-1950*. Londres/Nova York: Routledge, pp. 59-102 [1ª ed. 1956].
RYFFEL, Hans (1972). "Bedingende Faktoren der Effektivität des Rechts". *In*: Manfred Rehbinder e Helmut Schelsky (orgs.). *Zur Effektivität des Rechts (Jahrbuch für Rechtssoziologie und Rechtstheorie*, vol. III). Düsseldorf: Bertelsmann, pp. 225-46.
_____ (1974). *Rechtssoziologie. Eine systematische Orientierung*. Neuwied/Berlim: Luchterhand.
SARCINELLI, Ulrich (1987). *Symbolische Politik: Zur Bedeutung symbolischen Handelns in der Wahlkampfkommunikation der Bundesrepublik Deutschland*. Opladen: Westdeutscher Verlag.
SAUSSURE, Ferdinand de (1922). *Cours de linguistique générale*. Paris: Payot [trad. bras.: *Curso de lingüística geral*. 12ª ed. São Paulo: Cultrix, s.d.].
SCHELSKY, Helmut (1970). "Systemfunktionaler, anthropologischer und personfunktionaler Ansatz der Rechtssoziologie". *In*: R. Lautmann, W. Maihofer e H. Schelsky (orgs.). *Die Funktion des Rechts in der modernen Gesellschaft (Jahrbuch für Rechtssoziologie und Rechtstheorie*, vol. I). Bielefeld: Bertelsmann, pp. 37-89.
SCHILD, Wolfgang (1986). "Funktionale und nicht-funktionale Bedeutung des Gesetzes. Einige Anmerkungen zur Gesetzgebungslehre am Beispiel des materiellen Strafrechts". *In*: Ilmar Tammelo e Erhard Mock (orgs.). *Rechtstheorie und Gesetzgebung: Festschrift für Robert Weimar*. Frankfurt sobre o Meno: Suhrkamp, pp. 195-215.

SCHINDLER, Dietrich (1967). *Verfassungsrecht und soziale Struktur*. 4.ª ed. Zurique: Schulthess.
SCHLUCHTER, Wolfgang (1979). *Die Entwicklung des Okzidentalen Rationalismus*. Tübingen: Mohr.
SCHMIDT-WULFFEN, Wulf D. (1987). "10 Jahre entwicklungstheoretischer Diskussion: Ergebnisse und Perspektiven für die Geographie". *In*: *Geographische Rundschau* 39. Braunschweig: Westermann, pp. 130-5.
SCHMITT, Carl (1970). *Verfassungslehre*. 5.ª ed. Berlim: Duncker & Humblot [reimpressão inalterada da 1.ª edição, de 1928] [trad. esp.: *Teoría de la Constitución*. México: Nacional, 1970].
SCHREIBER, Rupert (1962). *Logik des Rechts*. Berlim/Göttingen/Heidelberg: Springer-Verlag.
SEARLE, John R. (1969). *Speech Acts: An Essay in the Philosophy of Language*. Cambridge: Cambridge University Press.
_____ (1973). "Linguistik und Sprachphilosophie". *In*: Renate Bartsch e Theo Vennemann (orgs.). *Linguistik und Nachbarwissenschaften*. Kronberg/Ts.: Scriptor, pp. 113-25.
SENGHAAS, Dieter (org.) (1972). *Imperialismus und strukturelle Gewalt: Analysen über abhängige Reproduktion*. Frankfurt sobre o Meno: Suhrkamp.
_____ (org.) (1974a). *Peripherer Kapitalismus: Analysen über Abhängigkeit und Unterentwicklung*. Frankfurt sobre o Meno: Suhrkamp.
_____ (1974b). "Elemente einer Theorie des peripheren Kapitalismus (Vorwort)". *In*: Senghaas (org.). 1974a, pp. 7-36.
_____ (org.) (1979). *Kapitalistische Weltökonomie: Kontroverse über ihren Ursprung und ihre Entwicklungsdynamik*. Frankfurt sobre o Meno: Suhrkamp.
SILVA, José Afonso da (1982). *Aplicabilidade das normas constitucionais*. 2.ª ed. São Paulo: Revista dos Tribunais.
SKINNER, Quentin (1989). "Language and political change". *In*: T. Ball, J. Farr e R. L. Hanson (orgs.). *Political Innovation and Conceptual Change*. Cambridge: Cambridge University Press, pp. 6-23.
SMEND, Rudolf (1968). "Verfassung und Verfassungsrecht (1928)". *In*: Rudolf Smend. *Staatsrechtliche Abhandlungen und andere Aufsätze*. 2.ª ed. Berlim: Duncker & Humblot, pp. 119-276.
SOUSA, Joaquim Rodrigues de (1867). *Analyse e commentário da Constituição política do Império do Brazil ou Theoria e pratica do governo constitucional brazileiro*. São Luiz: B. de Mattos, vol. I.
SOUSA SANTOS, Boaventura de (1977). "The Law of the Oppressed: The Construction and Reproduction of Legality in Pasargada". *In*:

Law & Society Review 12. Denver, Colorado: Law and Society Association, pp. 5-126.
SOUSA SANTOS, Boaventura de (1980). "Notas sobre a história jurídico-social de Pasárgada". *In*: Cláudio Santo e Joaquim Falcão (orgs.). *Sociologia e direito: leituras básicas de sociologia jurídica*. São Paulo: Pioneira, pp. 109-17.
_____ (1987). "Law: A Map of Misreading. Toward a Postmodern Conception of Law". *In*: *Journal of Law and Society* 14. Oxford: Robertson, pp. 279-302.
_____ (1988). *O discurso e o poder; ensaio sobre a sociologia da retórica jurídica*. Porto Alegre: Fabris (originalmente *in*: *Boletim da Faculdade de Direito de Coimbra*, 1980).
SOUTO, Cláudio (1978). *Teoria sociológica do direito e prática forense*. Porto Alegre: Fabris.
_____ (1984). *Allgemeinste wissenschaftliche Grundlagen des Sozialen*. Wiesbaden: Steiner.
_____ (1992). *Ciência e ética no direito: uma alternativa de modernidade*. Porto Alegre: Fabris.
_____; SOUTO, Solange (1981). *Sociologia do direito*. Rio de Janeiro/São Paulo: Livros Técnicos e Científicos/Edusp.
_____; SOUTO, Theresa (1995). "Crime como vingança, Ministério Público e Ciência Social do Direito". *In*: *Revista do Instituto dos Advogados de Pernambuco* 1/95. Recife: IAP, pp. 31-40.
STÄHELI, Urs (1996). "Der Code als leerer Signifikant? Diskurstheoretische Beobachtungen". *In*: *Soziale Systeme: Zeitschrift für soziologische Theorie* 2. Opladen: Leske u. Budrich, pp. 257-81.
STERN, Klaus (1984). *Das Staatsrecht der Bundesrepublik*. 2.ª ed. Munique: Beck.
STICHWEH, Rudolf (1997). "Inklusion/Exklusion, funktionale Differenzierung und die Theorie der Weltgesellschaft". *In*: *Soziale Systeme: Zeitschrift für soziologische Theorie* 3. Opladen: Leske u. Budrich, pp. 123-36.
STOURZH, Gerald (1975 ou 1989). "Vom aristotelischen zum liberalen Verfassungsbegriff. Zur Entwicklung in Nordamerika im 17. und 18. Jahrhundert". *In*: F. Engel-Janosi, G. Klingenstein e H. Lutz (orgs.). *Fürst, Bürger, Mensch: Untersuchungen zu politischen und soziokulturellen Wandlungsprozessen im vorrevolutionären Europa*. Munique: R. Oldenbourg, 1975, pp. 97-122. Posteriormente, com algumas alterações: "Vom aristotelischen zum liberalen Verfassungsbegriff. Staatsformenlehre und Fundamentalgesetze in England und Nordamerika im 17. und 18. Jahrhundert". *In*: Ge-

rald Stourzh. *Wege zur Grundrechtsdemokratie: Studien zur Begriffs- und Institutionengeschichte des liberalen Verfassungsstaates*. Viena/Colônia: Böhlau, 1989, pp. 1-35.

SUNKEL, Osvaldo (1972). "Transnationale kapitalistische Integration und nationale Desintegration: Der Fall Lateinamerika". *In*: Senghaas (org.). 1972, pp. 258-315.

TAYLOR, Charles (1988). "Der Irrtum der negativen Freiheit". *In*: Charles Taylor. *Negative Freiheit? Zur Kritik des neuzeitlichen Individualismus*. Trad. al. H. Kocyba. Frankfurt sobre o Meno: Suhrkamp, pp. 118-44.

TEUBNER, Gunther (1982). "Reflexives Recht: Entwicklungsmodelle des Rechts in vergleichender Perspektive". *In*: *Archiv für Rechts und Sozialphilosophie* 68. Wiesbaden: Steiner, pp. 13-59.

_____ (1984). "Verrechtlichung – Begriffe Merkmale, Grenzen, Auswege". *In*: Friedrich Kübler (org.). *Verrechtlichung von Wirtschaft, Arbeit und sozialer Solidarität: Vergleichende Analysen*. Baden-Baden: Nomos, pp. 289-344.

_____ (1987a). "Hyperzyklus in Recht und Organisation. Zum Verhältnis von Selbstbeobachtung, Selbstkonstitution und Autopoiese". *In*: Haferkamp e Schmid (orgs.). 1987, pp. 89-128.

_____ (1987b). "Episodenverknüpfung. Zur Steigerung von Selbstreferenz im Recht". *In*: Baecker *et al.* (orgs.). 1987, pp. 423-46.

_____ (org.) (1987c). *Autopoietic Law: A New Approach to Law and Society*. Berlim/Nova York: de Gruyter.

_____ (1988). "Gesellschaftsordnung durch Gesetzgebungslärm? Autopoietische Geschlossenheit als Problem für die Rechtssetzung". *In*: D. Grimm e W. Maihofer (orgs.). *Gesetzgebungstheorie und Rechtspolitik (Jahrbuch für Rechtssoziologie und Rechtstheorie* 13). Opladen: Westdeutscher Verlag, pp. 45-64.

_____ (1989). *Recht als autopoietisches System*. Frankfurt sobre o Meno: Suhrkamp [trad. port.: *O direito como sistema autopoiético*. Lisboa: Fundação Calouste Gulbenkian, 1993].

_____ (1996a). "*De Collisione Discursuum*: Communicative Rationalities in Law, Morality, and Politics". *In*: Habermas *et al.* 1996, pp. 901-18.

_____ (1996b). "Globale Bukowina: Zur Emergenz eines transnationalen Rechtspluralismus". *In*: *Rechtshistorisches Journal* 15. Frankfurt sobre o Meno: Löwenklau, pp. 255-90 [trad. bras.: "A Bukovina global: sobre a emergência de um pluralismo jurídico transnacional". *In*: *Impulso*: *Revista de Ciências Sociais e Humanas*, vol. 14, n.º 33. Piracicaba: Unimep, jan./abr. 2003, pp. 9-31].

TEUBNER, Gunther (1996c). "Des Königs viele Leiber: Die Selbstdekonstruktion der Hierarchie des Rechts". *In*: *Soziale Systeme: Zeitschrift für soziologische Theorie* 2. Opladen: Leske u. Budrich, pp. 229-55.

_____ (1997). "Verrechtlichung – ein ultrazyklisches Geschehen: Ökologische Rekursivität im Verhältnis Recht und Gesellschaft". *PoSt-Diskussion-Papiere* 11. Org. N. Dose, R. Voigt e K. A. Ziegert. Munique: Institut für Staatswissenschaft, Universität der Bundeswehr.

_____ (1998). "Nach der Privatisierung? Diskurskonflikte im Privatrecht". *In*: *Zeitschrift für Rechtssoziologie* 19/1. Wiesbaden: Westdeutscher Verlag, pp. 8-36 [trad. bras.: "Após a privatização: conflitos de discursos no direito privado". *In*: Gunther Teubner. *Direito, sistema e policontexturalidade*. Piracicaba: Unimep, 2005a, pp. 233-68].

_____ (2000). "Privatregimes: Neo-Spontanes Recht und duale Sozialverfassungen in der Weltgesellschaft". *In*: Dieter Simon e Manfred Weiss (orgs.). *Zur Autonomie des Individuums. Liber Amicorum Spiro Simitis*. Baden-Baden: Nomos, pp. 437-53 [trad. bras.: "Regimes privados: direito neo-espontâneo e constituições dualistas na sociedade mundial". *In*: Gunther Teubner. *Direito, sistema e policontexturalidade*. Piracicaba: Unimep, 2005b, pp. 105-27].

_____ (2003). "Globale Zivilverfassungen: Alternativen zur staatszentrierten Verfassungstheorie". *In*: *Zeitschrift für ausländisches öffentliches Recht und Völkerrecht* 63/1. Heidelberg: Max Planck Institut für ausländisches öffentliches Recht und Völkerrecht, pp. 1-28.

_____; FEBBRAJO, Alberto (orgs.) (1992). *State, Law, and Economy as Autopoietic Systems: Regulation and autonomy in a new perspective* (*EYSL – European Yearbook in the Sociology of Law* 91/92). Milão: Giuffrè.

_____; WILLKE, Helmut (1984). "Kontext und Autonomie: Gesellschaftliche Selbststeuerung durch reflexives Recht". *In*: *Zeitschrift für Rechtssoziologie* 6. Opladen: Westdeutscher Verlag, pp. 4-35.

TIMASHEFF (TIMACHEFF), N. S. (1936). "Le droit, l'éthique, le pouvoir : Essai d'une théorie sociologique du droit". *In*: *Archives de Philosophie du droit et de Sociologie Juridique*, n.ºs 1-2. Paris: Sirey, pp. 131-65.

_____ (1937-1938). "What is 'sociology of law'?". *In*: *The American Journal of Sociology* 43, jul. 1937/maio 1938. Chicago, Illinois: The University of Chicago Press, pp. 225-35.

TOPITSCH, Ernst (1959). "Ideologie". *In*: Görres-Gesellschaft (org.). *Staatslexikon: Recht • Wirtschaft • Gesellschaft*. 6.ª ed. Freiburg: Herder, vol. 4, colunas 193-201.
TORRES, Alberto (1978). *A organização nacional: Primeira parte, A Constituição*. 3.ª ed. São Paulo: Nacional [1.ª ed. 1914].
TÔRRES, João Camilo de Oliveira (1957). *A democracia coroada (Teoria política do Império do Brasil)*. Rio de Janeiro: José Olympio.
_____ (1962). *O presidencialismo no Brasil*. Rio de Janeiro: O Cruzeiro.
TREVES, Renato (1977). *Introduzione alla sociologia del diritto*. Turim: Einaudi.
VARELA, Francisco J. (1983). "L'auto-organisation: de l'apparence au mécanisme". *In*: Paul Dumouchel e Jean-Pierre Dupuy (orgs.). *L'auto-organisation: De la physique au politique*. Paris: Seuil, pp. 147-62.
VELHO, Gilberto (1980). "Violência e cidadania". *In*: *DADOS – Revista de Ciências Sociais*, vol. 23, n.º 3. Rio de Janeiro: Iuperj/Campus, pp. 361-4.
VERNENGO, Roberto José (1976). *Curso de teoría general del derecho*. 2.ª ed. Buenos Aires: Cooperadora de Derecho y Ciencias Sociales.
VIANNA, Oliveira (1939). *O idealismo da Constituição*. 2.ª ed. São Paulo/Rio de Janeiro/Recife/Porto Alegre: Nacional.
VIEHWEG, Theodor (1974). *Topik und Jurisprudenz*. 5.ª ed. Munique: Beck [trad. bras.: *Tópica e jurisprudência*. Brasília: Departamento de Imprensa Nacional, 1979].
VILANOVA, Lourival (1953). *O problema do objeto da teoria geral do Estado*. Recife: Tese de concurso para cátedra de teoria geral do Estado da Faculdade de Direito do Recife.
_____ (1977). *As estruturas lógicas e o sistema do direito positivo*. São Paulo: Revista dos Tribunais/Educ.
VILLEGAS, Maurício García (1991). "La Constitución y su eficacia simbólica". *In*: *Revista Universidad de Antioquia*, vol. LX, n.º 225. Medellín: Universidad de Antioquia, pp. 4-21.
VISSER'T HOOFT, H. Ph. (1974). "La philosophie du langage ordinaire et le droit". *In*: *Archives de Philosophie du Droit* 19. Paris: Sirey, pp. 19-23.
VOIGT, Rüdiger (1980). "Verrechtlichung in Staat und Gesellschaft". *In*: Rüdiger Voigt (org.). *Verrechtlichung: Analysen zu Funktion und Wirkung von Parlamentalisierung, Bürokratisierung und Justizialisierung sozialer, politischer und ökonomischer Prozesse*. Königstein: Athenäum, pp. 15-37.

VOIGT, Rüdiger (1983). "Gegentendenzen zur Verrechtlichung: Verrechtlichung und Entrechtlichung im Kontext der Diskussion um den Wohlfahrtsstaat". *In*: Rüdiger Voigt (org.). *Gegentendenzen zur Verrechtlichung (Jahrbuch für Rechtssoziologie und Rechtstheorie 9)*. Opladen: Westdeutscher Verlag, pp. 17-41.

_____ (org.) (1989a). *Symbole der Politik, Politik der Symbole*. Opladen: Leske u. Budrich.

_____ (1989b). "Mythen, Rituale und Symbole in der Politik". *In*: R. Voigt (org.). 1989a, pp. 9-37.

_____ (1993). *Politik und Recht: Beiträge zur Rechtspolitologie*. 3.ª ed. Bochum: Universitätsverlag Brockmeyer.

VON WRIGHT, Georg Henrik (1963). *Norm and Action: A Logical Enquiry*. Londres/Henley: Routledge & Kegan Paul [trad. esp.: *Norma y Acción: una investigación lógica*. Madri: Technos].

VOß, Monika (1989). *Symbolische Gesetzgebung: Fragen zur Rationalität von Strafgesetzgebungsakten*. Ebelsbach am Main: Verlag Rolf Gremer.

WALLERSTEIN, Immanuel (1979). "Aufstieg und Künftiger Niedergang des kapitalistischen Weltsystems". *In*: Senghaas (org.). 1979, pp. 31-67.

WALTER, Robert (1975). "Besprechung zu Friedrich Müllers 'Juristische Methodik'". *In*: *Juristische Blätter* 97. Viena/Nova York: Springer-Verlag, pp. 443-4.

WARAT, Luis Alberto (1972). *Semiótica y derecho*. Buenos Aires: Eikón.

_____ (1979). *Mitos e teorias na interpretação da lei*. Porto Alegre: Síntese.

_____ (1984). *O direito e sua linguagem*, com a colaboração de L. S. Rocha e G. G. Cittadino. Porto Alegre: Fabris.

WEBER, Max (1968a). "Idealtypus, Handlungsstruktur und Verhaltensinterpretation (Auszüge)". *In*: Max Weber. *Methodologische Schriften*. Org. Johannes Winckelmann. Frankfurt sobre o Meno: Fischer, pp. 65-167.

_____ (1968b). "Die drei reinen Typen der legitimen Herrschaft". *In*: Max Weber. *Methodologische Schriften*. Org. Johannes Winckelmann. Frankfurt sobre o Meno: Fischer, pp. 215-28 [originalmente *in*: *Preußische Jahrbücher*, vol. 187, 1922].

_____ (1973). "Die Objektivität sozialwissenschaftlicher und sozialpolitischer Erkenntnis". *In*: Max Weber. *Gesammelte Aufsätze zur Wissenschaftslehre*. 4.ª ed. Org. Johannes Winckelmann. Tübingen: Mohr, pp. 146-214 [originalmente *in*: *Archiv für Sozialwissenschaft und Sozialpolitik*, vol. 19, 1904].

WEBER, Max (1985). *Wirtschaft und Gesellschaft: Grundriß der verstehenden Soziologie*. 5.ª ed. Org. Johannes Winckelmann. Tübingen: Mohr [1.ª ed. 1922] [trad. bras.: *Economia e sociedade: fundamentos da sociologia compreensiva*. Brasília: UnB/São Paulo: Imprensa Oficial, 2004, 2 vols.].
WEFFORT, Francisco Corrêa (1981). "A cidadania dos trabalhadores". *In*: Bolivar Lamounier, Francisco C. Weffort e Maria Victoria Benevides (orgs.). *Direito, cidadania e participação*. São Paulo: T. A. Queiroz, pp. 139-50.
WERLE, Raymund (1982). "Aspekte der Verrechtlichung". *In*: *Zeitschrift für Rechtssoziologie* 3. Opladen: Westdeutscher Verlag, pp. 2-13.
WIMMER, Rainer (1989). "Bemerkungen zum Exposé von Christensen/Jeand'Heur". *In*: Müller (org.). 1989, pp. 13-6.
WINCKELMANN, Johannes (1952). *Legitimität und Legalität in Max Webers Herrschaftssoziologie*. Tübingen: Mohr.
WITTGENSTEIN, Ludwig (1960). "Philosophische Untersuchungen". *In*: Ludwig Wittgenstein. *Schriften* 1. Frankfurt sobre o Meno: Suhrkamp, pp. 279-544 [trad. bras.: *Investigações filosóficas*. 2.ª ed. São Paulo: Abril Cultural, 1979, col. "Os Pensadores"].
_____ (1963). *Tractatus logico-philosophicus*. Frankfurt sobre o Meno: Suhrkamp [originalmente *in*: *Annalen der Naturphilosophie*, 1921].
WOLF, Klaus Dieter (org.) (1993). *Internationale Verrechtlichung (Jahresschrift für Rechtspolitologie*, vol. 7). Pfaffenweiler: Centaurus-Verlagsgesellschaft.
ZANGL, Bernhard; ZÜRN, Michael (orgs.) (2004). *Verrechtlichung – Baustein für Global Governance?* (*Eine Welt – Texte der Stiftung Entwicklung und Frieden*, vol. 18). Bonn: Dietz.
ZIELCKE, Andreas (1979). *Die symbolische Natur des Rechts: Analyse der Rechtssoziologie Niklas Luhmanns*. Berlim: Duncker & Humblot.
ZOLO, Danilo (1986). "Autopoiesis: un paradigma conservatore". *In*: *Micro Mega* 1/86. Roma: Periodici Culturale, pp. 129-73.
_____ (1993). "Democratic Citizenship in a Post-communist Era". *In*: David Held (org.). *Prospects for Democracy: North, South, East, West*. Cambridge: Polity, pp. 254-68.

ÍNDICE ONOMÁSTICO

Abélès, Marc 24
Adorno, Theodor W. 117
Alchourrón, Carlos E. 89
Alexy, Robert 117, 138, 160
Almeida, Guido A. de XIII
Almino, João 182
Althusser, Louis 110
Amado, Gilberto 179
Amin, Samir 172
Andrade, Paes de 182
Apel, Karl-Otto 117
Araujo, Maria 56
Aristóteles 56-7
Arnold, Thurman W. 25-6
Assis, Machado de 180
Atlan, Henri 153, 172
Aubert, Vilhelm 41-2
Austin, John L. 116, 164

Baecker, Dirk 128
Barbalet, J. M. 121
Barbosa, Ruy 181
Barthes, Roland 8, 16, 22, 89
Beck, Ulrich 191
Bendix, Reinhard 77, 120-1, 184
Berlin, Isaiah 183
Bertalanffy, Ludwig von 129, 152

Biscaretti di Ruffia, Paolo 55, 89
Bittencourt, C. A. Lúcio 114, 179
Blanke, Thomas 143
Blankenburg, Erhard 31, 34, 44, 46, 49, 168
Bobbio, Norberto 121, 157, 159
Bock, Michael 166
Böckenförde, Ernst-Wolfgang 56-7, 63, 67
Bonavides, Paulo 76, 182
Bordes, Jacqueline 56
Borges, José Souto Maior 43
Bourdieu, Pierre 7-8
Brodocz, André 96
Buarque de Holanda, Sérgio IX, 180
Bühl, Walter L. 128
Bulygin, Eugenio 46, 89
Burdeau, Georges 95, 104, 110
Buzaid, Alfredo 114

Calógeras, J. Pandiá 178
Campos, Francisco 114
Canotilho, J. J. Gomes 55, 58, 60, 71, 85, 91
Capella, Juan-Ramón 47, 86
Carbonnier, Jean 51, 91

Cardoso, Fernando Henrique 172, 181
Carnap, Rudolf 15, 18-9, 86, 89
Carone, Edgard 181
Carré de Malberg, R. 60
Carrió, Genaro R. 87-8
Cassirer, Ernst 6-7, 21
Castoriadis, Cornelius 13-4, 21
Cheresky, Isidoro 149
Christensen, Ralph 83-5, 88, 92
Clinton, Bill 194
Cooley, Thomas M. 113
Copi, Irving M. 5, 23
Cossio, Carlos 44
Courtés, Joseph 8, 22

Derrida, Jacques 16-7, 85
Dörner, Andreas 28
Dreier, Ralf 138
Dudena, Regis XIV
Durkheim, Emile 170
Duverger, Maurice 61
Dworkin, Ronald 27

Eco, Umberto 5-7, 9, 11, 15, 17-8, 21-2, 165
Edelman, Murray 23-5, 27, 40, 87, 95, 120
Eder, Klaus 62, 157
Ehrlich, Eugen 87
Engels, Friedrich 58, 97
Evers, Hans-Dieter 172

Falcão Neto, Joaquim de Arruda 153
Faoro, Raymundo IX, 178-81, 183
Faria, José Eduardo 8, 183
Febbrajo, Alberto 128
Ferraz Jr., Tércio Sampaio 8, 21, 154, 156, 165, 184, 186
Ferry, Luc 160, 183
Firth, Raymond 5-6, 15-6, 18

Frank, André Gunder 170
Frankenberg, Günter XIII, 76
Freud, Sigmund 9-12, 21
Friedman, Lawrence M. 34, 46
Friedrich, Carl Joachim 157

Gadamer, Hans-Georg 88
Galtung, Johan 171
García-Pelayo, Manuel 28, 55-6
Garrn, Heino 43-5
Geiger, Theodor 44, 51-2
Ghigliani, Alejandro E. 114
Giddens, Anthony 121, 170
Glasyrin, Viktor Wassiljewitsch 47-9
Görlitz, Axel 166
Greimas, Algirdas Julien 8, 22, 88
Grimm, Dieter 29, 56-7, 76, 94, 96, 98, 104, 106, 124, 155
Grimmer, Klaus 73, 76
Groenendijk, C. A. 35
Günther, Gotthard 147
Günther, Klaus 138-9
Gusfield, Joseph R. 22-3, 25, 27, 30, 34-6, 54

Häberle, Peter 84-7, 91, 94
Habermas, Jürgen XIII, 6, 20, 27, 62, 73, 93, 95, 97, 117-22, 128, 138-9, 143, 157-8, 164-9, 183, 192-4
Haferkamp, Hans 128
Hart, H. L. A. 139, 141
Hayek, F. A. 61
Hegel, G. W. F. 61
Hegenbarth, Rainer 34, 36, 40-1
Heintz, Peter 170, 173
Held, David 121
Heller, Hermann 58, 60, 62-4, 157

Hesse, Konrad 67, 83, 94
Hoffmann-Riem, Wolfgang 38-9
Hofstadter, Douglas R. 70, 89
Hollerbach, Alexander 61, 67, 73,
Holmes, Stephen 124-5
Hopkins, Terence 170-1
Horkheimer, Max 117
Husserl, Edmund 93

Jaguaribe, Hélio 183
Jeammaud, Antoine 47
Jeand'Heur, Bernd 84, 91
Jellinek, Georg 60, 63, 83
Jung, C. G. 9-11, 17, 21

Kalinowski, Georges 86
Kant, Immanuel 7, 171, 192, 194
Kargl, Walter 144
Kasprzik, Brigitta 138-9
Kelsen, Hans 43-45, 53, 59-60, 62-3, 86, 139, 141,
Kerchove, Michel van de 51
Kindermann, Harald 24, 30-41, 53, 124, 150
Kiss, Gábor 52
Koch, Hans-Joachim 87
König, Klaus 31
Kramer, Ernst A. 45-6
Krawietz, Werner 128
Krüger, Herbert 73, 99

Lacan, Jacques 9, 11-3, 21
Ladeur, Karl-Heinz XVIII, 12, 29, 85, 128, 142-3
Lafer, Celso 160, 183
Lalande, André 5
Lamounier, Bolivar 79
Landowski, Éric 22, 88
Laplanche, Jean 9, 11-2

Larenz, Karl 89
Lassalle, Ferdinand 58-9
Lasswell, Harold 36
Laudenklos, Frank XVIII
Leal, Aurelino 179
Lefort, Claude 75, 101, 160
Lemaire, Anika 11-3
Lenk, Klaus 26, 29, 41-2
Lenk, Kurt 97
Lesbaupin, Ivo 184
Lévi-Strauss, Claude 7-8, 11-3, 21
Loewenstein, Karl 62, 104-9, 112
Luhmann, Niklas XII-XIV, XVIII, 2, 19-21, 25, 27, 29, 43, 47-8, 52-3, 56-8, 60, 62, 65-72, 74-83, 88-9, 91, 93, 97, 100, 110-1, 114, 122-5, 128-44, 147-54, 156-60, 162, 165, 168, 170-6, 185, 193, 196-7
Lyons, John 8

Macpherson, C. B. 183
Maddox, Graham 56-7
Maihofer, Werner 97, 159
Mänicke-Gyöngyösi, Krisztina 24
Marcuse, Herbert 117
Marias, Julian 56
Marshall, T. H. 76-7, 120-1
Marx, Karl 75, 97
Massing, Otwin 95
Maturana, Humberto R. 65, 127-8, 130, 133, 141-2
Maus, Ingeborg XVIII
Mayhew, Leon H. 75
Mayntz, Renate 176
McIlwain, Charles Howard 56-7, 65
Mecham, J. Lloyd 106

Mello, José Luiz de Anhaia 114
Melo Franco, Afonso Arinos de 56, 61
Mendes, Gilmar Ferreira 114, 179
Merton, Robert K. 42
Miaille, Michel 61
Mohnhaupt, Heinz 56-7
Montesquieu 81
Morris, Ch. W. 15-6, 86
Müller, Friedrich IX, XVIII, 45-7, 60-1, 83-8, 91, 197
Müller, Michael 175
Münch, Richard 143

Nabuco, Joaquim 178
Nabuco de Araújo, J. T. 178
Nagera, Humberto 9
Nahamowitz, Peter 143-4, 168
Narr, Wolf-Dieter 122
NEPP-Unicamp 183
Nersesiants, Vladik 59
Neves, Marcelo XI, 2, 23, 43, 53, 55-6, 59, 67-9, 71, 74, 77, 80, 83, 88-9, 92, 105-6, 109, 114-5, 117, 123, 125, 136, 140, 142, 149, 153, 158-9, 163, 168, 170-5, 177, 179, 181, 185-7
Nohlen, Dieter 172
Noll, Peter 30-2, 34, 36, 39-40, 43, 47

Offe, Claus 40, 121-2, 174
Öhlinger, Theo 72
Olivecrona, Karl 88
Ost, François 139, 142

Pacheco, Cláudio 180
Parsons, Talcott 19, 76, 125
Passerin D'Entrèves, Alessandro 183

Passeron, Jean-Claude 8
Pawlik, Michael 139
Peirce, Charles S. 15-7, 86
Piaget, Jean 9, 175
Pimenta Bueno, José Antonio 178
Pinto Ferreira, Luiz 55, 60
Pontalis, J.-B. 9, 11-2
Pontes de Miranda, F. C. XII, 63, 89, 114, 179
Poulantzas, Nicos 59, 110
Preuß, Ulrich K. 121-2, 157

Quijano, Anibal 172

Rawls, John 61
Reale, Miguel 86, 188
Reisinger, Leo 139
Renaut, Alain 160, 183
Ritter, Ernst-Hasso 83
Rodrigues, José Carlos 178-9
Ronneberger, Franz 106
Ross, Alf 86-7, 141
Rossade, Werner 24
Rottleuthner, Hubert 43
Rousseau, Jean-Jacques 79
Rubinstein, David 79
Russell, Bertrand 89
Ryffel, Hans 44

Sarcinelli, Ulrich 25
Saussure, Ferdinand de 7-8, 12, 16-7
Schelsky, Helmut 159
Schild, Wolfgang 31-2, 38, 49-50
Schindler, Dietrich 98
Schluchter, Wolfgang 117, 157
Schmid, Michael 128
Schmidt-Wulffen, Wulf D. 172
Schmitt, Carl 41, 58, 60-3, 102-3
Schorr, Eberhard 68, 76

Schreiber, Rupert 86
Searle, John R. 116
Senghaas, Dieter 170-1
Silva, José Afonso da 43, 56, 114
Skinner, Quentin 57
Smend, Rudolf 57, 63-4, 87
Sottong, Hermann 175
Sousa, Joaquim Rodrigues de 178
Sousa Santos, Boaventura de 169, 185
Souto, Cláudio 50, 137
Souto, Solange 137
Souto, Theresa 50
Souza, Pedro XV
Stäheli, Urs 134
Stern, Klaus 63
Stichweh, Rudolf 78
Stourzh, Gerald
Sturm, Roland 56-7
Sunkel, Osvaldo 172

Taylor, Charles 183
Teubner, Gunther XVIII, 29, 52, 66, 70, 77, 127-8, 130, 133, 137, 140-5, 147, 159, 162, 166, 168, 170, 194-6
Timasheff, N.S. 70
Topitsch, Ernst 97
Torres, Alberto 181, 188
Tôrres, João Camilo de Oliveira 178
Treves, Renato 42

Varela, Francisco J. 65, 127-30, 133, 142

Vargas, Getúlio 149
Velho, Gilberto 184
Vernengo, Roberto José 59
Vianna, Oliveira 181, 188
Viehweg, Theodor 86-7
Vilanova, Lourival 44, 58, 89, 162
Villegas, Maurício García 96, 151
Visser't Hooft, H. Ph. 88
Voigt, Rüdiger 24, 28, 165-6, 168-9
Von Wright, Georg Henrik 23
Voß, Monika 25, 32, 34-6, 41-2, 51

Wallerstein, Immanuel 170-1
Walter, Robert 60
Warat, Luis Alberto 86-7
Weber, Max 52, 58, 106, 117, 157, 171
Weffort, Francisco Corrêa 121, 184
Welker, Michael 128
Werle, Raymund 165-6
Willke, Helmut 29, 142-4, 168
Wimmer, Rainer 88
Winckelmann, Johannes 157
Wittgenstein, Ludwig 18, 88
Wolf, Klaus Dieter

Zangl, Bernhard 165
Zielcke, Andreas 25
Zolo, Danilo 121, 128
Zürn, Michael 165

ÍNDICE REMISSIVO

Aborto 34, 49
Ação/agir
 – afetiva/o 117
 – comunicativa/o 93, 116-20, 167 (v. tb. *teoria do agir comunicativo*)
 – estratégica/o 117-9
 – expressiva/o 20, 22, 29, 120 (v. tb. *função expressiva; variáveis expressivas*)
 – instrumental 20, 22-3, 25, 117-8 (v. tb. *função instrumental, variáveis instrumentais*)
 – racional-com-respeito-a-fins 117
 – racional-com-respeito-a-valores 117
 – simbólica/o 20, 22-5, 117, 120, 124 (v. tb. *função simbólica; papel simbólico; variáveis simbólicas*)
 – tradicional 117
África 35, 102, 104-5
Agir/vivenciar 52, 93, 140, 146, 169, 175
Alemanha 34, 37-8, 63, 94-5, 104, 121, 166

Alopoiese 142
 – /autopoiese *versus* problema lógico do paradoxo da autorreferência do direito 140
 – do direito 2, 70, 127, 140, 142, 147, 162, 165, 170, 177
 v. tb. *autopoiese; direito alopoiético; sistema alopoiético; sistema autopoiético*
Âmbito da matéria 85, 92
Âmbito do caso 85, 92
Âmbito normativo/programa normativo 84-5, 92, 100
América do Norte 95, 113, 120, 147, 179, 181, 193, 196, 199
América Latina 78, 149
Amizade 173
Amor 19, 49, 173
Aparelho estatal 49, 124, 165
Aplicação do direito 42-3, 45-6, 48, 70-2, 87, 89-91, 94, 107, 139, 143
 – /criação ou produção do direito 45-6, 76
 – /legislação 70-1
 v. tb. *concretização; execução/imposição;*

*interpretação
constitucional/jurídica;
observância; uso*
Arquétipos 11
Arte 7, 9, 19-20, 49, 168
Ásia 199
Atos Institucionais 177
Autocracia 109 (v. tb.
*autoritarismo/totalitarismo;
Estado autocrático ou
autoritário/totalitário*)
Autonomia
– da Constituição 59, 64, 106
– da ordem/cadeia
significante em relação ao
significado 12
– da política 151-2, 173-4
– da política e do direito 66,
148, 173-4, 192-3, 196
– do direito 2, 51, 62, 64, 69-
70, 106-7, 109, 130, 138-9,
144, 146-50, 161, 168, 174,
180, 189, 195, 197 (v. tb.
*autopoiese do direito; direito
auto-referencial; direito como
sistema autônomo; direito
como sistema autopoiético*)
– do sistema jurídico em face
da autonomia dos demais
sistemas sociais 168 (v. tb.
autopoiese dupla)
– dos subsistemas da
sociedade 77, 98, 109, 168,
200
– estrutural 133
– operacional/operativa 2, 66,
69, 71, 107, 146-9, 152, 168,
172-3, 180
– privada 76
– relativa (do sistema
simbólico) 7, 14

– *versus* autarquia 130, 135
v. tb. *autopoiese; auto-
referência; sistema autônomo;
sistema autopoiético; sistema
auto-referencial*
Auto-observação
– como momento da
autopoiese 128-9
– *versus* heterobservação/
observação externa do
direito 67, 91 (v. tb.
*dogmática jurídica/teoria do
direito; sociologia do direito*)
Autopoiese 127-31, 133-4, 136,
138, 140-4, 147, 168, 170
– biológica *versus* social 127-9
– circularidade da 129
– como enlace hipercíclico 133
– conceito de 127-31, 133
– de primeira, segunda e
terceira ordem 133
– do direito 70, 78, 136, 140-4,
168 (v. tb. *autonomia do
direito; direito auto-
referencial; direito como
sistema autônomo; direito
como sistema autopoiético;
direito como sistema
normativamente fechado e
cognitivamente aberto*)
– dupla (do direito e dos
outros subsistemas da
sociedade) 144
– em perspectiva pós-
moderna 142-4 (v. tb. *direito,
concepção pós-moderna do*)
– *versus* oposição teórica entre
sistemas fechados e abertos
129-30
– *versus* primado da economia
na sociedade mundial 170
(v. tb. *sociedade mundial*)

v. tb. *alopoiese; autonomia; auto-referência; fechamento/abertura; sistema alopoiético; sistema autopoiético*
Auto-referência 66, 78, 130-3, 136-8, 141-2, 152-4, 156, 158, 162, 184-5
– de base/elementar 131-3, 153, 156, 185
– do direito 66, 72, 136-8, 141-2, 152-4, 156, 158, 162, 184-5 (v. tb. *autopoiese do direito; direito autoreferencial; direito como sistema autopoiético; heterorreferência do direito; legalidade*)
– /heterorreferência 142
– processual 132, 156 (v. tb. *reflexividade*)
v. tb. *autopoiese; sistema autopoiético; sistema autoreferencial*
Autoritarismo/totalitarismo 61-2, 109, 112, 148 (v. tb. *autocracia; Estado autocrático ou autoritário/totalitário*)
Axiológico(a)/valorativo(a) 31, 33, 55, 57, 61, 65, 88, 125, 138, 140, 157-8 (v. tb. *valores*)

Bangladesh 97
Brasil/brasileiro(a)(s) XI, XIV, XVII-XVIII, 2, 10, 38, 50, 74, 80, 115, 121, 123, 177, 181-2, 186-8, 191
Burocratização 166 (v. tb. *juridificação*)

Capitalismo
– como sistema mundial 170

– periférico 170, 172
– *versus* cidadania e democracia 120-1
Carta constitucional 109-10, 177-8, 180 (v. tb. *Constituição; diploma/documento constitucional; lei constitucional; texto constitucional*)
Centro/periferia 170-1, 173, 191, 200 (v. tb. *Estado periférico; modernidade central; modernidade periférica; países centrais; países periféricos*)
Cidadania 77, 120-1, 171-2, 184, 188-9, 194 (v. tb. *direitos do cidadão*)
Ciência 1, 7, 12, 20, 49, 69, 93, 128, 137, 141, 168, 170-2, 193-4, 200
– natural 93
– social 128, 171-2
Ciência do direito como mundo onírico 26
Código binário/código de preferência/código-diferença 3, 19-20, 66, 71, 75, 80, 88, 90, 92-3, 100, 104, 110, 129-30, 132, 134-5, 138-9, 146, 148-53, 155, 161, 165, 169, 173-4, 179, 184
Código e critérios/programas 39, 71, 134, 142, 146, 172
Código econômico, expansão do 3, 191-3, 195-6, 200 (v. tb. *economia, expansão da; globalização; sociedade mundial*)
Código fraco/forte 165, 169
Colômbia 96, 151
Complexidade 2, 20, 29, 65-6, 72-5, 80-1, 83, 87, 90, 97, 131, 139-40, 152, 171-2

– estruturada/não-estruturada 152
Complicação desorganizada/organizada 152
Comunicação XVIII, 16, 19, 64, 68, 70, 75, 77, 80, 90, 93, 114, 119, 133-4, 146, 153-4, 162, 155, 162, 165, 169, 185, 194, 197-8
– como síntese de informação, mensagem e compreensão XVIII, 133-4
– como unidade elementar dos sistemas sociais 133-4, 155
– jurídica 70, 153-4, 169
– jurídica e política 198
– meios simbolicamente generalizados de 19, 88
Concretização 1, 2, 32-3, 42-3, 46-8, 51, 64, 68, 72, 80, 83-91, 93-6, 99-100, 102, 104-5, 107-8, 113-6, 119, 124, 149, 151, 155, 160-1, 163-4, 175-6, 178-84, 186-9
– bloqueios da 47 93, 102, 107, 115, 155, 164
– constitucional 64, 68, 72, 83-4, 86, 89-91, 94-6, 102, 104-5, 107-8, 116, 119, 149, 151, 155, 160, 163-4, 175-6, 179-84, 186-8
– processo concretizador ou de 3, 46-7, 72, 80, 84-7, 91, 94, 99, 101, 107, 110, 115-6, 155, 178, 189
– /realização 91
– resultado da 107
v. tb. *aplicação do direito; eficácia; execução/imposição; interpretação*

constitucional/jurídica; observância; uso
Conotação/denotação 22-3, 28
Consciência jurídica 40, 101
Consenso 74-5, 82, 125, 143, 150, 157, 164, 184
Consideração/desprezo 93
Constitucional/inconstitucional 93
Constitucionalidade 153-6, 173, 178-9, 184-5
– como reflexividade mais abrangente do sistema jurídica 153-5 (v. tb. *Constituição como instância reflexiva do sistema jurídico; reflexividade*)
– controle da 114, 155, 179
– do direito *versus* juridicidade da Constituição 93, 184-5
Constitucionalismo 55, 57, 60-1, 65, 98, 183
– aparente 98
– instrumental 183, 188
– simbólico 94, 152
Constitucionalização 55, 62, 64-5, 83, 103, 116, 148, 170, 187 (v. tb. *Constituição*)
Constitucionalização-álibi 101-3, 116, 124, 176 (v. tb. *constitucionalização simbólica; Constituição como álibi; legislação-álibi*)
Constitucionalização simbólica XVII, 2-3, 41, 55, 67, 90-103, 105, 107, 113, 115-6, 119-20, 123-6, 148-52, 154-8, 160-5, 168-70, 175-8, 182-3, 186-8, 191
– como fórmula de compromisso dilatório 102-3

- função político-ideológica da 95, 97-101, 107, 110, 116, 119, 123-5, 152
- para corroboração de valores sociais 102

v. tb. *constitucionalização-álibi; Constituição simbólica; legislação simbólica; texto constitucional simbólico*

Constituição IX, 2-3, 38, 41, 55-75, 77, 80-1, 83, 85-6, 89-96, 98-112, 115-6, 122-6, 141, 148-51, 155, 158-61, 164, 168-9, 173, 175, 177, 179-83, 185-7, 191, 193, 196-9
- como acoplamento estrutural entre política e direito 2, 64-7, 148, 173, 196-7
- como álibi 101, 104 (v. tb. *constitucionalização-álibi*)
- como carta de liberdade ou pacto de poder 57
- como compromisso-fórmula dilatório 102-3
- como instância reflexiva do sistema jurídico 96, 99, 150, 161 (v. tb. *constitucionalidade*)
- como instituto do sistema político 67
- como mecanismo da autonomia operacional do direito 69
- como ordem fundamental da coletividade 67
- como organização da liberdade ou da violência 61
- como símbolo 104, 179, 182 (v. tb. *constitucionalização simbólica; Constituição simbólica*)
- como "subsistema" do direito 67-8, 74-5
- conceito de 56-9, 61-2, 64-7, 71, 83, 95, 103, 104, 107
- de Weimar 41, 102-3, 115
- desvalorização da 104
- em sentido material e em sentido formal 59-60
- função e prestação da 68, 74-5, 79, 81, 159-60, 183-4
- inimigos da 73
- instrumentalista 109-10, 112, 125, 148-9, 175, 177 (v. tb. *Constituição semântica; instrumentalismo constitucional; semantismo constitucional*)
- justiça da 61
- nominalista 105, 107-10, 175, 177, 181 (v. tb. *nominalismo constitucional*)
- normativa 95-6, 98-9, 105-9, 125, 161, 168 (v. tb. *normatividade constitucional*)
- princípio da não-identificação da 73-4
- reforma/emenda/revisão da 68, 72, 103, 106, 124, 141, 186-7
- relevante/ritualista 110-2
- semântica 105-6, 109, 112 (v. tb. *Constituição instrumentalista; instrumentalismo constitucional; semantismo constitucional*)
- simbólica 95-6, 99, 105, 110, 112, 148, 196, 199 (v. tb. *constitucionalização simbólica*)
- supremacia normativa hierárquica da 89-90

v. tb. *constitucionalização; direito constitucional; sistema constitucional; texto constitucional*
Constituição alemã de 1949 63, 115
Constituição francesa de 1946 115
Constituição italiana de 1947 115
Constituição portuguesa 115
Constituições brasileiras 38, 115, 177-83, 186-8
Constituinte 115, 182
– atividade 59, 85, 95-6, 103, 106, 116, 119, 124, 149
– legislador 98, 181
– normatização 169
– procedimento 64, 68, 90
– processo 119
Contingência/contingente 19, 65, 70, 73, 75, 120
Corrupção sistêmica *versus* alopoiese 147

Decisionismo/decisionista 62, 69, 102-3
Democracia 79, 96-7, 99, 104, 115, 121-2, 124-5
Desconstitucionalização 187
Desdiferenciação 75, 81
– do sistema jurídico 80
– entre direito e política 80
Desenvolvimento jurídico inoficial 196 (v. tb. *direito oficial*)
Desintrincamento de poder, lei e saber 75 (v. tb. *diferenciação funcional*)
Desjuridificação 168-9, 185, 187
Desparadoxização 138
Destautologização 138

Desuetudo/desuso 45, 53
Diferenciação [*Ausdifferenzierung**]
– de cada sistema social 20
– do sistema jurídico 2, 67, 73, 135, 137, 189, 197
– situativa 143
v. tb. *autonomia; autopoiese*
Diferenciação/especialização da linguagem jurídica 88, 162
Diferenciação funcional 75, 78, 145, 147, 159, 171, 183, 197, 200
– da sociedade 74, 78, 82, 143-4, 197, 200
– da sociedade mundial 78, 147, 193
– do direito 145-6
– do sistema político 79-80
– entre direito e política 65
Dimensões material, social e temporal 74-5, 90, 94, 99, 150, 176
Dinheiro/monetário 19, 167, 200
Diploma/documento constitucional 1, 98, 100, 108, 111, 116, 154, 161, 164, 175, 177, 180-1, 186, 188-9, 200 (v. tb. *carta constitucional; Constituição; lei constitucional; texto constitucional*)
Direito
– administrativo 167
– alopoiético 145 (v. tb. *alopoiese do direito*)
– auto-referencial 67, 72, 141, 145-6, 185 (v. tb. *autopoiese do direito; auto-referência do direito*)

---

* De um subsistema dentro de um sistema

- circularidade (da reprodução) do 72, 130, 139
- comercial/empresarial 167
- como cadeia ou rede de comunicações 185
- como congruente generalização de expectativas normativas 53, 78, 142, 150, 159-60 (v. tb. *expectativas normativas congruentemente generalizadas*)
- como enlace/entrelaçamento hipercíclico 133, 144-5, 148, 162
- como meio/como instituição 118, 166-8
- como mundo onírico 26
- como plexo de normas ou cadeia de comunicações 162
- como sistema autônomo 65-6, 104, 150, 161 (v. tb. *autonomia do direito*)
- como sistema autopoiético 2, 70, 135, 138-40, 142-5, 147 (v. tb. *autonomia do direito; autopoiese do direito; auto-referência do direito*)
- como sistema normativamente fechado e cognitivamente aberto 70, 136 (v. tb. *fechamento/abertura do direito*)
- como subsistema diferenciado da sociedade 88, 169, 185 (v. tb. *diferenciação do sistema jurídico*)
- concepção pós-moderna do 142, 144, 146, 185, 194-5
- concepção voluntarista e instrumentalista do 176 (v. tb. *legislação, concepção instrumental da*)
- de família 167
- econômico 167
- econômico mundial 195
- eleitoral 35, 78 (v. tb. *eleição; procedimento eleitoral*)
- estatal 145-6, 165, 188
- estatal/extra-estatal 146-7
- formalmente/materialmente racional144
- identidade do 144-5, 154, 156-7, 162, 189
- internacional público 192-4
- oficial 146, 196
- parcialmente autônomo 144-5
- positivo 29, 45, 48, 50, 59, 63, 68, 70-2, 75, 81, 97, 99, 104, 106, 110, 114, 136-8, 140, 146-7, 152, 154, 169, 173 (v. tb. *positivação/positividade do direito*)
- reflexivo 143-4
- regulação da conduta e asseguração das expectativas como funções do 25, 52-3, 146, 158-9
- simbólico/como simbolismo 1, 25-7
- socialmente difuso 144-5, 147
- unidade do 141, 143, 185

Direito constitucional 3, 55, 60, 63-4, 67-71, 74, 81, 86, 90, 94, 96, 104, 111-2, 148, 150, 158
- britânico 112
- /direito infraconstitucional 72, 150
- na Colômbia 96

– /realidade constitucional 3, 83, 90, 94
v. tb. *Constituição; norma constitucional; realidade constitucional; texto constitucional*
Direito/discurso de colisão 145
Direitos
– civis 77, 98, 100, 120-1, 178
– coletivos 183
– do cidadão 61, 75 (v. tb. *cidadania*)
– fundamentais 61, 74-8, 98, 100-2, 108, 110, 159-61, 175, 183, 200
– humanos/direitos do homem 61, 75, 101, 159-61, 183-4, 186
– políticos 77, 98, 100, 120-1, 178
– sociais 76-8, 98, 100, 115, 120-1, 166, 177, 183
– subjetivos privados/subjetivos públicos 166
Dissenso 27, 88, 125, 143
Divisão/separação de poderes 61, 74, 80-1, 98, 100-2, 108, 160
Dogmática jurídica/teoria do direito
– como auto-observação do direito 67, 91
– como reflexão do direito 154, 156
– e identidade do direito 144, 154, 156-7, 162
– inadequada/insuficiente 154, 156-7, 185
v. tb. *auto-observação* versus *heterobservação/observação externa do direito; direito, identidade do; reflexão do sistema jurídico*
Dominação 54, 69, 105, 109, 126, 157, 160-1, 174, 186, 188

Economia 20, 69, 77, 104, 146-7, 152, 159, 166-8, 170, 184, 192-4, 199-200
– expansão da 77 (v. tb. *código econômico, expansão do*)
– mundial 194
Efeitos da legislação
– colaterais 49
– criminógenos 49
– "desejados" 37
– indiretos e latentes 48-9
– instrumentais 34, 122
– latentes/manifestos 31, 42-3
– não-tencionados/tencionados 31
– normativo-jurídicos 120
– político-ideológicos 54
– simbólicos 51, 53, 96 (v. tb. *constitucionalização simbólica; legislação simbólica*)
– tipos de 43-52
v. tb. *efetividade; eficácia*
Efetividade (das leis, das normas jurídicas/constitucionais ou das Constituições) 42-3, 47-49, 96
– /inefetividade e anti-efetividade 48-9
v. tb. *efeitos da legislação; eficácia; vigência social*
Eficácia (das leis, das normas jurídicas/constitucionais ou das Constituições) 30-1, 33-4, 42-54, 60, 92, 96, 114, 151, 168-9, 184
– autônoma/heterônoma 44
– instrumental 34

– regulativa 45
– simbólica 96, 151
v. tb. *concretização; efeitos da legislação; efetividade; ineficácia; vigência social*
Eficácia/violência simbólica 8
Eleição 74, 79-80, 97-102, 108, 110, 112-3, 173-4, 178
 – de sistemas distritais majoritários 113
 – democrática 79-80, 98-102, 108, 174
 – /sufrágio/voto universal, igual e secreto 79, 166, 173
 v. tb. *direito eleitoral; procedimento eleitoral*
Eleitorado 37-8
Emergência "de cima" *versus* emergência "de baixo" 133
Escravidão 178
Esfera pública 86-8, 94, 171, 189
Estado 3, 29, 32-3, 36-9, 55-63, 66, 71, 73-4, 76-8, 80, 94, 98-9, 101, 104, 108-10, 113-4, 116, 119-25
 – autocrático ou autoritário/totalitário 61-2, 66, 181 (v. tb. *autocracia; autoritarismo/totalitarismo*)
 – burguês 60, 166
 – constitucional 61, 98, 110, 113
 – de bem-estar 74, 76-8, 108, 121-3, 159-60, 176, 183, 188, 191-3, 196, 199-200
 – de direito 66, 73, 77, 101, 119, 121, 147-9, 157, 160-1, 166, 174, 187, 193, 196-7, 199-200
 – democrático 3, 71, 101, 119, 121, 147, 157, 166, 187, 193, 196, 199 (v. tb. *democracia*)
 – intervencionista 77
 – moderno 56-7, 165-6
 – periférico 123, 125, 152, 160, 175-7 (v. tb. *centro/periferia; modernidade periférica; países periféricos*)
 – /sociedade 153
Estado português 71
Estados Unidos 33, 36, 38, 124
 – Congresso dos 97
Estrutura da norma (estrutura normativa) 84, 100
Estrutura social 56, 105, 115
Estruturalismo lingüístico 7-8, 12, 88
Ética/ético 70, 136, 139, 140, 168
 – da responsabilidade 157
Europa/europeu(éia)(s) 3, 34, 95, 121, 146, 191, 199
 – ocidental 113, 115, 120, 147, 182, 193, 196, 199
Exclusão 76-78, 172, 193, 196-200
 – primária/secundária 197
 v. tb. *inclusão; inclusão/exclusão; marginalidade; sobreintegrado; subintegração/sobreintegração; subintegrado*
Execução/imposição (do direito) 43-6, 48, 51, 91
 – /inexecução 47
 v. tb. *aplicação do direito; observância; quota de observância e de execução; uso*
Expectativas 15, 25, 33, 36-7, 72, 74-5, 78, 80-2, 89-90, 100, 111, 114, 123, 168-9
 – constitucionais 60, 68, 86, 88, 90, 169 (v. tb. *norma constitucional*)

– normativas 25, 41, 48, 52-3, 59-60, 64, 67-8, 73, 78, 87, 90, 92, 95-6, 106, 136, 140, 142, 146, 149-50, 154, 157-60, 162, 169, 185-6 (v. tb. *norma*)
– normativas/cognitivas 136
– normativas congruentemente generalizadas 68, 92, 96, 106, 149-50, 158, 164 (v. tb. *direito como congruente generalização de expectativas normativas*)

Família 49, 146-7, 166
Fechamento/abertura
– da sociedade 134
– do direito 69-71, 135-40, 142 (v. tb. *direito como sistema normativamente fechado e cognitivamente aberto*)
– dos sistemas em geral 127-30, 134 (v. tb. *autopoiese; sistema aberto/fechado*)
Força normativa
– da Constituição 60, 104, 154, 191, 193
– da lei 29, 30, 32, 51
– do fáctico 83
Formação da vontade estatal 113, 178
Fraude eleitoral 161, 178 (v. tb. *eleição*)
Função expressiva 23 (v. tb. *ação/agir expressiva/o; variáveis expressivas*)
Função instrumental 22-3, 119
– da ideologia 97
– do direito 26, 30, 51, 54
v. tb. *ação/agir instrumental; variáveis instrumentais*)

Função/prestação 68, 74, 158-60, 183 (v. tb. *reflexão*)
Função simbólica 8, 12, 23
– da Constituição 1-2, 32, 95, 100, 103, 107, 110, 113, 175, 177, 180, 186-7 (v. tb. *constitucionalização simbólica*)
– da legislação/das leis 23, 26, 30, 32, 35, 40, 43, 51, 53 (v. tb. *legislação simbólica*)
– da língua 21
– das declarações dos direitos do homem 101
– do direito 25-6, 87 (v. tb. *direito simbólico/como simbolismo*)
v. tb. *ação/agir simbólica/o; papel simbólico; variáveis simbólicas*

Gag rules (regras do silêncio) 124-5, 188
Gestos de coesão/diferenciação 35-6
Global villages 194-5
Globalização 3, 170, 191-4, 196, 200

Heterogeneidade estrutural 82, 172
Heterorreferência do direito
– adequada/inadequada 152, 158, 161-2
– e alopoiese 147
– e auto-referência 142, 158, 184-5
– e interesses 136
v. tb. *auto-referência do direito*
Homem 6, 11-2, 24, 75, 77, 197
– como parte ou como ambiente da sociedade 159

Ícone 15-7 (v. tb. *índice; signo; símbolo; sinal*)
Idealismo constitucional 61, 181, 183, 188
Identificação de sentido 74, 150, 164, 184
Ideologia 61, 97
Inclusão 74, 76-8, 100, 121, 123, 159, 161, 172, 174, 183, 196-200
Inclusão/exclusão 76-78, 172, 197, 200
 – como metacódigo/ metadiferença 78
 v. tb. *exclusão; integração; sobreintegrado; subintegração/sobreintegração; subintegrado;*
Inconsciente
 – coletivo 11
 – /consciente 9, 13
Inconstitucionalidade 38, 155, 163-4
 – ação direta de 115
Índice 15-6 (v. tb. *ícone; signo; símbolo; sinal*)
Ineficácia (das leis, das normas jurídicas/constitucionais ou das Constituições) 1-2, 30, 41-2, 45-6, 48, 51-2, 95-6, 100, 163, 176, 180 (v. tb. *eficácia*)
Institucionalização 74-8, 81, 124, 150, 159-60, 164, 184
Instrumentalismo constitucional 148, 175, 177-8, 188 (v. tb. *Constituição instrumentalista; Constituição semântica; semantismo constitucional*)
Integração 77, 121
 – positiva/negativa 77

v. tb. *subintegração/ sobreintegração*
Interferência 65-7, 144, 148, 174
Interpenetração 65-7, 148, 174
Interpretação
 – constitucional/jurídica 32, 63, 75, 84-7, 89-91, 94, 103, 107 (v. tb. *aplicação do direito; concretização*)
 – do sonho 9-10
 – dos símbolos/simbólica 9-11, 16-7, 28, 40
Intersubjetivo 27, 46, 93, 116-8, 167
Isolamento (causal)
 – *versus* autopoiese; fechamento/abertura 130, 135
Isolamento alopátrico de comunicações 197

Japão 199
Juiz como legislador ou inventor da lei 85
Juridificação 119, 121, 165-9, 187
Justiça 138-40, 152
Justicialização/judicialização 104, 135 (v. tb. *juridificação*)

Lealdade das massas 40, 120, 122-5, 188
Lealdade dos cidadãos 122
Legalidade 153-7, 161, 174, 185
 – /ilegalidade 155, 184
 – princípio da 82, 154, 161, 173
 v. tb. *auto-referência do direito*
Legalização 166 (v. tb. *juridificação*)
Legislação 1, 21, 24, 29, 31-4, 38-9, 41-3, 48-51, 53, 70-1,

85, 90, 100-1, 114, 139, 167, 176-7
– concepção instrumental da 29
– função manifesta e latente da 21-3, 27-8, 30-1, 41-2 instrumental 29-31, 53, 122
– penal 38, 51
– perda de realidade da 40 sobre estrangeiro 34-5
– sobre os meios de comunicação 38, 49
v. tb. *constitucionalização; efeitos da legislação*
Legislação-álibi 35-40, 54, 123-4 (v. tb. *constitucionalização-álibi; legislação simbólica*)
Legislação simbólica 1, 5-6, 21-6, 28-36, 41-3, 50-1, 53, 96, 99, 101, 122-3, 150, 176, 191
– como compromisso dilatório 33, 41, 54
– como etiqueta 35
– como reação substitutiva 36, 38
– conceito de 29-31
– função ou significado político-ideológico 29, 31, 40, 54
– para confirmação de valores sociais 33-5, 53-4
v. tb. *legislação-álibi; constitucionalização simbólica; Constituição simbólica; texto constitucional simbólico*
Legitimação 20-1, 48, 54, 82, 111, 122-3, 152-4, 157-8, 161, 166, 180, 185, 189
– crise de 122
– procedimental 111

– *versus* apoio (particularista) 123, 152
v. tb. *legitimidade; reflexão do sistema jurídico*
Legitimações "casuísticas" inconstitucionais, mecanismos substitutivos de 161
Legitimidade 124, 157-8, 183, 186
– e efetividade da dominação 157
v. tb. *legitimação*
Lei IX, 23, 28-30, 32-4, 37, 39, 41-4, 46-52, 59, 70-2, 75, 85, 88, 100-3, 106, 108-10, 112, 148-9, 153, 155, 157, 166, 174, 177, 179, 187
– constitucional 106, 109-10, 112, 149, 177, 187 (v. tb. *carta constitucional; Constituição; diploma/documento constitucional; texto constitucional*)
– de exceção 148, 174, 177
– igualdade perante a 100-2, 108, 155, 174 (v. tb. *princípio da igualdade*)
– simbólica (v. *legislação simbólica*)
Lei seca 33, 36
Lex mercatoria 195
Liberdade 57, 61, 75, 77, 95, 166, 180, 198
– civil 77-8
– negativa/positiva 183
Lícito/ilícito XII-XIII, 66, 71, 88, 93, 100, 135-6, 138-9, 146, 148-9, 151-2, 155, 161, 165, 169, 174, 184

Linguagem 7-9, 12-5, 18-20, 23, 87-9, 142-3, 162-4
– artificial *versus* ordinária/natural 18, 88
– lógico-simbólica como esqueleto de uma linguagem 19
Linguagem concretizadora 89 (v. tb. *concretização*)
Linguagem constitucional 3, 88, 95, 99, 101, 106, 108, 115-6, 119, 163-4
– ambigüidade e vagueza da 86-7
– hipertroficamente simbólica 108
Linguagem jurídica 88, 162-3
– ambigüidade e vagueza da 86-7
Linguagem-objeto/metalinguagem 89, 99-100

Máquinas autopoiéticas
– sistemas vivos como 127 (v. tb. *autopoiese; sistema autopoiético*)
Marginalidade 76, 172 (v. tb. *exclusão; inclusão/exclusão; sobreintegrado; subintegração/sobreintegração; subintegrado*)
Marxismo 59, 61, 97, 110, 121
Mecanismos reflexivos 71, 97, 104, 106, 131 (v. tb. *reflexividade; reflexão*)
Metódica normativo-estruturante 85, 87, 91-2
Miranda 36
Mitos 9, 27-9
Modernidade 35, 117, 170-1
– central 3, 171-2, 174 (v. tb. *centro/periferia; países centrais*)
– periférica 2, 147, 170-4 (v. tb. *centro/periferia; Estado periférico; países periféricos*)
v. tb. *sociedade moderna*
Moral 44, 54, 55, 61-2, 65, 70, 73, 82, 92-3, 132, 138-40, 158, 160-1, 171-2, 178
Mundo da vida 90, 93, 117, 119-20, 166-8
– colonização do 119, 166-7

Nominalismo constitucional 106, 108, 110, 175, 177 (v. tb. *Constituição nominalista*)
Nordeste do Brasil 50
Norma 1, 30-2, 36, 38, 41, 43-9, 51-4, 58-60, 63-4, 67-8, 70-2, 75, 80, 83-5, 89-92, 95-6, 99-104, 106, 113-5, 132, 139, 141, 144-5, 148, 150-1, 161-3, 167-8, 186, 198
– /texto normativo 45, 60
Norma constitucional 1, 36, 63-4, 67-8, 72, 80, 83-5, 89-92, 95-6, 102-4, 106, 113-5, 141, 151, 163
– programática 113-5, 161, 186
– /realidade constitucional 83, 106
– /texto constitucional 1, 59, 83-4, 90
v. tb. *Constituição; direito constitucional; expectativas constitucionais; realidade constitucional; texto constitucional*
Norma de execução 44 (v. tb. *execução/imposição*)
Norma fundamental 139
Norma jurídica/legal 30-2, 36,

38, 41, 43-9, 51-4, 58-60, 67,
70-1, 75, 84-5, 91-2, 99-100,
132, 144-5, 148, 150, 162-3,
167-8
Norma jurídica/norma de
decisão 45, 47, 85, 91
Norma moral 54
Norma primária/secundária 44-5, 51
Norma sancionadora 41, 44, 141
Norma social 29, 145 (v. tb.
expectativas normativas)
Normatividade 3, 48, 53, 62, 84-6, 91-2, 96, 100-1, 106, 115-6,
137, 163, 185, 193, 196, 199-200
– constitucional 84, 94, 99,
106, 197 (v. tb. *Constituição
normativa; norma
constitucional*)
– /normalidade 62
v. tb. *força normativa*
Normatização 63, 71, 74, 99,
115, 132, 150, 154-6, 164, 169
– constitucional 156, 164
– da normatização 132

Observância (do direito) 43-6,
48, 51, 91
– /inobservância 44, 47
v. tb. *aplicação do direito;
execução/imposição; quota de
observância e de execução; uso*
Ofertas de regulamentação 46-7
Operação 138, 173
– auto-referencial 132
– lógica 25, 88
Ordem/ordenamento jurídica/o
45, 55, 59-60, 63-4, 72, 100,
139, 145, 163, 194-5
– mundial 194

– positiva/o 45 (v. tb. *direito
positivo*)
Ordem simbólica 11-2
Ordem social 121, 124
Órgão estatal 47-8, 52, 85, 91,
94, 100-1, 114-5, 149, 161,
174-5, 177, 184

"Pacto oligárquico" 181
Países centrais 172, 191, 193-4,
196, 200 (v. tb. *centro/periferia;
modernidade central*)
Países em desenvolvimento 82,
108, 170, 173
Países periféricos 80, 82-3, 171-2, 195 (v. tb. *cento/periferia;
Estado periférico; modernidade
periférica*)
Papel simbólico
– da Constituição 3, 119-20,
186 (v. tb. *constitucionalização
simbólica*)
– da legislação 101 (v. tb.
legislação simbólica)
v. tb. *ação/agir simbólica/o;
função simbólica; variáveis
simbólicas*
Paradoxo 89, 138, 140, 155
Pax Americana 194
Paz 97, 192, 194
Pena de morte 38
Periferização do centro 2, 191,
196, 199
Pluralismo jurídico 144-6, 169,
185, 195-6
Poder 8-9, 32, 35-6, 56-9, 61,
63, 66, 75, 80-1, 88, 92-3, 96,
98, 101, 104-10, 112, 115, 119,
126, 135, 138, 146-51, 155-8,
161, 163-5, 167, 169, 174-81,
183-4, 187-9, 198

- discurso/retórica do 98, 101, 108, 155, 158, 163-4, 175, 187-8
- estatal 32, 61
- /não-poder 66, 92-3, 146, 150, 155, 161, 165, 169, 184
- processo de 59, 105-6, 109, 180
- relações de 58, 63, 105, 107, 115, 151, 155-6, 164, 176, 180, 183, 187
- simbólico 8
- superior/inferior 66, 110, 148, 150

Poder Moderador 178-9
Politéia 56-7
Política 29, 57, 64-7, 69-70, 77, 80, 104, 106, 109, 124-5, 135, 139, 146, 148, 150-2, 160, 166, 168, 173-4, 176, 178, 184, 188, 191-9
- como sistema determinado alopoieticamente 174
- diferença entre administração e 80-1, 160
- externa mundial 199
- instrumental 23-5
- interna mundial 192, 199
- internacional 192-3, 195
- simbólica 1, 22-8, 35, 96, 110, 120
v. tb. *sistema político*

"Política dos Governadores" 181
Politização 75, 81, 109, 124
- da administração 82, 123, 161
- da realidade constitucional 169
- do sistema jurídico 149, 174
v. tb. *desdiferenciação*

Positivação/positividade do direito 2, 41, 62, 68-71, 73 135, 138-40, 165-6, 170, 180 (v. tb. *direito positivo*)
Positivismo jurídico 87-8
Pragmática/semântica/sintática 86-9, 162-4 (v. tb. *semiótica/semiótico*)
Pragmática universal/ transcendental 117
Prática/práxis constitucional 107, 113, 154-6
Prática/práxis jurídica 154, 156, 175, 184
Pressão seletiva 65
Princípio da estratificação 135
Princípio da igualdade 81, 100, 120, 174, 184
Privatização 77, 199
Procedimento eleitoral 78-80, 113, 123, 155, 160, 178 (v. tb. *direito eleitoral*; *eleição*)
Programa finalístico 48, 51
- /programa condicional 48, 114
Público 24, 36-7, 39, 41, 86, 91, 94, 98, 124, 151, 188

Quota de observância e de execução 51

Racionalidade jurídica 144, 146
Racionalidade procedimental 139
Racionalidade sistêmica 20
Razão de Estado 110
Realidade constitucional 3, 32, 47, 68, 83-4, 90, 94, 98-101, 106, 115, 124, 126, 149, 155-6, 165, 168-9, 176-7, 185
- como ambiente do direito

constitucional ou da
Constituição 90, 94
- desjuridificante 165, 169, 176, 185 (v. tb. *desjuridificação*)
- /direito constitucional 3, 83, 90, 94
- inconstitucional 155, 176
- /leis constitucionais 106
- /norma constitucional 83, 106
- /sistema constitucional 32, 90
- socavante da Constituição e realidade constitucional violadora da Constituição 94
- /texto constitucional 47, 83-4, 90, 94, 101, 106, 124, 149, 180

v. tb. *Constituição; direito constitucional; norma constitucional; texto constitucional*

Realidade jurídica
- constitucionalização da 187
- desconstitucionalizante 187

Realidade política desjuridificante 187 (v. tb. *desjuridicação*)

Realismo constitucional 149, 188

Re-entry/reingresso 71, 145

Reflexão
- como momento da autopoiese 131-3, 147, 153 (v. tb. *autopoiese; autoreferência; reflexividade*)
- como teoria do sistema no sistema 132-3
- do sistema jurídico 147, 154, 156-7, 185 (v. tb. *dogmática jurídica/teoria do direito*)
- /função e prestação 68

- insuficiente/inadequada 157, 185

Reflexividade
- como momento da autopoiese 131-3, 147, 153 (v. tb. *autopoiese; autoreferência; reflexão*)
- do sistema jurídico 147, 153-6, 161, 185

Regra de reconhecimento 139

Relação/vínculo meio-fim 20-1, 48, 51, 176

Relação/vínculo "se-então" 47-8, 51

Relações sintagmáticas e paradigmáticas/associativas 7, 88

Religião/religioso(a) 7, 19, 73, 75, 92, 132, 168, 173

Remédios jurídicos 198

Rituais 27-9, 111-3

Salazarismo 71

Seletividade concretizante 89 (v. tb. *concretização*)

Semântica histórico-política 56

Semantismo constitucional 106 (v. tb. *Constituição instrumentalista; Constituição semântica; instrumentalismo constitucional*)

Semiótica/semiótico 10-1, 15, 21, 25, 86-7, 89-90, 120, 162, 165

Significante 7-8, 11-4, 17, 22
- flutuante 8, 11
- /significado 7, 12, 17, 22

Signo 7, 9, 15-9, 25, 86-7, 143, 163 (v. tb. *símbolo*)

Simbólico 5-14, 17-9, 21-2, 25, 27-8, 96, 101, 113, 119-20, 123

- /funcional e imaginário 13-4
- /ideológico 8, 101
- /real e imaginário 12
- /semiótico 10, 21, 25, 120

Simbolismo 1, 5, 9-12, 14, 21, 25-6, 102,

Símbolo 5-6, 9-12, 14-9, 21, 23-4, 28, 32, 34, 36, 104, 120, 163, 179, 182
- individual/social 11
- referencial/símbolo-condensação 23-4 (v. tb. *política simbólica*)
- vivo/morto 10-1
 v. tb. *signo*

Sinal 6, 10, 15-6, 28 (v. tb. *ícone*; *índice*; *símbolo*; *signo*)

Sistema
- aberto/fechado 129-30 (v. tb. *fechamento/abertura*)
- alopoiético 142 (v. tb. *alopoiese*)
- alo-referente 141
- /ambiente 20, 73, 78, 81, 83, 90, 97, 115, 128-38, 142, 146-9, 152, 158, 161, 168-9, 172
- autônomo 129, 139, 150, 155, 161, 174 (v. tb. *autonomia*; *autopoiese*)
- autopoiético 2, 65, 104, 129, 131-3, 140, 142, 144-6, 148, 152, 158, 160, 162, 170 (v. tb. *autopoiese*; *máquinas autopoiéticas*)
- auto-referencial 67, 129-30, 133, 141, 146 (v. tb. *auto-referência*)
- constituinte de sentido/não-constituinte de sentido 128-9
- identidade do 132-3, 154, 156-7
- /mundo da vida 168 (v. tb. *mundo da vida*)
- unidade do 131-2

Sistema constitucional 32, 63-4, 68, 72, 90, 100, 103, 115, 124-6, 151, 177, 182, 185
- /ambiente da Constituição 90
 v. tb. *Constituição*; *direito constitucional*; *realidade constitucional*

Sistema de mídia americano 39

Sistema educacional 49, 159, 176

Sistema eleitoral censitário 178 (v. tb. *eleição*)

Sistema funcional 76-8, 88, 122, 133, 135, 162, 173, 197 (v. tb. *sociedade, âmbitos/esferas da*; *subsistema da sociedade*)

Sistema jurídico XII-XIII, 2, 23-4, 26, 29-30, 36, 40, 48, 51-2, 62, 64, 66-73, 79-81, 91, 93-4, 96, 99-100, 106-7, 109, 114, 123, 127, 135-42, 144-63, 165, 168-70, 173-4, 176-7, 179, 184-5, 188, 192-3, 196, 198
- (da sociedade) mundial 160
 v. tb. *direito*

Sistema político 2, 8, 24, 29-30, 36, 40, 53-4, 66-7, 69, 71, 74, 79-82, 98-9, 101, 109-10, 113, 135, 148, 150-3, 160-1, 163, 173-6, 180, 192-3, 196 (v. tb. *política*)

Sistema simbólico 7-8

Sistema social 20, 23, 53, 64-5, 68-9, 72, 74-5, 78, 97, 109, 121, 128-9, 133-5, 138, 141-4, 148, 158, 160, 168-9, 171-4, 193-4, 196
- como conexão unitária (auto-referencial) de comunicações 133

v. tb. *sociedade; subsistema da sociedade*
Sobreintegrado 82, 184, 198 (v. tb. *subintegração/ sobreintegração; subintegrado*)
Sociedade XVII, 2-3, 13-4, 26, 29, 35-6, 39, 50 54, 57, 61, 65-82, 87, 96-100, 104, 108-9, 120, 122, 125, 133-5, 137-8, 140, 143-4, 146-7, 150-3, 158-60, 162, 166, 170-4, 176, 182-3, 186-8, 191-200
– âmbitos/esferas da 171, 194-5 (v. tb. *sistema funcional; sistema social; subsistema da sociedade*)
– como sistema real-necessariamente fechado 134
– como sistema social mais abrangente 74, 133
– de bem-estar 77, 196, 199 (v. tb. *Estado de bem-estar*)
– hiperpolitizada 151
– moderna 2, 57, 69-72, 76, 78-9, 82, 87, 96 135, 140, 152, 159-60, 170, 172-3, 183, 191, 196-7 (v. tb. *modernidade*)
– mundial XVII, 3, 76-8, 82, 140, 147, 153, 160, 170-3, 191-6, 198-200
– pré-moderna 66, 70, 73, 135, 198
– simples/complexa 82
– supercomplexa 2, 70, 72-3, 78, 104, 125, 198 (v. tb. *complexidade*)
– tradicional *versus* moderna 170
Sociologia do direito 3, 25,
– como heterobservação do direito 67, 91, (v. tb. *auto-observação versus hererobservação/observação externa do direito*)
Subintegração/sobreintegração 76-7, 173, 175-6, 182, 197-200 (v. tb. *inclusão/exclusão; sobreintegrado; subintegrado*)
Subintegrado 82, 123, 184-5, 198 (v. tb. *sobreintegrado*)
Subsistema da sociedade 65, 72, 74, 134, 144, 153, 158, 167, 172-3, 193, 196-200 (v. tb. *sistema funcional; sistema social; sociedade, âmbitos/esferas da*)
Sujeito 6-7, 11-3, 120, 141
– de direito 162
– transcendental 7, 171

Tangled hierarchies 70
Técnica 170, 193-4, 200
Teoria da Constituição 3, 57, 83-4, 86
Teoria da dependência 170, 172
Teoria da estrutura escalonada do ordenamento jurídico 72
Teoria do agir comunicativo 27, 117, 119-20 (v. tb. *ação/agir comunicativa/o*)
Teoria do discurso 73, 117, 128, 139, 143
Teoria do Estado XI, 55, 57-9
Teoria dos atos de fala 116-7
Teoria dos sistemas XII-XIII, 19, 65-7, 72-3, 83, 92, 128-30, 143, 162, 168, 172-3, 179
Teoria dos tipos 89
Teoria pura do direito 43, 45, 59-60, 72
Ter/não-ter 92, 152, 155, 161, 165, 169, 173, 184

Texto constitucional 1-3, 32, 47, 59-60, 71, 80, 83-92, 94-6, 99-111, 113, 116, 120, 123-5, 148-51, 154-5, 157-8, 160-1, 163-4, 169, 175-6, 178-89, 199
– como símbolo político 182
– emissão de 85, 96
– /norma constitucional 1, 59, 83-4, 90
– /realidade constitucional 47, 83-4, 90, 94, 101, 106, 124, 149, 180
– simbólico 124, 151 (v. tb. *constitucionalização simbólica*)
v. tb. *Constituição; diploma/documento constitucional; direito constitucional; linguagem constitucional; norma constitucional; realidade constitucional*
Texto legal 32, 39, 42-3, 46-8, 51, 53-4 (v. tb. *lei; texto normativo*)
– emissão de 85 (v. tb. *legislação*)
Texto normativo 45, 53, 60, 84, 87, 90-1, 149
– norma 45, 60
– /normatividade 91
Tipo ideal 106, 171
Transcendente/imanente 93

Uso (do direito) 45-6, 48
– alternativo 151
– /desuso e abuso 46
v. tb. *aplicação do direito; execução/imposição; observância*

Validade (do direito, das normas jurídicas/constitucionais ou da Constituição) 53, 60, 70, 72, 197
Valor simbólico zero 8, 11
Valores 33, 35-6, 53-4, 65, 75, 77, 97, 102, 117, 125, 138-40, 151, 157, 164-5, 175-6, 180-4, 186, 188-9
– fundamentais 19, 62
v. tb. *axiológico(a)/valorativo(a)*
Valores de rejeição *versus* alopoiese 147
Variáveis expressivas 20-2, 27 (v. tb. *ação/agir expressiva/o; função expressiva*)
Variáveis instrumentais 21-23, 50 (v. tb. *ação/agir instrumental; função instrumental*)
Variáveis simbólicas 20-3, 27, 50 (v. tb. *ação/agir simbólica/o; função simbólica; papel simbólico*)
verdadeiro/falso 93
Vigência (do direito, das normas jurídicas/constitucionais ou da Constituição)
– âmbito de 145
– social 48, 51-3, 68-9, 90, 92, 114, 124, 136, 139 (v. tb. *efeitos da legislação; efetividade; eficácia*)
Voltas estranhas 89